Francesca Melandri

Kalte Füße

Quartbuch

FRANCESCA MELANDRI

Kalte Füße

Aus dem Italienischen
von Esther Hansen

Verlag Klaus Wagenbach Berlin

Für alle »irgendwelchen Irynas«

ihr dachtet und wir dachten, der Krieg
ist nicht bei uns, hat nichts mit uns zu tun, ist nicht hier,
ist ein Film, abends bei Popcorn und Bier,
ein Held wird gerettet, Soldat James Ryan, Fallschirmsprung
aus dem Düsenjäger,
doch dann stimmt das gar nicht,
eines Morgens stehst du auf, und er ist da
und der Krieg bist du

Iryna Schuwalowa, *Ihr dachtet und wir dachten, der Krieg*

Ich bin der Krieg, der mitten im Frieden wohnt,
in einer Welt, die nichts von Krieg versteht
und nur »zutiefst beunruhigt« ist.

Lida Zinko, *Es ist nicht dein Krieg*

Die Schreie der Kriegsparteien
hallen endlos durch die Nacht der Erde,
die anderen kommen verärgert hervor
und suchen über den weiten Ozeanen das Licht.
Die geboren werden und sterben,
hatten eine gesetzte Zeit,
und sie zu verlängern
kehrten sie zurück und lauschten
oft den Schreien in der Nacht,
bevor sie die Kerze löschten,
streckten sie die Arme aus
und reichten sie brennend weiter

Franco Melandri, *An Annas Hand*

I GESCHICHTEN

Rettung

Ich glaube nicht, sagte ich, dass man sich vor der Realität retten kann.
An Annas Hand

Da sind sie, Papa, die Frauen, von denen du so oft erzählt hast, mit zunehmendem Alter immer mehr. Ich habe sie gesehen, deine Frauen, in der ersten Kriegswoche. In einem YouTube-Video, stell dir mal vor, YouTube kanntest du zu deinen Lebzeiten nicht einmal. Sie trugen Kapuzenjacken und Hausschuhe, diese mythischen Wesen, ohne die du nur ein Name in einem Beinhaus wärst – oder ein Name und sonst nichts –, ohne die es mich nicht gäbe. Es war das Video mit diesem russischen Soldaten, dünn, blass, unheimlich jung. Seine bleichen Wangen sind rotgefleckt, über der Teetasse in seiner Hand kondensiert der Wasserdampf, in der anderen hält er ein Stück Brot. Er wird von heftigem Schluchzen geschüttelt, hängt da wie ein nasser Lappen. Wenn er jetzt in sein Brot beißt, schießt es mir durch den Kopf, wird er sich verschlucken. Er ist der einzige Mann in dem Video, ein Kindersoldat. Um ihn herum Frauen, nur Frauen, deine berühmten Frauen, der Quell alles Guten, das dir widerfahren ist, nie hätte ich gedacht, ihnen hier zu begegnen, mehr als zehn Jahre nachdem du *weitergegangen* bist, wie ihr Alpini es nennt, und achtzig Jahre nachdem die Frauen dich gerettet haben. Eine von ihnen reicht dem Soldaten ihr Telefon und sagt in einem Tonfall, mit dem man einen Halbwüchsigen zurechtweisen würde, der seine Hausaufgaben vergessen hat: »Ruf deine Mutter an und sag ihr, dass du noch lebst.«

Dieses Video habe ich Anfang März 2022 gesehen. Der Angriffskrieg gegen die Ukraine, besser gesagt: die »militärische Spezialoperation«, wie man diesem Jungen erklärt hatte, war seit etwa einer Woche in vollem Gange. Zur selben Zeit sperrten andernorts ein paar seiner Kameraden Alte, Frauen und Kinder in dunkle Kellergeschosse, wo viele vor Hunger und Kälte sterben sollten. Andere schossen mit Maschinengewehren wahllos auf Passanten, Radfahrer und Spaziergänger und ließen ihre Leichen wie Dreck auf der Straße zurück, wo sie wochenlang unbeerdigt liegen blieben. In dem Moment, als die Frau dem Jungen in Uniform spontan aus Mitleid ihr Mobiltelefon reichte, vergewaltigten andere Soldaten in der gleichen Uniform, aufgeputscht durch das von ihren Kommandeuren ausgegebene Viagra, Frauen, junge Mädchen, Kinder und mindestens einen Säugling; ein paar ließen die Soldaten danach wieder laufen, andere überrollten sie mit ihren Panzern. Doch das wussten zu diesem Zeitpunkt weder er noch die Frauen in Hausschuhen. Und auch ich wusste es nicht, als ich das Video sah. Niemand wusste es. Die wenigsten außerhalb der Ukraine hatten in jenen ersten Kriegstagen jemals von einem Ort namens Butscha gehört; wir hatten die Leichen auf den Straßen noch nicht gesehen, das Foto mit der schwarz verfärbten Hand, die einen Schlüsselanhänger in Form einer blauen Fahne mit gelben Sternen umklammert hält – *unserer* Fahne, der Fahne aller Europäer –, oder die andere totenschwarze Hand mit den rotlackierten Fingernägeln. Wir kannten die Satellitenaufnahmen von den Massengräbern am Stadtrand Mariupols noch nicht. Auch von Mariupol selbst hatten wir noch nie gehört, und erst als es zu spät war, erfuhren wir, dass es einmal eine schöne Stadt mit lebendigen Cafés entlang der Strandpromenade gewesen war.

Wir wussten noch nichts von der Folter, der die Russen bestimmte Gruppen von ukrainischen Gefangenen unterzogen – Schwule, Aktivisten, Journalisten –, und wir waren noch nicht dazu übergegangen, manche Zeitungsartikel nicht mehr zu Ende zu lesen, weil uns allein die Kenntnis gewisser Details schon zu Komplizen des Grauens machte. Der Kommandeur der russischen Streitkräfte Sergei Surowikin, auch bekannt als General Armageddon, hatte noch nicht bewiesen, wie gewissenhaft er die Methode der verbrannten Erde anzuwenden wusste, die er zuvor in Syrien perfektioniert hatte: Bombardements ganzer Wohnviertel, das Verminen von Kornfeldern, Einkaufszentren als Angriffsziele, Zerstörung der zivilen Infrastruktur, kurz: die Taktik der totalen Verwüstung, auch wenn das Heer keinen Meter vorankommt.

Die Kinderrechtsbeauftragte im Büro des Präsidenten der Russischen Föderation – so ihr Titel – hatte sich noch nicht zufrieden darüber gezeigt, dass von den Zehntausenden nach Russland verschleppten ukrainischen Kindern weniger als zweitausend Waisen waren, was im Umkehrschluss hieß, dass alle anderen ihren Familien weggenommen worden waren, um mit ihnen die große Unwucht der russischen Demografie auszugleichen. Das alles wussten wir noch nicht. Und der Kindersoldat wusste es ebenfalls nicht. Oder doch, vielleicht hatte er das eine oder andere schon gesehen und konnte auch deshalb nicht aufhören zu schluchzen, wer weiß. Die ukrainischen Frauen jedenfalls wussten es sicher nicht. Deshalb drückten sie ihm eine Tasse Tee und ein Stück Brot in die Hand und ein Telefon, damit er seine Mutter anrufen konnte.

Ich muss dieses Video immer wieder anschauen, drücke unzählige Male auf Replay und habe einen Kloß im Hals. Warum? Klar, es gibt kaum etwas Ergreifenderes als ein Fünkchen Liebe inmitten von Hass, oder? Wenn du den weinenden Jungen in Uniform, der dein Land überfällt, nicht wie einen Feind behandelst, sondern wie einen Sohn: Ist das nicht Menschlichkeit? Krieg ist etwas Schlimmes, nur die Bösen wollen ihn, Krieg führen immer die anderen, die Mächtigen, nicht die normalen Menschen. Normale Menschen sind einfach, pragmatisch und großmütig, und Frauen sind bekanntermaßen besser als Männer, Männer haben schließlich den Krieg erfunden, also los, mach schon, ruf deine Mutter an und sag ihr, dass du noch lebst.

»Alles nur Phrasen«, höre ich dich sagen.

Ja, Papa, du hast Recht.

Alles nur Phrasen.

So reden Leute, die vom Krieg keine Ahnung haben. Leute wie ich, eine Frau mittleren Alters, die immer im Frieden und Wohlstand meines Kontinents gelebt hat. Der die Vorstellung eines Kriegs vor der eigenen Haustür ferner liegt als die vom Leben eines Kopffüßers auf dem Korallenriff. Leute wie ich, die vom Krieg nur wissen, dass sie nichts wissen. Doch der Kloß in meinem Hals ist real. Wenn es mir so schwerfällt, dieses Video anzuschauen, warum drücke ich dann immer wieder auf Replay?

Bis ich es verstehe. Dieser Junge könntest du sein. Und in den Frauen sehe ich ihre Großmütter oder Urgroßmütter, die dir ein Stück Brot und eine Tasse Milch gaben, als du ihr Land überfallen hast. Ich sehe die Frauen, von denen du immer so voller Liebe gesprochen hast, dass wir schon Witze darüber machten, ob du in einer dieser heimeligen Isbas zwischen Dnipro und Don nicht vielleicht einen kleinen Iwan zurückgelassen hast, unseren slawischen Bruder. Und erst jetzt, wo ich ein halbes Jahrhundert später die Ortsnamen des damaligen Krieges wiedererkenne – Sumy, Charkiw, Luhansk –, begreife ich es: Deine berühmten »russischen Frauen«, von denen du immer mit großen Augen gesprochen hast, in denen mehr lag als Dankbarkeit – eher ein Gefühl, das die Sonnenblumen für die Sonne hegen oder die kalten Füße für den Ofen –, deine Retterinnen, das waren keine Russinnen.

Sie waren Ukrainerinnen.

Füße

Dagegen gibt es nur eine Medizin: die Erinnerung,
die Fakten und Personen nachzeichnet und hervorbringt
wie Spucke das Abziehbild.
An Annas Hand

Die in den Familiengeschichten überlieferten Erinnerungen ragen aus der Vergangenheit heraus wie schwarze Felszacken aus einer Schneelandschaft. Sie erheben sich aus dem gleichförmigen Weiß des Vergessens und skizzieren die Geografie der Erinnerung. Nur die in Erzählung verwandelten Erinnerungen formen später den Zustand des »So ist das damals gewesen«. Alles andere bleibt darunter verborgen wie die unter den Eisschichten oder noch tiefer im Permafrost eingelagerten Gneise. Ein Winter legt sich über sie, der viele Generationen, wenn nicht ewig dauert, und unter den chthonischen Kräften von Kälte und Zeit erodieren sie bis zu ihrer Auflösung. Für immer verloren. Doch manchmal sorgt eine erschütternde und nicht vorgesehene Unregelmäßigkeit, etwa eine Klimakatastrophe, dafür, dass verborgene Überreste wieder zutage treten, nicht unversehrt, aber lesbar. Diese Erinnerungen sind manchmal faszinierend, aber harmlos, wie eine prähistorische Mumie, die aus dem Eis auftaucht: Oh, interessante Tattoos, rufen wir vielleicht aus, und der Pfeilköcher – so gut erhalten!, doch der Fund ändert nichts an unserem Blick auf die Welt. Andere Erinnerungen wiederum tauchen aus dem Vergessen auf und stellen alles in Frage. Die vertraute Geografie, in der wir seit jeher gelebt haben, verändert plötzlich ihre Erscheinung. Sie verwandelt sich in eine unbekannte Landschaft, nimmt mitunter nie gesehene Formen an. Und wir entdecken möglicherweise, dass die sonnendurchflutete Ebene, die wir für unser Leben hielten, in Wahrheit der Meeresgrund ist.

Wenn das passiert, ist das nichts für schwache Nerven.

Es gibt so viele Anekdoten im Geschichtenkanon unserer Familie, in unserem heiligen Buch der Erinnerung, zu denen ich dich gerne befragen würde. Doch dafür ist es zu spät. Dann gibt es Ereignisse, die erst kürzlich ans Licht gekommen sind, von denen du uns nie erzählt hast und von denen ich erst nach deinem Tod erfahren habe. Und hier stehe ich nun mit meinem Wunsch, zu verstehen.

Manche Erinnerungen aus unserem Familienepos (und dem Epos anderer Familien) tragen die Überschrift »Rückzug aus Russland«, der in Wahrheit, was ich ebenfalls erst jetzt begriffen habe, ein »Rückzug aus Russland und der Ukraine« war.

Hier eine Schlüsselszene:

Ein Militärkrankenhaus in Venedig. Ich glaube, es war Venedig. Ganz sicher bin ich mir nicht. Ich bin mir über gar nichts mehr sicher, seit das Eis begonnen hat, sich langsam von den Erzähllandschaften zurückzuziehen. Aber Venedig eignet sich immer gut als Schauplatz, deshalb belassen wir es dabei. Ein großer Schlafsaal mit Marmorboden. Das Wasserspiel eines Kanals spiegelt sich in den Fenstern. An den Wänden Dutzende Metallpritschen. Ein unerträglicher Geruch nach Desinfektionsmittel, Ausscheidungen und sauren Fieberausdünstungen, nach dem schweren Atem vieler junger Männer; und über allem der höllische Fäulnisgestank des Wundbrands. Die energischen Schritte einer Krankenschwester klappern durch den Saal, zwei Frauen werden hereingeführt. Es sind deine Mutter und deine Schwester – meine Großmutter und meine Tante.

Oma Bianca mit ihrer berühmten, ihr selbst verborgen gebliebenen und in der ganzen Familie einzigartigen Schönheit, blickt sich suchend nach dem Gesicht ihres Sohnes um. Sie hat keine Sorge, ihn nicht wiederzuerkennen, auch wenn seit ihrem Abschied zweieinhalb Jahre vergangen sind. Ihre Sorge ist eine andere.

Tante Maria Teresa war niemals schön. Mit Anfang zwanzig strahlt sie schon die sinnenfeindliche Autorität einer Sechzigjährigen aus. Seit Kriegsbeginn ist sie ihren Schülern gegenüber, denen sie Lesen und Rechnen beibringt, noch nachsichtiger geworden und verteidigt sie umso kämpferischer gegen alle Demütigungen durch die Erwachsenen – Pfarrer, Schuldirektoren, Bürgermeister. Sie hat dir immer Essenspakete an die Front geschickt, wie auch deinem in El-Alamein stationierten Bruder.

Sie entdecken dich.

Deine Pritsche steht unter einem Fenster. An diesem Punkt der Geschichte frage ich mich immer, wie es sich für dich angefühlt haben muss, nach all dem Schnee und Schlamm endlich wieder in einem richtigen Bett zu liegen. Aber vielleicht hast du das, als du ankamst, auch gar nicht bemerkt. Anders als bei den beiden Kriegsheimkehrern rechts und links von dir ist dein scharfes Profil nicht hinter Verbänden verborgen. Deine Augen sind geschlossen, du siehst sie nicht kommen, die Marien deiner Auferstehung. Deshalb bemerkst du auch das Verhalten deiner Mutter nicht. Sie nennt dich nicht beim Namen, gibt dir keinen Kuss, fasst dich nicht an. Dass du am Leben bist, weiß sie, seitdem der Postbote sie beim Bügeln gestört hat. Der Brief der Befehlsstelle brachte die Antwort auf die monatelangen bangen Fragen: verwundet. Nicht das andere, unsagbare Wort aus den Meldungen, die andere Mütter bekamen. Mehr brauchte sie nicht. Wir gehen, hat sie zu deiner Schwester gesagt, nachdem sie noch schnell die Laken zu Ende gebügelt hatte. Hier an deinem Bett interessiert sie etwas anderes. Etwas, vor dem sie sich fürchtet.

Sie hebt die Bettdecke am Fußende des Bettes leicht an und schaut darunter. Hast du noch beide Beine? Und beide Füße? Ist der Körper, den sie vor knapp vierundzwanzig Jahren auf die Welt gebracht hat, noch heil, oder sind Teile von ihm dort im Osten zurückgeblieben, im Schnee?

Beide Beine sind noch dran, wenn auch erschreckend dünn.

An ihrem Ende zwei Füße.

Eins, zwei, drei – sie zählt deine Zehen.

Zehn.

Deine Mutter lässt vorsichtig die Decke sinken und bricht zusammen.

Endlich darf sie ohnmächtig werden.

Spinat

Die Kinder, die im Park neben meiner Bank spielten, waren alle nett, fast lieb zu mir, liefen aber weg, als ich fragte, ob sie Lust auf ein kleines Spiel hätten, das ich für harmlos, aber wichtig hielt.
Wollt ihr Frieden spielen?, fragte ich sie.
Aber keines kannte die Spielregeln. Deshalb gingen sie weg.
Wollt ihr Krieg spielen?, fragte ich sie.
Da stellten sich alle in eine Reihe und hatten kurz darauf zwei Mannschaften gebildet.
Die sibirischen Frauen folgen der Sonne

Ein Glück, dass ihr nicht mehr am Leben seid, Papa. Du, Mama und Tante Maria Teresa. In diesen Tagen bin ich fast erleichtert, dass ihr schon *weitergegangen* seid und euch diese neuen, stählernen Zeiten erspart bleiben. Dass ihr auf eure alten Tage nicht mehr erleben müsst, wie sich das neue Jahrtausend in den blutigen Fetzen eures 20. Jahrhunderts verfängt. Wie die Welt des Friedens, die ihr uns hinterlassen habt, in sich zusammenfällt. Wir dachten, diese Welt sei immer noch unsere Welt. Nun wissen wir, dass sie seit langem nur noch Kulisse war. Wir glaubten, in einer verflüssigten Welt zu leben, und wir beklagten uns darüber, doch nun ist sie plötzlich wieder hart wie Stahl.

Für viele Menschen ist diese Erkenntnis unerträglich.

»Nie wieder Krieg!«, haben wir achtzig Jahre lang gerufen. Und hielten das für eine klare, engagierte Haltung, die bedeutete: »Nie wieder werden wir Militäreinsätze, Genozide oder den Einmarsch von Truppen in fremden Ländern tolerieren, wir werden das mit allen

Mitteln bekämpfen und das internationale Recht verteidigen, das auf der Unverletzlichkeit nationaler Grenzen beruht und ohne das es keine Demokratie gibt.«

In Wirklichkeit sagten wir lediglich: »Wenn es Krieg gibt, dann bitte nicht vor unserer Haustür. Nur woanders, vielen Dank. Der Krieg darf uns nicht direkt betreffen, uns genügt das vage, wohlige Schaudern immensen Mitgefühls, das uns angesichts des fernen Leids den Rücken hinabläuft« – und immens auch nur deshalb, weil weit genug weg.

»Wir wollen keinen Krieg«, sagten wir und klangen wie ein verwöhntes Kind, das sagt: »Ich will keinen Spinat«, weil es weiß, dass Mama den Teller mit dem ekligen Gemüse schon abräumen und stattdessen Chips auf den Tisch stellen wird. Das seine launenhaften Allmachtsfantasien ein ums andere Mal bestätigt bekommt, genau wie wir. Jahrzehntelang wurden die bösen Kriege der anderen schnell von unserem Tisch abgeräumt, wir mussten uns kaum damit beschäftigen. Natürlich taten uns die armen Opfer leid, klar – aber da sind ja schon die Chips.

Doch wenn wir jetzt sagen: »Nie wieder Krieg!«, kommt keine Mutter und nimmt ihn weg. Der Krieg ist da. Der Krieg hat unseren Kontinent erreicht. Und sosehr wir auch wollen, dass er wie von Geisterhand wieder verschwindet – nein, er verschwindet nicht. Unsere Allmacht ist ausgehöhlt. Nun haben wir die lästige Pflicht, jene Prinzipien anzuwenden, die wir jahrzehntelang vor uns hergetragen haben. Schlimmer noch: Für die Verteidigung dieser Prinzipien sollen wir sogar einen Preis zahlen! Und deshalb haben sich viele Menschen in einem Bunker verschanzt, wo sie Schutz vor dem Bombenhagel der Realität suchen, und diesen Bunker nennen sie Frieden.

Ich habe überhaupt nichts gegen Frieden, Papa. Im Gegenteil, ich bin eine große Verfechterin des Friedens, so wie du es warst. Ich habe sogar meine Tochter nach ihm benannt, dein erstes weibliches Enkelkind. Doch leider sind wir ein Land von ängstlichen alten Leuten. Anders als wir warst du nie wirklich alt: Du bist aus dem Zustand der wilden Fantastereien über das, was möglich ist, direkt in den des komplett unselbständigen, runzligen Säuglings gewechselt.

Den verblüfften Groll über das Ende des Status quo habe ich bei dir nie erlebt. Doch wir wandern nun zwischen den Trümmern unserer Feigheit und hoffen, dass sie niemals zu echten Trümmerfeldern werden wie die in Mariupol, Bachmut und Awdijiwka. Die rauchenden Schuttberge, die Drohnenkrater, die ausgebrannten Wohnhäuser sollen bleiben, wo sie sind, weit weg. Und niemals näher an uns heranrücken. Wir sind für Frieden!

Aber ich, ich muss herausfinden, was Krieg ist, Papa.

Deshalb brauche ich deine Hilfe.

Ja, ich bitte dich um Hilfe, und dabei spielt es keine Rolle, ob du auf der falschen Seite gekämpft hast. Diejenigen, die damals auf der richtigen Seite standen – gesegnet sei ihr Andenken –, waren Helden. Doch nicht nur von Heldentum weiß ich nichts. Es ist der Krieg, von dem ich nichts weiß. Deshalb brauche ich deine Hilfe. Und das, obwohl du auf der falschen Seite gekämpft hast, oder vielleicht genau deshalb.

Dein Krieg bekam in Italien später den Titel *Ritirata di Russia*, »Rückzug aus Russland«, und er ist eine Opfergeschichte. Die armen italienischen Soldaten in ihren Schuhen mit Pappsohlen sinken mit erfrorenen Füßen in den Schnee und sterben den Kältetod. Das ist alles wahr, niemand weiß das besser als du. Trotzdem verbergen sich hinter diesen drei Worten mindestens zwei Auslassungen. Erstens, dass die Geschichte sich größtenteils nicht in Russland, sondern in der Ukraine zugetragen hat. Und zweitens, dass der Rückzug von einem Ort bedeutet, dass man vorher dort angekommen ist. Die drei ikonischen Worte »Rückzug aus Russland« verschweigen nicht nur die Ankunft, sondern auch insbesondere den Grund dafür. Und der Grund war, dass ihr, dass *wir* auf der falschen Seite standen. Auf der unabweislich falschen Seite. Wir waren die Verbündeten derjenigen, die, ein Jahr bevor du zum ersten Mal die Sonnenblumenfelder von Isjum erblickt hast, ein paar hundert Kilometer weiter in der Schlucht von Babyn Jar innerhalb von nur zwei Tagen dreißigtausend Menschen ermordet hatten, mit Maschinengewehrsalven oder einem Schuss ins Genick. Aus einem einzigen Grund: weil sie Juden waren. Aber du hast diesen

Krieg gehasst. Alle hassen den Krieg, seine Opfer und seine Helden, ja sogar der, der ihn liebt. Deshalb bitte ich dich: Sag mir, was Krieg ist, Papa. Gerade du, weil du auf der falschen Seite gestanden hast und ihn nicht mit irgendwelchen Idealen schönreden kannst.

Du warst gezwungen zu lernen, was Krieg bedeutet. Anders als meine Generation wart ihr nicht in der glücklichen Lage, zu glauben, man könne die Wirklichkeit des Krieges einfach leugnen. Ihr hattet nicht das Privileg, euch vorzumachen, ihn mit einem einzigen Wort, einer Art Bannspruch beenden zu können: Frieden! Der verfluchte Krieg war da, ob ihr wolltet oder nicht. Und nein, ihr wolltet ihn nicht. Doch er war da, so wie er seit Jahrtausenden da ist. Für mich ist es quasi unmöglich zu verstehen, dass es Krieg gibt, dass er wirklich da ist. Denn der Krieg ist nicht aus Waffen gemacht, sie dienen ihm nur als Werkzeug, er ist vielmehr aus den Körpern der Menschen gemacht. Und mein Körper kennt – zu meinem unverdienten, unendlichen Glück – nur den Frieden. Was also könnte ich davon verstehen?

Ich, wir kennen nur den Frieden. Seit unserer Geburt geschieht alles, was wir tun, in Friedenszeiten, auch die schlimmsten, brutalsten und unangenehmsten Dinge. Selbst ein Mörder hat in Friedenszeiten gemordet. Und auch wer ermordet wurde, wurde in Friedenszeiten ermordet. Die Frau, die von ihrem gewalttätigen Mann umgebracht wurde, hatte ihren eigenen Krieg zu Hause, doch draußen in der Welt herrschte Frieden. Wir können uns aus diesem Grund vom Krieg kein anderes Bild machen als das einer möglichen Beschäftigung unter vielen in Friedenszeiten. Klar, es mag die schrecklichste und brutalste von allen sein, doch letztendlich ist sie nicht so grundlegend anders als tausend andere Dinge, die geschehen können. Selbst wir, die wir womöglich Romane über Kriege geschrieben haben, sind Schriftsteller in einer Zeit des Friedens.

Der Krieg hingegen bringt eine grundlegend andere Zeit mit sich, sagen diejenigen, die ihn erlebt haben. Selbst der Lauf der Sonne ist nicht mehr derselbe. Dass ich sie nicht erleben musste, ist das essenzielle, überwältigende Glück meines Lebens als Europäerin des Westens in den letzten achtzig Jahren, das Glück, an dem alles andere hängt. Aber wir wollten dieses Glück nicht sehen, so wie wir die Luft, die wir atmen, nicht wahrnehmen, bis sie schwarz wird vor Rauch. Doch diese glückliche Ignoranz ist zugleich unsere große Schwäche. Nun sagen viele gutmeinende Menschen: »Wir wollen doch nur, dass Frieden herrscht.« Doch was bringt es, inmitten eines schrecklichen Schneesturms zu sagen: »Wir wollen doch nur, dass Sommer ist«?

Die Zeit deines Krieges ist lange vorbei, und ebenso die Ära der Zeitzeugen. Doch ein Ende des heutigen Krieges ist nicht in Sicht. Du hast mir beigebracht, wie man in den Bergen wandert – »Ein Schritt, ein Atemzug, ein Schritt, ein Atemzug ...« –, und das Wandern in den Bergen hat mich Folgendes gelehrt: Wenn Gedanken zu Schemen werden, Gefühle wirr, Worte unbrauchbar und Abläufe umstritten, wenn die Zeit sich verknotet wie eine Schlange, die sich selbst verschlingt, dann ist das, was uns bleibt, die Geografie.

Die Orte bleiben.

Und die Orte dieser beiden Kriege – des einen zu Beginn unseres Jahrtausends und des anderen, in dem du gekämpft hast – sind fast dieselben. Damals wie heute liegt die erdrückende Schwüle unseres Schweigens über denselben Ortsnamen: Irpin, Sumy, Charkiw. Der eisige oder todbringende Dnipro, der unter feindlichem Beschuss durchquert werden muss. Der Donbass, das Donezk-Becken. Isjum, auf dessen Sonnenblumenfeldern dein Krieg an einem Tag im August vor achtzig Jahren seinen Anfang nahm.

Und jenseits der Grenze dann Rossosch, in der Ebene zwischen den Flüssen Donez und Don, Kommandositz des Armeekorps der Alpini, der italienischen Gebirgsjäger, zu denen deine Division Julia zählte. Der Name dieser Stadt war mir nicht vertraut, in deinen Erzählungen kam er nicht vor, anders als Nikolajewka oder Kalitwa. Aber nun taucht sie auf, diese unbekannte russische Kleinstadt, zwei Stunden von der ukrainischen Grenze entfernt, in den Schlagzeilen der russischen Nachrichten auf Englisch: »Rossosch entnazifiziert!«

Komisch, war es nicht die Ukraine, die entnazifiziert werden musste? Und ich finde heraus, dass im Jahr 1993, fünfzig Jahre nach deinem Rückzug, eine Delegation italienischer Alpini der Stadt einen Kindergarten geschenkt hat. Sie nannten ihn *Ulybka* – Lächeln. Kinder spielen in einem buntbemalten Hof, ein Lächeln für die Gefallenen beider Seiten –, nicht die schlechteste Art der Wiedergutmachung und der Erinnerung an vergangene Gräueltaten. Zehn Jahre später wurde, um die gegenseitige Wertschätzung zwischen ehemaligen Feinden noch zu steigern, vor dem Kindergarten ein Denkmal für die Alpini errichtet. Ein hässlicher Sarkophag aus rotem Ziegelstein, gekrönt von einem stilisierten Alpini-Hut aus Metall, dazu ein Schild mit der russisch-italienischen Aufschrift: AUS EINER TRAGISCHEN VERGANGENHEIT / IN EINE GEGENWART DER FREUNDSCHAFT / FÜR EINE ZUKUNFT DER BRÜDERLICHEN ZUSAMMENARBEIT. Doch dann kehren im Februar 2022 russische Panzer den Lauf der Geschichte um und überqueren die Grenze mit dem Schrei: *Denazifikazija!* Der unerbittliche Herr des Kremls im dunklen Tschekisten-Anzug, die Unterarme auf den Schreibtisch gestützt, hat erklärt, dass die »Entnazifizierung der Ukraine« den letzten Akt des Großen Vaterländischen Krieges darstelle, der achtzig Jahre zuvor von der Heiligen Mutter Russland begonnen worden war. Der Gemeinderat von Rossosch schließt sich begeistert der heroischen Mission an. Das Denkmal der Alpini wird gestürzt, der Metallhut mit der schwarzen Feder stürzt zu Boden und wird zertrampelt. Die russischen Nachrichtenseiten im Netz jubeln: In der patriotischen Kleinstadt wurde der Nazifaschismus ein zweites Mal besiegt.

Nicht ich bin diejenige, Papa, die diese Verbindung herstellt zwischen der Invasion in der Ukraine und dem Zweiten Weltkrieg. Es sind die deutlichen, ruhig und überlegt ausgesprochenen Worte eines Mannes, der sich als Abgesandter der großen Geschichte versteht, von jemandem, der – wie er gerne betont – im Geist der Zaren Peter, Katharina und Alexander III. handelt: Wladimir Wladimirowitsch Putin.

Wer weiß, wie du reagieren würdest, wenn er dir sagte, dass der von ihm begonnene Krieg eine Fortsetzung deines Krieges sei.

Walenki

»Und die Schuhe?«
Ich sah auf meine Schuhe und begriff, dass ich verloren war.
An Annas Hand

Zwei, nur zwei Episoden deines Krieges waren es wert, in die epischen Dichtungen der Familien aufgenommen zu werden.

Die erste trägt den Titel »Die Hühner von Kalitwa« und spielt am großen Bogen des Don. Dabei handelte es sich nicht um eine gewöhnliche Flussbiegung, die etwas weiter war. »Der *groooße* Bogen des Don«, sagtest du mit einem langgezogenen »o«, das wie ein mächtiger Strom zwischen den Ufern der Konsonanten dahinfloss: *groooßer*. Diese fünf Wörter beschworen einen Ort voller Wunder und Legenden, wie der Beginn eines Märchens: Es war einmal mein Vater am *groooßen* Bogen des Don. Er war dreiundzwanzig Jahre alt und hatte ein Dutzend Männer der italienischen Gebirgsjäger unter seinem Kommando. Er hatte kalte Füße und sorgte sich um die kalten Füße seiner Alpini.

Soldat Kurk, die Hühner-Soldaten, so nannten die sowjetischen Soldaten die Männer der 8. Italienischen Armee, der sogenannten ARMIR, *Armata Italiana in Russia,* mit ihren Federn auf den Helmen, die aus Alpini und Bersaglieri bestand. In Wirklichkeit befanden sich die Bersaglieri in einem völlig anderen Frontabschnitt als eure Division Julia, und hier waren deine Beschreibungen wie so häufig bemerkenswert ungenau. Doch mir war das egal, solange du bei mir oder meiner Schwester auf dem Bettrand gesessen und erzählt hast. Im Zimmer war es dunkel, nur aus dem Flur fiel ein schmaler Lichtspalt durch die angelehnte Tür, und du erzähltest leise, wie sich die Nacht geheimnisvoll und unerbittlich auf die schneebedeckte Steppe herabsenkte, während ihr, du und deine Alpini, euch langsam aus den Schützengräben herauswagtet ...

Das war immer der spannendste Moment der Geschichte, denn dann hast du die Hände vor dem Mund zusammengelegt, den Kopf nach hinten geworfen und ausgestoßen:

»A-uuuuuh!«

Ein melancholisches Heulen, bedrohlich und wild.

Und vor allem verblüffend real, da war ich mir ganz sicher, obwohl ich noch nie einen echten Wolf hatte heulen hören.

Dann verwandelte sich die Zimmerdecke unserer römischen Wohnung in den glasklaren Himmel sibirischer Nächte, und in meinem Bett jagten mir die Lust und die Angst einen magisch kalten Schauer über den Rücken.

Am anderen Flussufer, so hast du deine Erzählung fortgesetzt, standen die Soldaten der Roten Armee, zwanzigmal so viele wie ihr, die armen, wehrlosen Alpini mit eurer schlechten Ausrüstung. Ein Angriff wäre verheerend gewesen. Das wusste ihr Kommandeur sehr genau, Generalleutnant Nikita Sergejewitsch Chruschtschow, er hätte seine Soldaten gerne auf euch losgelassen. Doch seine Männer stammten – und keiner weiß, woher du das als blutjunger faschistischer Leutnant wusstest, jedenfalls wusstest du es –, aus Burjatien, Jakutien und Tuwa, von den äußersten Rändern Sibiriens. Und mit der Sicherheit eines Anthropologen des 19. Jahrhunderts wusstest du auch, dass diese Leute große Angst vor Wölfen hatten. Größere Angst als vor den Geschützen, hast du hinzugesetzt, vor dem Maschinengewehrfeuer und sehr viel größer als vor den Hühner-Soldaten. Und wirklich, wenn die Sowjets das Geheule hörten, erstarrten sie. Viele Nächte lang habt ihr durchgeheult, und die sibirischen Soldaten ließen euch in ihrem heidnischen Entsetzen in Ruhe.

Es war eine aberwitzige, nicht besonders glaubhafte Geschichte, die vor der Gegenoffensive der Roten Armee abbrach, die natürlich – Wölfe hin oder her – irgendwann kam. Das hast du nicht erzählt. Es wäre wohl auch naiv, von Kriegsheimkehrern wahre und vollständige Geschichten zu erwarten. Man käme ja auch nie auf die Idee, Odysseus zu fragen, wie er sich als ausgewachsener, stattlicher Mann unter dem Bauch eines Schafs hatte verstecken können. Am Ende zählt nur, dass er wieder da ist. Dass Polyphem ihn nicht verschlungen hat.

Und wenn du bei mir auf dem Bettrand gesessen hast, war klar, dass du den Krieg beziehungsweise den Zyklopen überlebt hattest. Das genügte mir.

Im eigentlichen Mittelpunkt der ehrwürdigen, innerfamiliären Saga »Papa in Russland« steht aber eine andere Episode. Sie heißt »Die Geschichte der Walenki«.

Dies ist ihre offizielle Version:

Auch die Wolfs-Hühner hatten die sowjetische Gegenoffensive nicht aufhalten können, und so ist nun die gesamte italienische Armee versprengt. Man muss sich die Bildfläche wie leergefegt vorstellen. Keine Kolonnen zerlumpter, notdürftig in Decken und Mäntel gehüllter Soldaten, wie wir sie von den Fotos des Rückzugs aus Russland kennen, der in Wahrheit größtenteils ein Rückzug aus der Ukraine war. Nur du und deine armen Alpini sind zu sehen, ihr lauft durch die eisige Steppe. Allein, im blendenden Weiß, ohne Essen und Munition. Wenn ihr einem Trupp Sowjet-Soldaten oder schlimmer noch Partisanen begegnet, ist es aus mit euch. Ihr seid trunken vor Müdigkeit und habt vor allem kalte Füße. Eiskalte Füße. Erfrorene Füße. Nichts an der Kleidung der ARMIR eignet sich für einen Feldzug in Russland, doch über die Stiefel wirst du später einmal schreiben: *Das ist kein Schuhwerk, das ist ein Verbrechen.*

Ihr lauft und lauft durch den Schnee wie in einem Gruselmärchen. Manchmal stolpert einer deiner Männer und fällt hin, die anderen helfen ihm wieder auf. Wie lange noch?, fragst du dich. Wann passiert das Unsagbare, dass ein Alpino zu Boden sinkt und seine Kameraden genau wie du so am Ende ihrer Kräfte sind, dass sie ihn einfach liegen lassen? Einige der Männer könnten deine Onkel sein, manche sind doppelt so alt wie du. Doch du bist ihr Offizier. Du hast ihnen und mehr noch dir selbst geschworen, sie nach Hause zu bringen. Du wünschst dir nichts sehnlicher, als dass ihre Frauen nicht zu Witwen werden wie die Frau deines Adjutanten. Da taucht ein Gebäude auf, genauer gesagt: ein Lagerhaus. Wie sieht es aus? An diesem Punkt deiner Erzählung stellte ich mir immer einen Würfel aus billigem Metall vor, das war für mich ein Lagerhaus: wie in einem Gewerbegebiet außerhalb von Rom. Natürlich stimmte das nicht, aber ich erinnere mich nicht an deine Beschreibungen. Ganz sicher war es keine *Isba*, wo allein der schöne Klang des Wortes schon Wärme und Gastfreundschaft ausstrahlt und mich an die Almhütten in den Dolomiten erinnerte, nur eben versetzt in die weiße Ebene Russlands und bewohnt von blonden Frauen mit geblümten Kopftüchern. Das Lagerhaus jedenfalls, das ihr dort in der Ferne seht, ob aus Blech oder nicht, ist ganz sicher keine Isba.

Vorsichtig schleicht ihr euch an.

Die Steppe ist menschenleer, und das Lager auch.

Geheimnisvollerweise, wundersamerweise ist die Tür nur angelehnt. Ihr öffnet sie und schaut hinein. Unvorstellbare Reichtümer offenbaren sich euren Blicken: Essen, Munition, Ausrüstung. Eine wahre Schatzkammer, und der sowjetische Drache, der sie bewacht, ist nicht da oder schläft. Ungläubig über so viel Glück betretet ihr den Raum.

Die Munition lasst ihr links liegen. Wenn der Feind euch überraschen sollte, fegt er euch in eurem erbärmlichen Zustand ohnedies hinfort. In der Standardversion der Geschichte beißt ihr in ein paar Würste, in einer anderen Variante lasst ihr Kartoffeln mitgehen. An dieser Stelle frage ich mich immer: Wie sollen sie denn rohe Kartoffeln essen? Oder wolltet ihr die unterwegs kochen? Aber ich habe eben keine Ahnung vom Krieg.

Dann endlich entdeckt ihr den größten Schatz in dieser Wunderhöhle: *Walenki!* Diese weichen und warmen Filzstiefel, die ihr an den Füßen der russischen Bauern gesehen habt, die in Wahrheit ukrainische Bauern waren, und um die ihr sie so beneidet habt. Ihr vergesst alles andere – Würste, Kartoffeln, die nicht angerührte Munition – und lauft zu den Regalen mit den Schuhen. Ihr zieht Mussolinis verbrecherische Schuhe aus, vielleicht werft ihr sie sogar wütend in die Ecke, wie es auch die verdient hätten, die sie euch gegeben haben, und schlüpft in die Walenki.

Dank der Walenki werden eure Zehen nicht erfrieren und ebenso wenig eure Fersen, was noch schlimmer ist. Dank dieses unbeschreiblichen Schatzes aus Filz müsst ihr nicht mit lahmen Füßen und ohnmächtig in den Schnee sinken und auf den Tod warten, während die erschöpften Kameraden sich weiterschleppen und euren letzten Blicken ausweichen.

Ihr seid gerettet.

Ich erinnere mich noch gut an diesen Punkt der Geschichte. In deinen Augen das verschmitzte Aufblitzen des Unterlegenen, der es den Großen zeigt. David, der Goliath besiegt. Jerry, der Tom an der Nase herumführt. Du und deine armen Alpini, ihr wart die Kleinen, die die Rote Armee austricksen. Mehr noch, den General Winter, der einen von den Füßen aus ganz langsam tötet, ja der selbst Napoleon besiegt hat – aber euch nicht. Dich nicht.

Im Sprachgebrauch unserer Familie standen die Walenki für weit mehr als nur für Schuhe. Sie waren ein Synonym für Überleben, für Glück und für Heimkehr. Das genaue Gegenteil von Krieg, könnte man sagen. Was ist das Gegenteil von einem lauten, harten und todbringenden Panzer? Antwort: die weichen, leisen Schritte von zwei warmen Füßen in Walenki. Sie sind das Leben, das den Tod besiegt, der einfache Wollfilz, der über die Waffen triumphiert.

Dank der Walenki konntest du und deine armen Alpini nach Hause zurückkehren.

Nikita

Ihr italienischen Hühner, an eurem Weihnachtsfest kochen
wir euch. In einem großen Topf kochen wir euch, und
wenn eines von euch weglaufen und nach Italien zurückkehren
will, soll es das lieber gleich tun. Wir aus Kalitwa wissen
nämlich sehr gut, wie man Hühner kocht.
An Annas Hand

Und noch eine Familienlegende:

Du und Mama seid schon einige Jahre verheiratet. Den Krieg habt ihr hinter euch gelassen wie die anderen auch, mit dem Trotz der Lebenden. In einer Schublade stößt sie auf dein Manuskript. Wann hast du das geschrieben? Sie hat dich nie daran arbeiten sehen. Du hättest es einfach heruntergeschrieben, erklärst du, sofort nach deiner Rückkehr. Als du sie noch nicht kanntest. Die Jahre seien vergangen, und du habest nicht mehr daran gedacht.

Sie liest es.

Viele Jahre später wird meine Mutter mir erzählen, was deine Kriegserinnerungen bei ihr auslösten: »Endlich habe ich verstanden, was hinter seinem Schweigen steckte.«

Sie ermutigt dich, das Manuskript einem Verleger zu zeigen. Das gefällt dir: Du weißt, dass sie eine feinsinnige Leserin ist und niemals leere Komplimente machen würde. Unter dem Titel »Es war kalt« reichst du es für einen Literaturpreis ein. Du gewinnst nicht, wirst aber lobend erwähnt. Kein Verlag macht dir ein Angebot, und du bist vielleicht zu stolz, es selbst zur Veröffentlichung vorzuschlagen. Ich weiß es nicht. Jedenfalls landet das Manuskript in der Schublade.

Die Jahre vergehen, der schreckliche Winter in der Steppe rückt in weite Ferne. Ihr zieht nach New York. Du bekommst eine Audienz bei Chruschtschow, genau an dem Tag, an dem der angeblich bei der UNO-Generalversammlung seinen Schuh auf das Rednerpult schlagen sollte.

Die Geschichte fängt bei dir an, wie du der sowjetischen Delegation bei den Vereinten Nationen eine Nachricht zukommen lässt.

Nur wenige Zeilen:

»Ich bitte um ein Gespräch mit Nikita Sergejewitsch.

Gezeichnet:

Ein Huhn von Kalitwa.«

Kaum hat der Genosse Generalsekretär der KPdSU die Nachricht gelesen, sagt er zur Verblüffung seiner Delegation sofort zu: Ja, der unbekannte italienische Journalist soll eine private Audienz bekommen.

Dir wird mitgeteilt, dass ein Auto des russischen Konsulats dich vor deinem Haus am East River abholen wird. Du antwortest, dass es dir nicht behagt, wenn dich Vertreter des italienischen Konsulats, das nur wenige Schritte von der Repräsentanz der UdSSR bei der UNO entfernt ist, aus einem Sowjet-Fabrikat steigen sehen. Du kommst lieber auf eigene Faust zur Verabredung. Ich kann nicht einschätzen, ob deine Vorsicht in diesem Fall gerechtfertigt war. Vielleicht, immerhin befandet ihr euch mitten im Kalten Krieg. Vielleicht deutete sich hier aber schon deine angeborene Neigung zur Geheimnistuerei an, die Jahre später als zwanghaftes Lügen definiert und beurteilt werden würde. Ich vermute allerdings, der eigentliche Grund lag in deiner Vorliebe, um nicht zu sagen: Obsession, für die verborgenen und nicht miteinander verbundenen Wendungen der Wirklichkeit. Eine Vorliebe, die dein Leben sicher nicht geradliniger verlaufen ließ und die es deiner Umgebung nicht immer leicht gemacht hat, die deinem Blick aber manchmal eine ungeahnte Tiefe verlieh. Um es auf den Punkt zu bringen: Es machte dir Spaß, Spion zu spielen.

Auf jeden Fall, egal ob nun zu Fuß oder im Taxi, erreichst du die sowjetische Delegation.

Chruschtschow empfängt dich in bester Laune.

Vielleicht fragst du dich, wer dieser Mann mit den fast kindlich blauen Augen im runden Gesicht in Wirklichkeit ist. Im New York des Jahres 1960 stand sein gutmütiges Bauerngesicht für das Ende des Stalinismus. Doch in den Dreißigerjahren in der Ukraine war er als Funktionär von Moskau mit der Aufgabe betraut gewesen, die richtige und angemessene Menge an Leuten zu erschießen, um den Kommunismus fest in der Bevölkerung zu verwurzeln. Es ist das erste Mal, dass du ihm so nahe kommst, aber es ist nicht das erste Mal, dass ihr euch am selben Ort aufhaltet. Im Dezember 1942 war auch er am *grooοßen* Bogen des Don, als junger Generalleutnant einer sowjetischen Division, die sich am anderen Flussufer verschanzt hatte. Er gibt dir acht Minuten Zeit, um zu sagen, was du zu sagen hast.

Wer weiß, ob du auch beim Genossen Generalsekretär die Hände um den Mund gelegt hast und mit gerecktem Hals in dein Geheul ausgebrochen bist. Nikita sieht dich verdattert an, wie du in dem Büro des Glaspalasts »A-uuuuuh« machst – ein herrliches Bild, ich wünschte, es wäre wahr! Dann erklärst du ihm, dass ihr es wart, die listigen und ethnologisch optimal informierten Alpini, die die sowjetischen Schützengräben mit dem gefürchteten Geheul des sibirischen Wolfes überzogen haben.

Als er hört, dass das, was er und seine Soldaten für Wölfe hielten, in Wahrheit die verachteten Hühner gewesen sein sollen, wird Nikita Sergejewitsch puterrot.

»Lügner! Lügner!«, brüllt er auf Russisch.

Durch das Geschrei alarmiert laufen zwei Wachen herbei. Sie packen dich unter den Armen und schleifen dich aus seinem Büro, während er schändliche Bemerkungen über das Intimleben deiner weiblichen Verwandten herausbrüllt – inklusive deiner Mutter, deiner Schwester und sogar deiner Großmutter.

Vielleicht gehört die Begegnung mit Chruschtschow aber auch in die Abteilung deiner berühmten David-gegen-Goliath-Geschichten. Geschichten, die entweder frei erfunden waren oder zumindest gewisse Ausschmückungen erfahren hatten. Wer weiß. Sollte die Episode aber stattgefunden haben, stelle ich mir gerne vor, dass sie sich kurz vor der Generalversammlung der Vereinten Nationen zugetragen hatte. Und wenn an diesem Tag der Genosse Generalsekretär tatsächlich im Glaspalast der UNO mit seinem Schuh auf das Rednerpult eingeschlagen hat wie ein verrückter Flickschuster, dann nur, weil er ohnehin schon nervös war nach der demütigenden Enthüllung über die Wolfs-Hühner. Jedenfalls muss ich immer an dich denken, Papa, wenn ich das berühmte Chruschtschow-Foto mit dem zornig aufgerissenen Mund, dem glänzenden Kahlkopf und einem wahrscheinlich nicht gerade wohlriechenden Schuh in der Hand sehe. Dann stelle ich mir vor, wie du, während die Journalisten aus aller Welt sich über die nie dagewesene Szene echauffieren, nur eine Augenbraue hebst und zufrieden in dich hineinlächelst.

Vielleicht spielt es aus deiner Perspektive aber gar keine Rolle, ob die Begegnung wirklich stattgefunden hat. Und vielleicht ist es dieser Episode beziehungsweise dieser Erfindung geschuldet – einer wahren Befreiungsfantasie –, dass du, ein paar Jahre später zurück in Italien, das Manuskript hervorholst, das nun fast fünfundzwanzig Jahre alt ist. Dass du den Titel änderst. Es vielleicht hier und da überarbeitest. Und dich endlich entschließt, es zu veröffentlichen.

Phrasen

Im Krieg, denke ich, sieht es oft so aus, als seien wir alle tot, als sei alles vorbei, aber dann tauchen die Überlebenden auf, zählen durch und stellen fest, dass immer jemand am Leben bleibt.
Rückkehr mit dem Verrückten

Doch es war zu spät.

Deinen Krieg aus Schnee und Pappsohlen – in Wahrheit bestanden eure Schuhe aus Lederresten, was fast noch schlimmer war – hatten schon so viele andere Autoren erzählt: Nuto Revelli, Mario Rigoni Stern oder Giulio Bedeschi ... Und vor allem war er seit einem Vierteljahrhundert vorbei. Eine halbe Ewigkeit. Italien war zum Glück nicht mehr das Land, das dich in den Krieg geschickt hatte. Es war aber auch nicht mehr das Land, das es bei Kriegsende gewesen war. Geschichten von Schützengräben im Eis und von kalten Füßen interessierten das Publikum nicht mehr. Die Italiener wollten an anderes denken. Schließlich erschien dein Roman in einer Buchreihe »für Jugendliche zwischen zwölf und achtzehn Jahren«, wie es auf der Rückseite des Umschlags hieß. Ich weiß nicht, wie hoch die Auflage war, wahrscheinlich niedrig. Dein Buch stieß auf allgemeines Desinteresse; nur Alberto Moravia schrieb eine kurze lobende Rezension. Als ich deinen Roman mit zwölf Jahren zum ersten Mal las – ich passte also exakt in die Zielgruppe –, fand ich zwischen den Buchseiten den ausgeschnittenen Artikel. Sogar mit einem Bild von dir. Ich erkannte deinen leicht ironischen und argwöhnischen Gesichtsausdruck, den du auch auf Familienfotos immer hattest, als seist du nur zufällig auf dem Bild, und ich fand es sehr eigenartig, diese Miene in einer Zeitung abgedruckt zu sehen. Erst viele Jahre später habe ich begriffen, wie sehr dich der geringe Erfolg des Buches getroffen haben muss.

In unserer Familie hingegen wurde dein Buch wie eine Reliquie behandelt.

Rückkehr mit dem Verrückten.

Was für ein absurder Titel, Papa.

Erstens, weil der Verrückte seinen Verstand erst auf der vorletzten Seite verliert. Vor allem aber ist der Titel irreführend, weil er auf etwas verweist, das erst nach dem Ende des Romans passiert. So, als würde *Hamlet* nicht *Hamlet* heißen, sondern *Die Thronbesteigung des Fortinbras,* oder als hätte Tolstoi sein Meisterwerk nicht *Krieg und Frieden* genannt, sondern *Das Eheleben von Pierre und Natascha.* In deinem Buch gibt es überhaupt keine Rückkehr. Es ist deine Ilias, nicht deine Odyssee: Der erschöpfte Leutnant Marco, dein Alter Ego, der sich mit seinen Männern durch die eisige Steppe schleppt, nur Pinon ist nicht mehr da, und seinen Unteroffizier Chiarin hinter sich her zerrt, der alle paar Meter auf die Knie sinken und sich dem Schnee in Liebe ergeben will: All das geschieht erst hinterher, nach dem Ende des Romans. Der Leser kann es sich nur ausmalen, nachdem er das Buch zugeklappt hat. Sagen wir's so: *Rückkehr mit dem Verrückten* ist ein völlig falscher Titel. Und vielleicht trotzdem der einzig richtige.

So sieht er also aus, dein Rückzug aus Russland, der größtenteils ein Rückzug aus der Ukraine war: Vier Worte auf dem Umschlag, mehr nicht. Und was sie beschreiben, passiert erst nach der letzten Seite.

Keine schlechte Strategie gegen die verhassten Phrasen.

Vierzig Jahre nach der Veröffentlichung deines Buches hast du ein Fernsehinterview gegeben. Irgendwo habe ich das Video noch. Dein Mund macht nicht mehr richtig mit, und deine Augen sind immer noch wunderschön, aber sie blicken auch wehrlos wie bei einem alten Mann. Zwei Jahre später solltest du *weitergehen.* Der bekannte Journalist spricht dich mit Leutnant Melandri an, was mir reichlich bizarr vorkommt: Weder in der Familie noch sonst wo hat dich bisher jemand mit dem Dienstgrad in Verbindung gebracht, den du damals im Krieg hattest. Doch du korrigierst ihn nicht und wirkst auch nicht überrascht oder verlegen. Plötzlich spielen die fünfundsechzig Jahre als Zivilist auf einem Kontinent des Friedens keine Rolle mehr, du bist wieder der blutjunge, im Schnellverfahren ausgebildete Offizier.

»Einer von uns ist verrückt geworden, mein Unteroffizier, er hieß Chiarin.« Du redest im Präsens der ewigen Dinge. »Wir sitzen gerade in einem Keller in Carcovo, als er die Nachricht seiner Frau empfängt, dass er ein Kind bekommen hat. Unter uns sind viele alte Leute, auch ein paar Frauen und ein Kind. Dann werden wir beschossen, es ist nicht ganz klar, ob von den Deutschen oder den Russen, und das Kind stirbt. Da verliert der arme Kerl den Verstand. Darum haben wir unter anderem auch einen Verrückten mit zurückgebracht, und darum heißt das Buch *Rückkehr mit dem Verrückten.*«

Aus deinen Worten spricht das Unvermeidliche.

Ein Kind in der Wiege wird von einem der vielen Milliarden Geschosse des Zweiten Weltkriegs in den Kopf getroffen, und *darum* verliert ein Unteroffizier den Verstand, der seit mindestens drei Jahren nichts anderes gesehen hat als Krieg. Ein ganz natürlicher, offensichtlicher, ja unabänderlicher Zusammenhang von Ursache und Wirkung.

Als genau das beschreibst du auf den letzten Seiten deines Buches Chiarins Wahnsinn. Die unter den Raupenketten der Panzer zermalmten Toten, die verkohlten Leichen in lichterloh brennenden Häusern, das von einer Granate zerfetzte Gesicht eines Freundes neben dir: Nichts, absolut nichts davon ist schlimmer als der Tod eines Kleinkindes. Unteroffizier Chiarin bricht in Gelächter aus und hört nicht mehr auf, die Großmutter des Kindes wirft sich auf den Boden und stopft sich den Mund mit Schutt voll, und der junge Leutnant Marco, dein Alter Ego, fühlt sich, als *brüllten ihm alle Menschen der Schöpfung ihren Schmerz in die Ohren*. Auch im Krieg gibt es eine Grenze des Grauens, das ein Mensch ertragen kann. Und diese Grenze ist der Tod eines Kindes.

Drei Jahre nach Ende des weltumspannenden Gemetzels starb deine Erstgeborene wenige Minuten nach ihrer Geburt. Damals, so wird erzählt, habe man dich zum ersten und letzten Mal weinen sehen.

Und es heißt, du hättest viele Tage lang nicht damit aufgehört. Du warst mindestens so untröstlich wie die Mutter des Kindes. Jahre später vertraute Tante Maria Teresa mir an, sie habe damals gefürchtet, du könntest den Verstand verlieren. Genau wie Unteroffizier Chiarin. Was bringt es, einen Krieg zu überleben, wenn auch in Friedenszeiten Kinder sterben?

Doch ein paar Jahre später solltest du dann deine erste lebende Tochter im Arm halten. Und vielleicht war es erst in diesem Moment, als du diesem warmen, gesunden Säugling in die Augen geschaut hast, acht Jahre nach deiner Rückkehr aus der eisigen Steppe, dass du endlich sicher warst, nicht tot zu sein. Dass weder die Kälte noch die Raketen einer Katjuscha noch eine Säuberungsaktion dich umgebracht hatten. Dass du wirklich überlebt hattest. Dieses kleine Bündel Mensch, das nach Mekonium und Zukunft duftend in deinen Armen lag, war der Beweis: Ja, du warst wieder unter den Lebenden.

Das Neugeborene wuchs heran, und du bekamst weitere Kinder, unter anderen mich. Die Kriegserlebnisse wurden zu Lehrbeispielen, wie man mit ein bisschen List und Glück auch dem widrigsten Schicksal entkommt. Neun von zehn deiner Kameraden waren nicht zurückgekehrt, aber du schon – du warst der zehnte. Du hattest jetzt Töchter mit süßen Pausbäckchen, denen du Gutenachtgeschichten erzählen konntest. Jeder von uns hast du eine übertrieben lange Reihe an Namen in die Geburtsurkunde schreiben lassen, wie zur Bekräftigung, dass wir wirklich lebten. Mir hast du nicht weniger als sechs Vornamen gegeben: Francesca Romana Alberta Elisabetta Amelia, und dann noch den, den wir alle bekamen: Felicissima, die Glückselige. Fast mehr Aufforderung als Wunsch.

Von deinem Krieg blieben nur die lustigen Anekdoten, die vom Überleben handelten, alles andere war unaussprechlich. Denn dein Überleben bildete die Voraussetzung für die Existenz all deiner vielnamigen, lebendigen, glückseligen Töchter.

In *Rückkehr mit dem Verrückten* kommen diese Geschichten nicht vor.

Kein wundersamer Fund der Walenki.

Keine Hühner von Kalitwa.

Kein vorgetäuschter Wolf.

Ich weiß nicht, ob du deine Kriegserinnerungen sofort nach deiner Rückkehr von der Front aufgeschrieben hast, als du lungenkrank im warmen Sanatorium lagst. Oder später, als du auf einem Straßenmarkt Autoreifen verkaufen musstest, weil du Ehre und Arbeit verloren hattest. Sicher ist nur, dass die Schlüsselszenen deines Kriegs, wie sie in der Familienmythologie überliefert wurden, in deinem Buch nicht vorkommen. Diese heiteren Episoden wurden erst Jahre später unverzichtbarer Teil des Kanons – wenn sie nicht überhaupt erst dafür erfunden wurden.

In *Rückkehr mit dem Verrückten* beschreibst du alle sehr genau – deine armen Alpini, die Soldaten in den Panzern der Roten Armee, die Bäuerinnen mit ihren Suppentöpfen, die Versehrten, die Sterbenden, die Offiziere und die Gefangenen, sogar die Feinde, die Granaten auf euch werfen – und lässt in all dem Grauen trotzdem Platz für Mitgefühl und Zärtlichkeit. Doch von Walenki und Wölfen fehlt in deinem Buch jede Spur. Und ebenso von den verhassten Phrasen.

Ungenauigkeit

Sie folgten den Panzern des heimkehrenden Siegers,
erzählte meine Mutter, und hielten vor den Toren einer großen
Stadt, die Rom hieß. Denn bei uns waren die Sonne, das
Meer, die Luft und die Erde so gut, dass sie zur Rast einluden.
Die sibirischen Frauen folgen der Sonne

Es gab noch andere Geschichten von zweifelhaftem Wahrheitsgehalt. Doch sie wurden nur angedeutet, schwangen unausgesprochen mit. Nicht du hast sie uns erzählt, das taten wir schon selbst, dein Frauenchor. Du hast sie lediglich unwidersprochen stehen lassen.

Die erste Geschichte war die komplizierteste, trotzdem war sie weit verbreitet. Die Erinnerung oder, besser gesagt: die Geschichtsvergessenheit einer ganzen Nation war an ihrer Entstehung und Konsolidierung beteiligt. Viele Menschen erzählten diese Geschichte. So fiel es uns leicht zu glauben, dass sie auch auf dich zutraf.

Es war die Geschichte von den italienischen Soldaten, die von einem mörderischen Regime zum sinnlosen Schlachten in die eisige Steppe geschickt worden waren, schlecht ausgerüstet und in Schuhwerk, das eigentlich ein Verbrechen war. Soldaten, die sich nach ihrer Rückkehr von dem Regime abwandten, das sie losgeschickt hatte – alle oder fast alle, auch jene, die bis dahin Mussolini wie die Lemminge gefolgt waren. Bis zu diesem Zeitpunkt hatten sie in ihrem Leben nichts anderes als den Faschismus kennengelernt, so ging die Erzählung, doch der böse Krieg hatte schließlich all die Fäulnis und das Elend dessen offengelegt, was seither der »Große Betrug« genannt wurde: die Italiener, ein hintergangenes Volk der Arglosen. Und nachdem das Eis der

Steppe alle Illusionen verbrannt hatte, griffen sie in Scharen zu den Waffen und schlugen sich auf die Seite der Partisanen, der *Resistenza*.

Auch du, so ließen sich die wirkmächtigen Stilmittel der Auslassung und der Ungenauigkeit deuten, ohne dass nur einmal in der Familie darüber gesprochen wurde: Sobald du den Krankensaal verlassen durftest, in dem Bianca deine Zehen auf Vollständigkeit überprüft hatte, und der leidvolle monatelange Aufenthalt im Sanatorium beendet war, hast du dich angewidert von dem Regime abgekehrt. Auch du warst vom Russlandfeldzug, der in Wahrheit größtenteils ein Ukrainefeldzug war, als Antifaschist zurückgekommen.

Auf Massimo Rendina traf diese Geschichte zweifelsohne zu, den künftigen Partisanenführer, Max, der Journalist, den du nicht verrietst und der dir das Leben rettete. Ihr hattet viele Gemeinsamkeiten. Ihr wart beide groß und intelligent und konntet gut schreiben; ihr hattet beide vor dem Krieg an den Literatur-Wettbewerben teilgenommen, mit denen die Faschisten den besten Nachwuchs der Nation heraussiebten. Ich will nicht ausschließen, dass es von Massimo ähnliche Fotos gibt wie jenes, auf dem du im Schwarzhemd die Auszeichnung für deinen Pressetext erhältst, die mit einer Veröffentlichung einherging: Es war das Jahr 1938, du warst neunzehn Jahre alt, und fast alle Italiener waren damals, sagen wir mal so, Große Betrogene. Und auch Massimo wurde in die Ukraine geschickt, ein Jahr vor dir, als Infanterist, doch zu seinem Glück steckte er sich vor der großen Katastrophe mit Flecktyphus an und durfte nach Hause. Später wart ihr Kollegen in dieser vermaledeiten Redaktion. Nur dass er sich jeden Rest von Schwarz von der Seele gekratzt hatte, nicht nur von seinem Hemd. Und tatsächlich bei der Resistenza war.

Doch von Massimo Rendina hast du nie erzählt.

Erst als ich später, einige Jahre nachdem du *weitergegangen* warst, mit ihm sprach, erfuhr ich, was wirklich passiert war. Er war der Erste und Einzige, der mir endlich erklärte, was du nach deiner Rückkehr aus dem Krieg in den Monaten um den Fall des Faschismus wirklich getan hattest.

Die anderen um dich herum, also deine Frauen, taten weiterhin so, als hätten sie nichts gewusst – Mama zum Beispiel. Oder sie wollten sich nicht mehr damit beschäftigen, wie deine Schwester Maria Teresa. Selbst von ihr, der geliebten Tante mit ihrer legendären Neigung zu Wahrheit und Gerechtigkeit, hatte ich nichts als milde Worte gehört.

»Was hat Papa denn in den ersten Monaten nach dem Krieg getan?«, hatte ich sie gefragt.

Und nach kurzem Nachdenken hatte sie, loyal gegenüber ihrem verstorbenen jüngeren Bruder, der sich nicht mehr wehren konnte, erwidert:

»Er musste nachdenken.«

Massimo Rendina war also der Erste und Einzige, der in Bezug auf dich das hässliche Wort mit F benutzte, an dem sich niemand die Finger verbrennen wollte.

»Faschismus ist kein politisches Phänomen«, erklärte er mir. »Faschismus ist eine Geisteshaltung.« Und für dich verwandte er den Begriff *anständiger Faschist*.

Seither bin ich verwirrt, Papa.

Denn ja, in der Hinsicht bin ich einverstanden: Faschismus ist eine Geisteshaltung. Es ist ein gewaltvoller, armseliger Götzendienst an den Hierarchien der Macht: Selbstherrlichkeit und Missbrauch gegenüber Untergebenen, unterwürfiger Opportunismus gegenüber Vorgesetzten. Doch du hast dich mit deinen Vorgesetzten immer angelegt und dadurch weniger Karriere gemacht als erhofft. Während du von deinen Untergebenen zu Taufen und Hochzeiten eingeladen wurdest.

Aber vielleicht ist Faschismus mehr als alles andere eine Art aufgeblasene Feigheit; ist protzige Eitelkeit, verbunden mit einem untrüglichen Gespür dafür, woher der Wind weht; vielleicht ist er banale Verherrlichung des Konformismus, vergifteter, zu sozialer Kälte verkommener Selbsterhaltungstrieb; Amoral im Dienste des Eigeninteresses oder höchstens im Interesse der eigenen Leute. Aber nachdem ich jetzt gelesen habe, was du noch im März 1945 geschrieben hast, weiß ich, dass man dir vieles vorwerfen kann, aber sicher kein berechnendes Gespür für die günstige Gelegenheit und viel weniger für deinen eigenen Vorteil.

Kurz gesagt, Papa: Was hast du mit deinem persönlichen Faschismus gemacht, als es mit dem kollektiven Faschismus vorbei war? Hat er in dir überlebt wie ein Virus, das sich versteckt und von einem Moment auf den anderen deine Nervenbahnen zerstören kann? Oder ist er verschwunden wie ein böser Infekt, besiegt von den weißen Blutkörperchen aus persönlichen wie kollektiven Tragödien? Ich dachte immer, die richtige Antwort sei Letztere, bis mir Massimo Rendina eure Geschichte erzählte und ich die ganze Sache – und auch dich – seither noch weniger verstehe als zuvor.

Sein Kampfname bei den Partisanen lautete Max, der Journalist, und ich kann mir keinen passenderen Namen für einen Mann vorstellen, den du genauso wenig verraten hast wie dein Alter Ego Marco den Soldaten Pinon in *Rückkehr mit dem Verrückten*. Und deshalb hat er dir zuerst das Leben und dann die Ehre gerettet. Fakt ist, Papa, dass Comandante Max von den Garibaldi-Brigaden, dein Kollege Max, der Journalist, also Massimo Rendina, zu den Menschen gehörte, dank deren Hilfe du die Nachkriegszeit erleben durftest. Und dem ich, ebenso wie den ukrainischen Frauen, den unwahrscheinlichen Zufall meiner Geburt verdanke. Doch anders als die Geschichten von den Walenki und den Wölfen und vor allem den Frauen aus den Isbas, die dir Brot gaben, hat seine Geschichte nie Eingang in unseren Familienkanon gefunden.

Doch jetzt weiß ich endlich, wie es wirklich war. Ich weiß nun zum Beispiel, dass du eines Tages wirklich das Halstuch der Partisanen getragen hast – nur die ganzen Details drumherum, die stimmten nicht.

Die zweite ungenaue Geschichte war diese: Für deine Tapferkeit, deinen Mut, deinen hingebungsvollen Einsatz und dein Geschick – ganz abgesehen von dem Glück, die Walenki gefunden zu haben –, mit denen du deine Männer aus dem Kessel von Waluiki herausgeführt hast, wo der restliche Teil der Division Julia massakriert wurde, verliehen dir die höchsten Instanzen dessen, was vom faschistischen »Königlichen Heer« noch übrig war, die »Silbermedaille für militärische Tapferkeit«.

Mal sehen: Es stimmt, dass du die Tapferkeitsmedaille in Silber erhalten hast. Ich wusste immer, wie stolz du auf sie warst, aber ich habe keine Ahnung, woher ich das wusste: Ich kann mich nicht erinnern, dass du sie jemals erwähnt hättest. Und die übliche Begründung für eine solche Auszeichnung erfüllte auch uns Töchter mit Stolz. Sie bestätigte und würdigte das, was wir so gerne von deinem Krieg glauben wollten: dass der eigentliche Sinn deines Frontaufenthalts darin gelegen hatte, anderen Menschen das Leben zu retten.

Wenn sich jemand mit halberfrorenen Füßen durch den Schnee schleppt und einen armen und noch erschöpfteren Alpino-Kameraden hinter sich herzerrt, damit der sich nicht zum Sterben auf den Boden legt, ja, dann hatte dieses Verhalten als Ausdruck großer Tapferkeit eine Medaille verdient, das verstanden wir. Natürlich wussten wir auch, dass man nicht in den Krieg zieht, um Leben zu retten, sondern um zu kämpfen. Doch wie gerne wiegten wir uns in dem machtvollen, weil unausgesprochenen Glauben, dass der Krieg wenigstens für *dich* etwas anderes gewesen war: Selbstlosigkeit statt Zerstörung. Das aufopfernde Verhalten eines jungen Offiziers, durch das seine Männer irgendwann später alle *weitergehen* konnten, ja, doch nicht aufgrund der Kälte oder der Salven einer Katjuscha, sondern weil sie friedlich ein hohes Alter erreicht hatten – das verdiente eine Medaille.

Ja, das verstanden wir gut.

Außerdem war die ewige Dankbarkeit der Männer, die du gerettet hattest, ja Wirklichkeit. Jedes Jahr an Weihnachten kamen Weinkisten aus dem Friaul und den Hügeln von Conegliano bei uns an, Salami aus Vicenza und Käse aus Asiago. Ganz zu schweigen von deinem ehemaligen Alpino, dem armen Talgliabue, Handwerksmeister aus Pordenone, der dir ein ganzes Haus zum Selbstkostenpreis baute: Er stellte dir Material und Kosten der Gewerke in Rechnung, wollte sich seine eigene Arbeitszeit aber nicht bezahlen lassen.

Dieses Haus im Schatten der Dolomiten hatte große Fenster, durch die abends das Südtiroler Alpenglühen über den gezackten Spitzen des Langkofel zu sehen war, als schaue man vom eigenen Wohnzimmer aus einen Monumentalfilm in Technicolor. Vor einigen Jahren habe ich ein altes Foto von dir gefunden, auf dem du genau vor dieser kolossalen Felswand posierst, die ich als Kind durchs Fenster betrachtete. Die Sonne glitzert im Schnee, du lächelst wie ein amerikanischer Filmstar. Du trägst die weiße Winteruniform der Alpini, deine noch nicht kalten Füße stehen fest auf sehr langen Skibrettern. Du bist ein junger Anwärter an der Offiziersschule, der die hässliche Fratze des Todes im Krieg noch nicht gesehen hat. Erst nachdem du das Grauen überstanden hattest, sollte derselbe Berg über dein aus Holz, Ziegelsteinen und Dankbarkeit erbautes Haus wachen, in dessen Garten deine Töchter und du spielten. Wenn das kein Triumph des Lebens ist.

Viele Jahre später, in der Zeit, als ich auch von deinen unehrenhaften Taten erfuhr, fiel mir die Tapferkeitsmedaille wieder in die Hände. Mir wurde klar, wie wenig kriegerische Eitelkeit in den schlichten Linien der kleinen Silberscheibe lag, die an einem kurzen graublauen Satinband hing. Deine Schwester Maria Teresa, die treue Vestalin des Familiengedächtnisses und der bedingungslosen Liebe, zeigte mir eine Kopie der Urkunde, die der Auszeichnung beigefügt war, und ich las erstmals die Begründung.

Und da erst erkannte ich, dass du aus einem anderen Grund ausgezeichnet worden warst, als wir uns weisgemacht hatten.

Denn in den Krieg wird man geschickt, um zu kämpfen, nicht um Leben zu retten.

Glück

Unter ihnen [den Alpini] erlebte ich den größten Frieden, begleitet von der Scham, die üblich ist, wenn man glücklich ist und schweigt. Doch ich erlebte auch den größten Schmerz, denn die meisten von ihnen schmolzen dahin wie Schnee in der Sonne; ich blieb mit meinem unverschämten Glück allein zurück, als hätte mir jemand auf dem großen Markt ein Brandzeichen aufgedrückt, an dem das Glück mich fortan erkennen konnte.
An Annas Hand

In Wahrheit gab es noch eine weitere Geschichte unwahrscheinlichen Überlebens, wobei, eigentlich zwei. Von beiden habe ich erst Jahre später gehört. Die erste, die in Jugoslawien, war so fürchterlich, dass du sie mir erst aus der Verwirrtheit deiner Demenz erzählen konntest, und wer weiß, ob es für dich ein Alptraum, eine Erinnerung oder eine Beichte war. Sie spielt in den Tagen nach dem Waffenstillstand, den Italien und die Alliierten am 8. September 1943 geschlossen hatten, an einer anderen Front, die allerdings näher an Italien lag als Russland, das in Wahrheit größtenteils die Ukraine war.

Da du mit der vollständigen Anzahl Zehen zurückgekehrt warst, wie Bianca überprüft hatte, wurdest du trotz der vielen Monate im Sanatorium erneut für kriegstauglich erklärt. Du hattest schon Griechenland überlebt, die Torpedos, den Tod durch Erfrieren und Chiarins Wahnsinn – und solltest nun *wieder* am nächsten Truppentransport teilnehmen, der dich möglicherweise in den Tod führen würde. Kaum hattest du Ithaka erreicht, schickten sie dich wieder nach Troja. Ich will mir gar nicht vorstellen, in welcher Verfassung du warst, als du in den x-ten Zug stiegst, der dich zum x-ten Mal an die x-te Kriegsfront brachte.

Kurz nach deiner Ankunft in Jugoslawien unterschreibt Generalstabschef Marschall Badoglio den Waffenstillstandsvertrag, vergisst aber, euch Soldaten an der Front Bescheid zu geben. Das orientierungslose italienische Heer gerät daher sowohl ins Visier der Nationalsozialisten als auch in das der Partisanen. Du bist Offizier, also wollen dich beide Seiten erschießen. Folglich kennst du wie alle Soldaten, die von ihren Vorgesetzten hängengelassen werden, nur einen Befehl: es nach Hause zu schaffen. Zum Glück liegt dein Zuhause dieses Mal direkt hinter der nächsten Grenze, ohne eine schneebedeckte Steppe dazwischen. Und diesmal musst du nur dich selbst retten.

Zur Abwechslung hilft dir hier mal eine junge Frau und schenkt dir die Kleider ihres abwesenden Mannes. Als slowenischer Bauer verkleidet, kannst du fliehen, kommst nach Italien und triffst einen Alpino, der denselben Weg zurückgelegt hat wie du, auch er trägt fremde Kleidung. Und dieser Kamerad eines nicht mehr existierenden Heeres berichtet dir, dass er einige Tage nach deiner Flucht durch dasselbe Dorf gekommen ist wie du. Er hat die junge Frau gesehen, sagt er, aufgeknüpft an einem Laternenmast.

Den Wahrheitsgehalt der zweiten Geschichte hat mir Tante Maria Teresa bestätigt.

Diese Episode spielt Ende März 1942 an der anderen Front, die wie jene in Jugoslawien in den Annalen deiner und anderer Familien keinerlei Spuren hinterlassen konnte, sie blieb unerzählbar: die in Griechenland.

Von dem einen Jahr, das du dort verbracht hast und in dem du zum ersten Mal mit der Wirklichkeit des Kriegs konfrontiert wurdest, von deiner Feuertaufe, wie man so schön sagt, bleibt nur ein halbes Dutzend graue Militärpostkarten, die du an deine beiden Frauen zu Hause geschrieben hast. In derselben spitzen Handschrift, in der du vierzig Jahre später meine Entschuldigungen unterschreiben solltest – *Hiermit entschuldige ich das Fehlen meiner Tochter aus wichtigen*

Gründen –, und in nicht minder lakonischem Tonfall: *Mir geht es sehr gut, hier ist alles wunderbar.*

Was hättest du auch schreiben sollen?

»Wir werden Griechenland das Rückgrat brechen«, hatte Mussolini von seinem Balkon herab versprochen. Von wegen. Kaum eineinhalb Jahre später wird die gesamte Division Julia vom Desaster an dieser Front abgezogen. Du stehst mit deinem Bataillon auf der Mole von Patras, um nach Italien zurückzukehren. Ihr schifft euch auf einem Lazarettschiff ein, denn es sind vor allem Unmengen italienischer Rückgrate, die in Griechenland gebrochen wurden. Zu Hause erwarten dich der Nebel, die Passsatelli deiner Mutter, wann immer sie mit den Essensmarken Eier und Käse auftreiben kann, das Schweigen deines Vaters Raoul und das kluge Gesicht deiner Schwester. Und später – was du aber noch nicht weißt, weil der Marschbefehl noch nicht ergangen ist – der Truppentransport zu den Sonnenblumenfeldern von Isjum, Ukraine.

Du betrittst also die Laufbrücke des Schiffes, als dir einfällt, dass du in der Kaserne etwas vergessen hast. Ich weiß nicht, ob es deine Schuhe waren oder Bücher oder Ausweispapiere – die Geschichte lässt das offen. Jedenfalls war es dir wichtig. Dein Adjutant bietet sich an, es zu holen, doch du lehnst ab. Dieser Bauer aus dem Veneto, der fast doppelt so alt ist wie du, ist dir in den vergangenen Monaten eures fast einjährigen Krieges ans Herz gewachsen. Du weißt, dass er zu Hause Frau und Kinder hat, und sein Fronturlaub sollte keine Minute später als nötig beginnen. Du würdest also lieber selbst holen, was du vergessen hast, sagst du zu ihm, du kämst dann mit dem nächsten Schiff. Der Adjutant überquert dankbar die Gangway. Er winkt dir von der Brücke aus zu, während das Lazarettschiff wendet und den Schiffsrumpf Richtung Mole dreht, sodass man seinen Namenszug lesen kann: *Galilea.*

Wenige Stunden später, als die *Galilea* in mondloser Nacht den schwarzen Golf von Otranto durchquert, wird sie von den Torpedos eines englischen U-Boots getroffen. Es gibt nur ein paar Dutzend Schwimmwesten, die wenigen Rettungsboote werden schnell mit den wackeren königlichen Offizieren besetzt. An Bord befinden sich tausendzweihundert Alpini, weniger als dreihundert davon können sich retten. Du gehörst nicht zu den Ersteren, dein Adjutant nicht zu den Letzteren.

Das war dir im Ausbildungslager für Offiziere der Alpini an den Hängen des Langkofel nicht beigebracht worden. Keiner der Ausbilder hatte dir das grundlegende Prinzip jedes Krieges erklärt: Wenn man bis zuletzt am Leben bleibt, heißt das, dass Torpedos, Kugeln, Granaten, Kanonen und Minen jemand anderen getötet haben. Niemand hatte dich auf das vorbereitet, was dir in Patras offenbart wurde: Manchmal ist »Glück« nur eine beliebige, obszöne Bezeichnung für die Kapriolen des Zufalls in der Katastrophe, und der Preis für dieses Glück ein dumpfes Gefühl der Scham.

Diese Lektion wird dir in den Jahren danach wieder und wieder erteilt werden, so hast du überlebt, und so konnte ich geboren werden. Doch für Kinderohren ist sie nicht geeignet. Du solltest niemals viel Wind um dein Glück machen, denn – so schreibst du Jahre später – *einerseits schämt man sich dafür und andererseits fürchtet man, es könne einem genommen werden*. Die Patras-Geschichte erfahre ich deshalb erst, als ich erwachsen bin, viel später als die anderen lustigen Kriegserinnerungen; sie ähnelt dem Korken, der ans Ufer gespült wird, nachdem er jahrelang auf dem Meer getrieben ist.

Auf einem Meer aus Schweigen, doch nicht nur dem deinem.

Die familiäre Legendenbildung hatte die beiden anderen Fronten – Griechenland und Jugoslawien –, wohin man dich noch vor dem *groooßen* Bogen des Don geschickt hatte, einfach gestrichen, und das Gleiche galt für die nationale Legendenbildung. Von all den Schauplätzen des Krieges, an denen Italiener gekämpft hatten, fanden nur zwei Eingang ins kollektive Historienepos: »Der Rückzug aus Russland« sowie die Berge und Städte der Resistenza.

Es ist kein Rätsel, warum der Partisanenkampf nahezu unverzüglich in den Kanon der kollektiven Erinnerung aufgenommen wurde. Die jungen Helden sorgten nicht nur für die Wiederherstellung der nationalen Ehre, sondern auch dafür, dass die Italiener über die recht klägliche Anzahl derer hinwegsehen konnten, die sich in den zwanzig

Jahren zuvor wirklich dem Faschismus widersetzt hatten. Auch Partisanen hatte es nicht besonders viele gegeben, und du warst – wie ich jetzt mit Sicherheit weiß – keiner von ihnen. Doch gemessen an denen, die sich heute rühmen, Nachkommen eines Partisanen zu sein, müssen sie ganze Hundertschaften an Kindern gezeugt haben. Man sagt, der Erfolg habe viele Väter; in Italien hatte der Sieg über den Nationalsozialismus vor allem sehr viele Kinder.

Weniger offensichtlich ist jedoch, warum von allen Fronten, an denen Italiener gekämpft haben, nur jener zwischen Russland und der Ukraine feierlich gedacht wird. Und warum sich darüber hinaus der Großteil der Erzählungen aus jenen zwei Jahren der italienischen Präsenz in den Ländern der Schwarzen Erde auf ein einziges Ereignis beschränkt: das Debakel im Winter 1942/43 und die Flucht durch die eisige Steppe. Während sich über die Erlebnisse der italienischen Soldaten in Griechenland, Albanien und Jugoslawien der Mantel des Schweigens legte, konzentrierte sich alles auf die Rückkehr, die du nur in deinem Buchtitel andeutest, ohne über sie zu schreiben. Über euch abgerissene, in Decken gehüllte Alpini, die sich halbblind durch den Schnee kämpften, über die schwarzen Flecken der Leichen aus den versprengten Kolonnen im endlosen Weiß, über die Deutschen mit dem starren Blick, die der Erzählung nach achtlos in ihren Lastwagen an euch vorbeifuhren, ohne Hilfe zu leisten. Der Krieg war noch in vollem Gange, als der Kommunistenführer Palmiro Togliatti durch die Mikrofone von Radio Freies Mailand aus seinem Moskauer Exil die Version der *Italiansky karascho* verbreitete, der guten Italiener, die nur allzubald von Moskau aufgegriffen und auf die Soldaten der ARMIR angewandt wurde. Der Italiener, die so ganz anders waren als die unmenschlichen Deutschen:

»*Erinnert euch an das Bild der italienischen Soldatentrecks, die sich mit müden Beinen, barfuß und am Ende ihrer Kräfte über die Straßen der Ukraine schleppen, während neben ihnen Hitlers hochmütige Grenadiere mit ihren Lastwagen vorbeifahren und verächtlich lachend auf die armen Italiener herabblicken.*«

Wer zu Hause geblieben war, konnte sich an die eiskalten Blicke der Deutschen noch gut erinnern, und ich habe nicht den geringsten

Zweifel, dass die Erzählung wahr ist. Die fast zweijährige deutsche Besatzung gestattete den Italienern die Illusion, im gesamten Zweiten Weltkrieg nur einen Feind gehabt zu haben: die deutschen Invasoren. Dass wir selbst die Verbündeten der Nazis gewesen waren, und das sogar mehrere Jahre lang, daran wollte man lieber nicht mehr rühren. Und die tragischen Umstände des »Rückzugs aus Russland« erwiesen sich als äußerst hilfreich, um diese Lesart zu untermauern. Die Schuld lag demnach allein bei den Deutschen; die Italiener waren bloß die Leidtragenden.

Später trugen auch die Alliierten, insbesondere die Amerikaner, ihren Teil dazu bei, diese Unterscheidung in der strategischen und moralischen Beurteilung Italiens und Deutschlands weiter zu verfestigen. Am deutlichsten wird dies an den Bezeichnungen für das Ende des jeweiligen Regimes: Im Falle Nazideutschlands sprach man klar von der »Kapitulation«. Die zwei Etappen, mit denen der italienische Faschismus endete, wurden etwas freundlicher benannt: mit dem neutralen »Waffenstillstand«, gefolgt von der fast fröhlichen »Befreiung«.

Gegen diese ungleiche Behandlung des »Bel Paese« und seines ehemaligen Verbündeten seitens der Siegermächte hatten die Italiener nicht das Geringste einzuwenden.

In der Folge legte sich ein trüber Schleier über die Erinnerungen, durch den nur zwei Erfahrungen deutlich erkennbar blieben: die der Opfer und die der Helden. Die tragische Flucht durch die verschneite Steppe war die einzige Episode, in der Italiener in Uniform beide Profile erfüllten. Deshalb blieb der an der Ostfront der einzige Kriegseinsatz, von dem weiterhin erzählt wurde – von dir wie von allen anderen. Und »Rückzug aus Russland« wurde ihr unvergänglicher Titel.

Doch bevor man sich von einem Ort zurückzieht, muss man erstmal dort angekommen sein.

Aber über die Ankunft von dir und deinen armen Alpini in diesem Russland, das ja größtenteils die Ukraine war, wurde nicht mehr gesprochen.

II GESCHICHTE

Brot

Doch niemand hörte ihm zu, weil alle um das Feuer saßen und wie gebannt auf den Brotteig in den Händen des Alpino starrten wie auf ein Neugeborenes in der Wiege.
Rückkehr mit dem Verrückten

»Unsere ganze Hoffnung ruht auf der Hungersnot.«

Ein Satz, der gut zu einem Comic-Bösewicht passen würde, der hämisch und mit einem bösartigen Funkeln in den Augen auf den Untergang der Menschheit blickt. Doch in dem YouTube-Video äußert ihn eine sympathisch lächelnde Frau, die dir gefallen hätte – braune Haare, leuchtende Augen, seidige Haut unter der gerade so weit geöffneten Bluse, dass ihre Formen dezent zur Geltung kommen. Zusammen mit zwei anderen ebenso wohlanständigen Konferenzteilnehmern sitzt sie ruhig auf einer Bühne vor dem Logo des PETERSBURG ECONOMIC FORUM.

»Es wird eine weltweite Hungersnot geben, und das ist positiv für uns«, fährt sie mit dem bescheidenen, aber zufriedenen Tonfall einer Ministerin fort, die gute Wachstumsprognosen für das Bruttoinlandsprodukt verkündet. »Alle werden unsere Freunde sein wollen und die Sanktionen aufheben.«

Die Frau leitet den wichtigsten russischen Fernsehsender, und das schon, seit sie noch keine dreißig Jahre alt war. Ihren Sender schaut man in Russland, wenn man erfahren will, wie man reden muss, um Präsident Putin zu gefallen, einem guten Freund von ihr. In den Folgemonaten wird sie noch viele Bemerkungen von ähnlich karikaturartiger Boshaftigkeit machen. Über die Bombardierungen ukrainischer Städte und die Zivilisten, die in ihren Küchen sterben, wird sie zum Beispiel sagen:

»Wir müssen sie so lange bombardieren, bis wir siegen, Männer, Frauen und Kinder, sonst landen wir vor dem Gerichtshof in Den Haag.«

Worauf viele von uns ja tatsächlich hoffen, Papa, dass sie und andere, die für diesen Krieg verantwortlich sind, vom Internationalen Gerichtshof für ihre Verbrechen zur Rechenschaft gezogen werden. Aber bestimmt hätten wir niemals erwartet, solche in cartoonesker Offenherzigkeit geäußerten Sätze von derartiger Niedertracht zu hören.

Es ist der Juni des ersten Kriegsjahres. Während die hübsche Frau mit vor Vorfreude glänzenden Augen von einer weltweiten Hungersnot spricht, steckt das ukrainische Getreide wegen der Seeblockade in den Häfen fest, und auf den Feldern verhindern russische Minen die zweite Aussaat. In vielen Ländern Afrikas und des Nahen Ostens, die auf das ukrainische Getreide angewiesen sind, rechnet man mit Hungerkrisen und Gewaltausbrüchen. Gleichzeitig wird aus den von den Russen besetzten Getreidesilos tonnenweise Korn mit gefälschten Frachtbriefen auf russische Schiffe verladen. Nicht nur die zu erwartende Hungersnot lässt die schöne Frau so lächeln, sondern auch der Diebstahl im großen Stil.

Und hier ist sie wieder, Fluch und Segen der Ukraine: ihre äußerst fruchtbare und ertragreiche Schwarze Erde, wegen der im Lauf der Jahrhunderte immer wieder jemand vorbeikam, der alles mit Waffengewalt rauben wollte – Weizen, Kohle, Mineralien. Lenin hatte es ausgesprochen: »Getreide ist die wichtigste Währung von allen.« Also kamen Stalins Funktionäre, um die ukrainischen Bauern zu bestrafen, die nicht genug Begeisterung für den Kommunismus zeigten, raubten ihnen alles, was essbar war – neben Getreide auch Kartoffeln, Obst und Vieh –, und ließen Millionen Verhungernde zurück.

Dann kam Hitler, der nicht mitansehen konnte, wie der ganze schöne Weizen an die Ukrainer vergeudet wurde, anstatt damit das arische Herrenvolk zu ernähren, also verkündete er: »Ich brauche die Ukraine, damit man uns nicht wieder wie im letzten Krieg aushungern kann.« Er nannte dies den »Hungerplan« – den minderwertigen Slawen das Brot und das Leben wegzunehmen, um damit den Hunger der Deutschen zu stillen.

Und schließlich kamen wir, die sanftmütigen und guten Italiener, um aus all dem schönen Weizen der Ukraine in den italienischen Öfen leckeres Brot zu backen.

Krieg. Brot. Zwei Worte, deren Bedeutung wir Europäer des Westens nicht mehr verstehen. So wie wir nicht wissen, was Krieg ist, wissen wir auch nicht, was Brot bedeutet. Und beides vielleicht aus demselben Grund.

Für dich war der direkte Gegensatz von *Brot* der *Hunger*. Er war gleichbedeutend mit Traurigkeit, Leid und Not. Für uns ist Brot nur noch ein Symbol in der Kirche oder eine Beilage zum eigentlichen Essen. »Unser tägliches Brot gib uns heute«, beten die Gläubigen zum Allmächtigen – doch was versteht unter diesen Worten, wer noch niemals gespürt hat, wie weh ein leerer Magen tut? Bei McDonald's üben wir unsere Wahlmöglichkeit nicht anhand des Brötchens aus, das uns nur als Behältnis dient, sondern anhand des ungleich wichtigeren Belags des Hamburgers: normal oder vegan, Käse oder Bacon, welche spezielle Soße. Der Bedeutungswandel, den das Wort Brot von dir bis zu meinen Kindern erfahren hat, ist uns Europäern des Westens ein Sinnbild für die Entwicklung des 20. Jahrhunderts.

Als ich klein war, mochte ich kein Brot. Das Innere eines Brötchens fand ich eklig, so unförmig und pappig, und bei der Vorstellung, es essen zu müssen, bekam ich Brechreiz. Meine Freundinnen beneideten mich sehr um die Toleranz, ja um die Wertschätzung, mit der du auch meinen absurdesten Neigungen begegnet bist. Aber dass ich kein Brot essen wollte, nein, das konntest selbst du nicht akzeptieren. Jeden Morgen zum Frühstück hast du mir einen Brei aus in Milch getunktem trockenem Brot hingestellt, das du großzügig mit Kakaopulver bestreut hattest. Schlau wie ein Fuchs hattest du dem Brei einen Namen gegeben, der keinerlei Rückschlüsse auf die Zutaten zuließ: *Papocchio*.

Ich mochte den Papocchio, sogar sehr. Aber ich hatte auch meine Prinzipien. Dazu gehörte, meinen Ekel gegen das weiche Brotinnere zu äußern. Deshalb kam ich morgens nie in die Küche, solange du noch mit der Vorbereitung beschäftigt warst, sondern erst, wenn die Schüssel fertig auf dem Tisch stand. Ich wollte mich nicht in peinliche Widersprüche verstricken, wollte lieber nichts wissen. Auch du hast die Frühstücksvorbereitungen mit ungefähr derselben Geheimhaltungsstufe behandelt wie Oppenheimer in Los Alamos die Erfindung der Atombombe. Du warst entschlossen, mir das beste Mittel gegen jedwede Hungersnot zu geben und mir gleichzeitig zuzugestehen, das Gesicht zu wahren.

Die geheime Zutat des Papocchio war auch der Namensgeber für deinen Russlandkrieg, der in Wahrheit größtenteils ein Ukrainekrieg war. Doch über Völker, in denen es nur Opfer oder Helden gibt, senkt sich ein eigenartiger Nebel des Vergessens. Als wieder Frieden herrschte, hieß es, Mussolini habe unsere armen und schlecht ausgerüsteten Soldaten nur in die Steppe gezerrt, um seinem Freund Hitler einen Gefallen zu tun. Und niemand sprach mehr von den Begeisterungsstürmen, die in Italien ausgebrochen waren bei der Aussicht, loszuziehen, um sich das Getreide anderer Leute zu holen.

Nicht nur sollte dein Krieg allein als Rückzug in Erinnerung bleiben, man vergaß auch den Namen, unter dem man zuvor in das Land einmarschiert war: Brotkrieg.

Während du mit den anderen jungen Italienern an der griechischen Front warst, wovon du nie erzählt hast und wovon ich nichts weiß außer dem Namen des Schiffes, das du nicht bestiegen hast, bemerkte zu Hause Oma Bianca, dass die Rationen für Nahrungsmittel schrumpften. Ich stelle mir die Szene so vor: Der Bäcker wiegt das Brot und schneidet ein viel kleineres Stück ab als sonst, woraufhin deine Mutter ihm den Lebensmittelschein zeigt.

»Wir sind drei Erwachsene«, sagt sie, »uns stehen sechshundert Gramm zu.« Doch der Bäcker schüttelt den Kopf und reicht ihr das Brot. Von heute an, erklärt er ihr, betrage die Ration nicht mehr zweihundert Gramm pro Kopf, sondern nur noch hundertsiebzig. Und sie werde weiter schrumpfen, wenn der Krieg weiter so laufe wie bisher – *schlecht* muss er gar nicht hinzufügen.

Bianca: meine Großmutter mit den graublauen Augen von der Farbe der Adria im Winter, an deren Küste sie mit mir immer spazieren ging und an deren Stränden der Romagna sie dir lesen und schreiben beigebracht hatte, ihrem heißgeliebten Jüngsten, auf den sie ihre ganze Intelligenz verwendete. Von ihr hast du deinen Körperbau eines Filmstars, aber auch deine Abneigung gegen zu viele Worte bei den grundlegenden Dingen. Bianca wäre gerne Bibliothekarin geworden, hätte gerne studiert, doch sie war lediglich die Frau des Stationsvorstehers. Sie wusste nur allzu gut, wann es sinnlos war, zu protestieren. Selbst ich habe von ihr nie eine Klage gehört, dafür konnte sie mich herrlich zum Lachen bringen mit ihrer Geschichte von der Möwe, die den Eitlen und den Selbstgerechten auf den Kopf kackt. Nur ab und zu durchschnitt sie das Gespräch mit einer spitzen Bemerkung, die schärfer war als ein Diamantsägeblatt. Es dauerte dann immer einen Moment, bis die Anwesenden begriffen, was die sonst so sanfte Ehefrau, Mutter und Großmutter mit den guten Umgangsformen und der schier endlosen Geduld von sich gegeben hatte. Und sich ungläubig fragten: »Hat sie das wirklich gesagt?«

Vielleicht antwortete Oma Bianca also auch an jenem Tag, als die Brotration so auffällig geschrumpft war, dem Bäcker in ihrem Heiligenschein aus Mehlstaub mit einem jener Sätze unterschwelliger Respektlosigkeit. Sodass der einen Moment mit der Waage in der Hand innehielt und sich fragte, ob er sich verhört hatte bei den Worten dieser Frau in ärmlicher Kleidung und mit den anmutigen Bewegungen einer Tänzerin – »hat sie das wirklich gesagt?«

Jedenfalls kam Bianca ein Jahr nach Kriegsbeginn mit immer leichterer Einkaufstasche nach Hause. Wenn es so weiterginge, dachte sie besorgt, würden ihr Mann und ihre Tochter bald Hunger leiden.

Für sie war der Krieg nichts Neues.

Sie war zwanzig Jahre alt und mit ihrem ersten Kind schwanger, als Italien Österreich den Krieg erklärte.

Sie war zweiundzwanzig und hielt die Zweitgeborene im Arm, als die Eisenbahnwaggons mit den Überlebenden der zwölften Schlacht am Isonzo den Bahnhof mit dem Gestank des Krieges verpesteten.

Sie war vierundzwanzig und hatte drei Kinder – du warst gerade erst geboren –, als in den Krankenhäusern die Spanische Grippe wütete und die Kriegsversehrten auf den Bürgersteigen bettelten.

Und ihr war es noch gut ergangen. Das im Krieg befindliche Vaterland hatte ihren Ehemann nicht an die Front abberufen, er sollte stattdessen dafür sorgen, dass die Eisenbahnen in Betrieb blieben. Ihre Freundin aus Kindertagen hingegen war mit zwanzig Jahren schon Witwe. Und viele andere in ihrem Alter hatten es gar erst nicht bis zum Altar geschafft, weil die Verlobten schon vorher krepiert waren. Danach kamen noch der Krieg in Äthiopien und die wirtschaftlichen Engpässe aufgrund der »ungerechten Sanktionen« gegen Italien. Als Mussolini nun Frankreich den Krieg erklärte, befand sich Bianca auf der Schwelle zum dritten Lebensalter: Sie war fünfundvierzig. Sie trug fortan ausschließlich Grau, Violett oder Schwarz, doch diese Nüchternheit unterstrich ihre moderne – heute würde man sagen: minimalistische – Eleganz nur noch mehr.

Kurzum: Bianca war Leid und Krieg gewohnt. Die meiste Zeit ihres Erwachsenenlebens hatte sie nichts anderes kennengelernt. Der Krieg war nicht schön, nein, sie mochte ihn nicht. Doch es gab ihn nun mal, es hatte ihn immer gegeben, und kein gesunder Mensch konnte sich vorstellen, dass es ihn eines Tages nicht mehr geben würde. Er war so alltäglich wie Krankheit, Tod oder der Hagelschlag zur Obstblüte.

Manche Kriege allerdings waren sinnvoller als andere, zumindest schien es anfangs so. Als Italien fünf Jahre zuvor Addis Abeba eingenommen hatte, war deine Schwester Maria Teresa achtzehn Jahre alt und unterrichtete schon auf dem Dorf, und die Kinder kamen mit knurrenden Mägen zur Schule. Maria Teresa, Bianca und dein Vater – alle Italiener hatten gehofft, dass die Äcker Äthiopiens das eigene Elend ein wenig mildern würden. Doch die egoistischen abessinischen Sturköpfe dachten gar nicht daran, Italien aus seiner Armut zu befreien. Nach nicht einmal fünf Jahren hatte man den oft versprochenen Platz an der Sonne verloren geben müssen – und schmachvoll noch dazu.

Und jetzt führte die Kriegsanstrengung das ohnehin geschwächte Land an den Rand des Ruins.

Aus Griechenland kamen deine seltenen, einsilbigen Postkarten. Ich weiß nicht, was meiner Oma durch den Kopf ging, als sie zum ersten Mal von einer neuen Front in den fernen Ebenen des Ostens reden hörte. Sicher, sie hatte nun schon zwei Männer im Krieg – dich und deinen Bruder – und wollte sie so schnell wie möglich wieder zu Hause haben.

Bianca hatte sich niemals dazu hinreißen lassen, Mussolini allzu laut zu applaudieren. Wenn das Leben sie etwas gelehrt hatte, dann dass hinter jedem Wichtigtuer ein Dummkopf steckte. Solange der Duce lebte, ließ sie niemanden ihre Meinung über ihn wissen, auch weil sie niemand danach fragte. Nicht ihr Mann, der noch wortkarger war als sie und im Herzen Republikaner; nicht du oder dein Bruder, denen der Faschismus das Studium finanziert hatte und dem ihr daher nur Gutes unterstelltet; und auch nicht Maria Teresa, obwohl der Duce sie ebenfalls an manche Lehrer erinnerte, die den Kindern der Reichen gute Noten gaben und denen der Armen nur Backpfeifen. Mir war immer erzählt worden, dass den Russlandkrieg, der in Wahrheit größtenteils ein Ukrainekrieg war, niemand in Italien gewollt habe. Dass alle Italiener dagegen gewesen seien. Und folglich natürlich auch alle in unserer Familie. Dass allein Mussolini diesen neuen Krieg da im Osten gewollt hatte, um sich mit Hitler gut zu stellen, der wiederum der einzig wirklich Böse war.

Und da stehe ich nun, achtzig Jahre danach und älter als meine Oma damals, die das Licht meiner Kindheit war, und frage mich zum Beispiel Folgendes: Wer weiß, ob Bianca, als das Elend und der Hunger auch an ihre Tür klopften, nicht doch vielleicht dachte, dass der Duce dieses Mal gut daran tue, die Italiener loszuschicken und sich in diesen fernen Ländern das Brot zu holen, wo es so viel davon gab.

Und wenn sie das dachte, war sie sicher nicht die Einzige.

Vox Populi

… irgendein Soldat, ganz gleich woher, von nah oder fern, der vielleicht, ja vielleicht ein paar Informationen hätte.
Die sibirischen Frauen folgen der Sonne

So viele Fragen, die ich dir nie gestellt habe, Papa. In dieser neuen Kriegszeit klingen die Fragen von früher überholt, fast abstrakt. Jetzt wüsste ich viel lieber konkrete Dinge von dir, zum Beispiel, wie es sich in einer Diktatur lebte. Wie war es für dich, für dich persönlich, die eigene Meinung nicht äußern zu dürfen? Fandest du das normal? Oder nebensächlich? Oder sogar richtig? Oder warst du so daran gewöhnt, dass es dir gar nicht auffiel?

Diktatoren haben immer ein entscheidendes Problem. Wenn du deinem Volk den Mund verbietest, weißt du anschließend nicht mehr, was es wirklich denkt. Dabei ist es dringend nötig, das zu wissen, umso mehr, wenn du es in den Krieg schickst. Selbst für einen absolutistischen Herrscher ist es kein leichtes Unterfangen, die Bevölkerung davon zu überzeugen, sich töten zu lassen und andere brave Menschen zu töten. Die meisten Leute bevorzugen andere Formen des Zeitvertreibs. Es heißt, der ehemalige KGB-Funktionär Wladimir Wladimirowitsch Putin habe schon immer mit großer Aufmerksamkeit die Stimmung im Volk verfolgt, um mögliche Aufstände und Revolten zu vermeiden, erst recht seit dem Einmarsch russischer Truppen in die Ukraine. Doch vielleicht war selbst er überrascht, als bei der ersten Mobilmachung Hunderttausende junge Russen nicht die geringste Lust verspürten, an seiner »militärischen Spezialoperation« teilzunehmen, und das Land verließen.

Und auch das würde ich dich gerne fragen, Papa: Ganz ehrlich, was hast du damals gedacht, als sie dich in den Krieg schickten? Ich habe dich immer als ein wenig linkisch und zerstreut kennengelernt, du hast angezogen, was deiner jeweiligen Frau gefiel, weil es dir selbst egal war. Ich kann mir dich nur schwer mit einer Waffe in der Hand vorstellen und schon gar nicht, wie du frohgemut als kühner Eroberer an die Front aufbrichst. Und doch ... Und doch war das faschistische Regime ein luftarmes, abgedichtetes Aquarium, gefüllt mit dem Wasser der hohlen Phrasen. In diesem Wasser bist du geschwommen, selbst wenn dir die Phrasen für den Rest deines Lebens zuwider waren.

Auch Mussolini hatte stets großes Interesse an der ungefilterten Stimme des Volkes, erst recht, seitdem er sich im Krieg befand. Nie zuvor hatte er aufmerksamer auf die Geheimberichte seiner Vertrauensleute gehört – ein Euphemismus für die Spione des Regimes: Hunderte Männer und Frauen, die durch Cafés, Fabriken, Schulen und Eisenbahnabteile streunten, um unauffällig zu erlauschen, was die Menschen wirklich dachten. Und im Sommer 1941, als du in Griechenland warst und ich weiß nicht was tatest, klangen die Berichte, die ihn erreichten, positiv. So positiv wie seit der imperialen Eroberung Abessiniens nicht mehr und positiver als seit dem Beginn des zweiten planetarischen Krieges sowieso.

»*Ein Erfolg in Russland bannt die Angst vor dem Hunger, das Volk vertraut auf die Reichtümer der Ukraine*« – Bericht eines Vertrauensmanns aus Viterbo.

»*Immer wieder hört man die Bezeichnung Brotkrieg. Der sagenhafte Rohstoffreichtum des riesigen Landes befeuert die Zustimmung zu einem Krieg gegen Russland*« – ein Bericht aus Genua.

»*Es wurde so viel vom ukrainischen Weizen gesprochen und der außergewöhnlichen Fruchtbarkeit des russischen Landstrichs, dass nun auch der letzte Tagelöhner und der dümmste Eselstreiber hoffen, das kommende Jahr werde ihnen Brot im Überfluss bescheren*« – ein Bericht aus Florenz.

Nach eineinhalb Jahren Unzufriedenheit aufgrund der Kriegsentbehrungen und der Gefallenen in der eigenen Familie war die Laune der Bevölkerung endlich umgeschlagen. Und die erfreuliche Aussicht, die diesen Wandel eingeleitet hatte, hieß »Brotkrieg«.

Brot, das höchste Gut gegen den Hunger.

Brot, das Leben bedeutet.

Es konnte keinen schöneren Namen geben für einen Krieg.

Als Mussolini im Juni 1941 der UdSSR den Krieg erklärte, riefen das italienische Bürgertum und die Faschisten zum heiligen Kampf gegen den verhassten Kommunismus auf. »Wir werden der bolschewistischen Hydra die Köpfe abschlagen!«, verkündeten sie. Na ja, gut. Doch dem Volk war ein siebenköpfiges Ungeheuer aus der griechischen Mythologie herzlich egal. Dennoch fand der »gerechte Krieg gegen ein Volk von Sklaven, das in Schmutz und ohne Freiheit lebt«, wie ein anderer Vertrauensmann schrieb, und dem man »Recht und Ordnung und das Christentum bringen müsse«, deutlich mehr Zustimmung als der Krieg gegen Frankreich oder England. Und es gab Pfarrer, die der Mobilmachung nicht gerade schadeten, indem sie in der Sonntagspredigt verkündeten, der Russlandfeldzug sei ein missionarischer Akt, um die armen und gottverlassenen sowjetischen Seelen zu retten. Doch damit ein Volk singend in den Krieg zieht, musst du ihm noch andere Beweggründe geben. Du musst ihm dieselbe koloniale Euphorie bieten, mit der es nach Abessinien marschiert ist. Dieselbe vielversprechende Aussicht auf gut bestellte Felder und Reichtümer, die man nach Hause tragen wird. Öl aus Baku! Weizen aus der Ukraine! Zumindest dieses eine Mal stimmten die Versprechungen, mit denen man das Volk an die neue Front im Osten lockte, mit den wahren Zielen des Regimes überein. Eine glückliche Gemengelage.

Schon als Odessa fiel, machte sich Enttäuschung breit, weil diese schöne Stadt am Meer, einst von italienischen Architekten geplant – deshalb war sie ja so schön –, von den Rumänen und nicht von den Italienern eingenommen worden war. »Die Schlacht um Odessa hat die Tränen und die Proteste gegen die Rationierung beendet«, schrieb ein Vertrauensmann aus Bozen, »doch langsam fragt sich die Bevölkerung: Wann kommt das Brot?«

Die ersten italienischen Soldaten erreichten die Ukraine ein Jahr vor dir, im Sommer 1941. In ihren Briefen nach Hause beschrieben sie sogleich die unerhörte Fruchtbarkeit der Schwarzen Erde, friedlich grasendes Vieh auf endlosen Weiden, die ansteckende Fröhlichkeit der Sonnenblumenfelder. In ihren Worten klang der Krieg wie ein Urlaub im Schlaraffenland: »Ich mache eine Mastkur«, schrieben sie. Die stärksten Gefühle aber lösten die goldgelben Kornfelder aus, die sich bis zum Horizont erstreckten. Kein Italiener würde je wieder Hunger leiden! Das Volk, so schrieb ein anderer Vertrauensmann, war der sicheren Überzeugung: »Die Reichtümer der Ukraine werden an die Achsenmächte gehen im Namen der Gerechtigkeit, für die sie kämpfen.« Währenddessen kämpften die Achsenmächte in Kamjanez-Podilskyj und Babyn Jar allerdings für ihre ganz eigene Vorstellung von Gerechtigkeit, indem sie Zehntausende Juden in Erdgruben warfen und erschossen. Doch Mussolini hatte den Italienern ein Versprechen gegeben, und damit auch deiner Mutter Bianca: Im Frühjahr 1942 würden die ersten Waggons mit ukrainischem Weizen eintreffen.

Die Monate vergingen.

Der Winter verging, der Frühling verging.

Der Weizen kam nicht.

Denn damals galt dasselbe wie heute: Entweder du fährst mit Traktoren auf die Felder oder mit Panzern. Beides zugleich geht nicht. Die Schwarze Erde war zur Blutigen Erde geworden. Und Blut war noch nie ein guter Nährboden für den Überfluss, nur für den Hunger.

Freund Hitler hatte sich an der Ostfront festgefahren. Also sandte Mussolini ihm dich und deine Alpini zur Unterstützung. Und ich schätze, dass es von diesem Zeitpunkt an für Bianca keine Rolle mehr spielte, ob sie jemals für oder gegen den Brotkrieg gewesen war.

Der Wichtigtuer mit dem Ruch eines Dummkopfs hatte ihren jüngsten Sohn in den Osten geschickt.

Spiegel

»Diese Befehle«, sagte Marco, »sind nicht richtig.«
Rückkehr mit dem Verrückten

23. Februar 2023: Ein Moderator des russischen Staatsfernsehens ist mit den Städten Wolgograd und Sankt Petersburg verbunden, in denen mit prächtigem Feuerwerk der Tag des Verteidigers des Vaterlandes gefeiert wird. Nur dass er nicht Wolgograd und Sankt Petersburg sagt, sondern Stalingrad und Leningrad.

Die Vorgänge in der Ukraine seien die Fortsetzung des Großen Vaterländischen Krieges, mit dem der Nationalsozialismus besiegt worden sei, sagt er. Doch die Propaganda von Diktatoren unterliegt nicht unbedingt der Logik, deshalb ist die *spezialnaja wojennaja operazija* auch kein Krieg, sondern eben nur eine »militärische Spezialoperation«, und wer das verbotene Wort *wojna* ausspricht, Krieg, vielleicht sogar kombiniert mit einem *njet*, landet im Gefängnis. Gleichzeitig wird Putin nicht müde zu behaupten, dass zur *Russkij Mir*, der imperialen Idee einer »Russischen Welt«, nicht nur das Russland Moskaus zählt, sondern auch Kleinrussland, also die Gebiete um Kyjiw im Süden der Ukraine, die Katharina die Große Neurussland nannte, sowie Belarus, wo Putins treuer Bluthund Lukaschenko für ihn Wache hält. Und dank des zynischen lexikalischen Zufalls, dass *Mir* nicht nur »Welt«, sondern ebenso »Frieden« bedeutet, ist die *Russkij Mir* auch der Russische Frieden, den Putin mit Raketen und Panzern in die Ukraine bringen will – so wie er ihn bereits seit Jahren mit seinen Folterkammern nach Belarus bringt.

Spieglein, Spieglein an der Wand, wer ist der Todbringendste im ganzen Land?

Mir wird ganz schwindelig, Papa, angesichts dieses verworrenen Gebildes aus Geschichte und Gegenwart.

»Unser Mississippi muss die Wolga sein, und nicht der Niger«, sagte Hitler. Ihm zufolge waren die Ukrainer – hochrangige Nazis bezeichneten sie gar mit dem N-Wort – angesichts des gerechten Vormarschs der arischen Völker ebenso dem Untergang geweiht wie die indigene Bevölkerung Amerikas, sie taugten ohnehin nur als Sklaven, genau wie die Afrikaner. Es sollte eine Kleinigkeit sein, diese minderwertigen Menschen zu besiegen. Moskau würde in wenigen Wochen fallen. Und so schickte Hitler seine Wehrmacht zur Eroberung der Kornspeicher gen Osten, ohne sie auch nur mit Winteruniformen auszustatten.

Putin war im Februar 2022 sogar noch optimistischer: Kyjiw würde innerhalb von drei Tagen fallen, muss er gedacht haben. Gegen den unaufhaltsamen Vormarsch der russischen Armee könnten die Ukrainer nichts ausrichten, die er mit Verachtung *nazisty* nennt. Zugleich schien er der Überzeugung zu sein, dass diese minderwertigen Wesen, die in den Kanälen des russischen Staatsfernsehens seit über zehn Jahren als »Schweine« verunglimpft werden, die russischen Truppen mit offenen Armen empfangen würden, um sich in den Schoß von Mutter Russland führen zu lassen und die absurde Idee aufzugeben, als eigenständiges Volk und Nation zu existieren.

Wie wir wissen, liefen weder für Adolf noch für Wladimir Wladimirowitsch die Dinge wie geplant. Und so kommt es, Papa, dass sich das Phantasma deines Krieges von damals mit den Livebildern des Krieges von heute in den Sozialen Medien überlagert. Erneut hat der Krieg die Länder der Schwarzen Erde heimgesucht und produziert Leid im großen Stil.

Folgende Worte, die sich ein Oberst der Division Sforzesca im Sommer 1942 notierte, nachdem die Truppen der ARMIR, also wir Italiener, ein Dorf besetzt hatten – »Die Bevölkerung hat bei ihrer überstürzten Flucht nur wenig Besitz mitgenommen und den Rest in der Hoffnung vergraben, eines Tages zurückzukehren« –, könnten auch der

Kommentar zu einem YouTube-Video aus Bachmut im Winter 2023 sein. Ein ukrainischer Freiwilliger fährt durch die kaputten Straßen, nachdem die Russen die Stadt in ein gestaltloses schwarzes Trümmerfeld verwandelt haben, und schreit »*Evakuazija! Evakuazija!*«, um die verbliebene Bevölkerung – hauptsächlich Alte, Arme und Kranke, aber auch Kinder sind darunter – aufzufordern, sich in Sicherheit bringen zu lassen. Manche von ihnen springen tatsächlich auf den Pick-up auf, unter Tränen, weil sie nicht mehr daran geglaubt haben, lebend herauszukommen, während andere *Nein* schreien, sie werden ihre Keller nicht verlassen, wo sie seit Monaten ausharren, ohne Wasser, ohne Licht, ohne Medikamente, ohne Essen, ohne Heizung und unter dem unablässigen Donnern der Geschütze, denn was geschieht mit ihrem Hab und Gut, wenn sie es den Besatzern überlassen?

Oder nimm Isjum, wo du am 28. August 1942 mit dem Truppentransport ankamst und von dort weiter an den Don geschickt wurdest. Achtzig Jahre später fanden ukrainische Soldaten, nachdem sie die Stadt von der monatelangen Besatzung befreit hatten, ein Dutzend Kellerräume – einer davon unter einem Kindergarten – voller Folterinstrumente wie Elektrokabel, Zangen, Ketten und Gasmasken (für jene besondere Technik namens *slon*, Elefant, die zum Erstickungstod führt), und in einem Massengrab außerhalb der Stadt stießen sie auf Hunderte von Leichen, darunter fünf Kinder, von denen viele noch die Wundmale ihrer Tortur aufwiesen, die ich nicht beschreiben möchte. Auf den Bildern sieht man, wie Helfer die Leichen aus dem Herbstwald bergen; sie tragen weiße Schutzanzüge wie auf einer Quarantänestation zu Hochzeiten der Corona-Pandemie, doch in Isjum war es kein Virus, das den Tod brachte.

Oder nimm Awdijiwka, noch so ein Ortsname, den wir in den letzten Monaten anhand des Kriegsverlaufs gelernt haben, in dem die Schützengräben offenbar dieselben sind wie die im letzten Jahrhundert: Damals war hier neben verschiedenen anderen italienischen Einheiten das Kavallerie-Regiment Savoia stationiert.

Dann gibt es noch die Stadt Donezk, die heute das Zentrum der russischen Besatzung bildet und damals, 1941, noch unter dem Namen Stalino von Deutschen und Italienern gemeinsam besetzt war;

zur Feier der mit dem Stahlpakt besiegelten Freundschaft hatten sie die Hauptstraße der Stadt in vorbildlicher gleichberechtigter Zweisprachigkeit *Achsenstraße/Via dell'Asse* getauft.

Und da ist Charkiw, das du Carcovo nanntest, auf das die Russen seit fast drei Jahren ihre Raketen regnen lassen. Du beschreibst Charkiw als einen vom Krieg zermalmten Ort: Hier stirbt das Kind, das deinen Unteroffizier Chiarin den Verstand verlieren lässt ...

Kinder befanden sich auch in einem 170 Quadratmeter kleinen Keller in dem Dorf Jahidne unweit der belarussischen Grenze, 70 Kinder und mehr als 297 Erwachsene, darunter viele Alte und Kranke. Einen Monat lang pferchten die Russen sie dort ohne Wasser, Essen und medizinische Versorgung ein, es gab keine Toilette, keine Frischluft, ja nicht einmal genug Platz, um sich hinzulegen und in die Bewusstlosigkeit des Schlafes abzutauchen. Nur ab und zu reichten sie etwas schimmeliges Brot oder Nudeln hinein, die zuvor in Dieseltanks gelagert waren; dann filmten sie mit ihren Mobiltelefonen die Frauen, die sich auf das langersehnte Essen stürzten, und veröffentlichten die Clips in russischen Social-Media-Kanälen als Beleg für die bestialische Natur der Ukrainer. Ein 92-jähriger Mann namens Dmytro Muzyka war der Erste, der in diesem Keller starb. Seine Frau Marija folgte ihm wenige Tage später. Zehn weitere Menschen starben aufgrund fehlender Medikamente oder an Erschöpfung und Atemnot. Die Russen weigerten sich tagelang, sie beerdigen zu lassen, Kinder schliefen neben Leichen. Als endlich einigen Gefangenen erlaubt wurde, draußen eine Grube auszuheben, machten sie sich einen Spaß daraus, auf sie zu schießen. Mehr als ein Gefangener endete selbst in dem Loch, das er grub. Wenn ich daran denke, Papa, an welche Grausamkeiten des 20. Jahrhunderts mich die Szenen aus Jahidne erinnern – und die aus vielen anderen Orten der besetzten Ukraine –, dann ist das zu schrecklich, um es auszusprechen.

Ja, es gibt Tausende beängstigende Ähnlichkeiten zwischen deinem Krieg und dem Krieg in der Ukraine. Jeden Tag. Es sind fast zu viele unwahrscheinliche Koinzidenzen und Parallelen. Einem Romanschriftsteller würde man vorwerfen, so viele Analogien seien unglaubwürdig.

Von wegen.

Die Geschichte scheint sich in ein ominöses Spiegelkabinett verwandelt zu haben – mit dem einzigen Unterschied, dass es keine Bilder zurückwirft, sondern menschliche Körper. Und das ist ganz wörtlich gemeint. Ein Video zeigt zwei ukrainische Soldaten, die einen Schützengraben um Bachmut ausheben und dabei mit dem Spaten auf Skeletteile stoßen – einen Oberschenkelknochen, einen Beckenknochen, einen Kieferknochen. Ein namenloser Soldat deines Krieges, Papa, der wie so viele kein Grab bekommen hat, nicht einmal zwei kleine Äste, die ein Kamerad auf der Flucht schnell noch zum Kreuz übereinanderlegt. Einer von vielen Hunderttausend, die den schlimmsten aller Tode gefunden haben, schlimmer noch als jener, der sich hinter dem Wort »verschollen« verbirgt. Es hätte dein Skelett sein können, deine großen Oberschenkelknochen, dein »Langschädel«, wie man sagte, als du jung warst, irgendwo verscharrt in einem ehemaligen Schützengraben. Jetzt kommen sie wieder zum Vorschein, weil die beiden jungen Ukrainer, anstatt auf dem Feld zu arbeiten oder Algorithmen zu programmieren, statt ins Kino zu gehen oder sich mit der Freundin zu streiten, neue Schützengräben ausheben müssen, um sich gegen die neuerliche Invasion zu verteidigen: und dies an genau derselben Stelle wie vor achtzig Jahren. Es wäre durchaus möglich gewesen, ja sogar beinahe wahrscheinlicher als dein Überleben, dass die Spaten dieser zwei jungen Männer auf deine sterblichen Überreste gestoßen wären. Dann würde ich nicht existieren, meine Schwestern nicht und meine Kinder auch nicht, und niemand wüsste, dass wir nicht existieren.

Und mittendrin Wladimir Wladimirowitsch Putin, der behauptet, es handele sich um ein neues Kapitel des Großen Vaterländischen Krieges, in dem Russland die Nazi-Besatzer zurückschlug; und der dafür selbst in die Ukraine einfällt, genau wie Hitler, lediglich aus der anderen Richtung kommend; und der es nicht nur wohlweislich vermeidet, die Millionen ukrainischen Rotarmisten zu erwähnen, die in jenem glorreichen Kampf starben, weil er nun mal in ihrem Land ausgetragen wurde, nein, der die Ukrainer auch noch als Kollaborateure, Stepan-Bandera-Anhänger und Nazis beschimpft; und der die Bombardements, Folterungen und Massengräber seines Angriffskrieges »Entnazifizierung« nennt; und der es zulässt, dass über die Ukrainer im Staatsfernsehen auf eine höhnische und verächtliche Weise geredet wird – zum Beispiel durch das stereotypisierende *chochol* –, wie auch die Nationalsozialisten es in ihrem Vokabular für die von ihnen als minderwertig betrachteten Völker taten; und der in dem Moment, in dem Deutschland den ukrainischen Streitkräften Panzer zur Verfügung stellt, verkünden lässt: »Seht ihr das? Jetzt zeigen die Deutschen ihr wahres Gesicht, sie sind immer noch die alten Nazis, und sie verdienen es, dass Berlin dem Erdboden gleichgemacht wird – aber diesmal von einer hübschen Atombombe.«

Und all das passiert, weil in den letzten Jahrzehnten kein Oberhaupt der ehemals mit Stalin verbündeten Staaten es je unternommen hätte, Putin Folgendes zu sagen:

»Lieber Wladimir Wladimirowitsch, erlauben Sie mir, Sie zu korrigieren, weil es nicht der Wahrheit entspricht, dass Russland den Nationalsozialismus allein besiegt hat, dies ist eine Lüge, die schon Stalin 1945 aufgebracht hat, als er beim Chin-Chin folgenden Toast sprach: ›Auf das russische Volk, das den Invasor besiegt hat.‹ Nein, das war die Rote Armee. Und in der Roten Armee kämpften Kirgisen, Kasachen, Tscherkessen, Tataren, Burjaten und Soldaten vieler anderer sibirischer und kaukasischer Ethnien. Und in den Ländern der Schwarzen Erde, die später zur Blutigen Erde wurde, wo mehr Menschen umkamen als irgendwo sonst, kämpften vor allem Belarussen und Ukrainer, mehr als aus allen anderen Sowjetrepubliken, gemessen an ihrer Bevölkerung. Was nicht weiter verwundert, waren es doch auch Belarussen und vor allem Ukrainer, die den Krieg vor der eigenen Haustür hatten.«

Doch leider hat niemand von uns Europäern des Westens und generell niemand aus dem Westen Wladimir Wladimirowitsch je an all das erinnert. Und so wurde der Ukraine der Ruhm, das historische Gedächtnis und vor allem die leidvolle Ehre genommen, die jedem zusteht, der einen solch hohen Blutzoll bezahlt hat – all das ging allein an Russland. Wo man nun behaupten kann, alle Ukrainer seien Nazis und Kollaborateure gewesen und nur die Russen Helden.

Und deshalb wiederholen die ach so nachdenklichen Meinungsmacher von heute Putins Version einfach: Ganz unschuldig seien die Ukrainer ja nicht, denn im Zweiten Weltkrieg seien sie bekanntlich alle Kollaborateure gewesen, und heute eben alle Nazis, und außerdem: Bandera, Bandera, Bandera. Keiner von ihnen scheint sich daran zu erinnern, was wir Italiener im gleichen Weltkrieg in der Ukraine getan haben: Wir tauften Verkehrswege in *Achsenstraße* um. Kein Italiener, der den Ukrainern heute Kollaborationismus vorwirft, scheint sich daran zu erinnern, was wir vor achtzig Jahren in deinem Krieg waren: nämlich weder Kollaborateure noch Feinde der Nazis, nein, wir waren ihre Verbündeten.

Und ich komme nicht umhin, mich zu fragen, ob meine Landsleute nicht vielleicht genau deshalb so zahlreich Putins Lüge weiterverbreiten – dass der Ruhm des Großen Vaterländischen Krieges allein den Russen gebühre und dass die Kollaborateure allein die Ukrainer gewesen seien. Sie zeigen mit den Fingern auf jene, die *mit uns* kollaboriert haben – und dabei müssten *wir Italiener* auf die Knie sinken und das ukrainische Volk um Vergebung bitten, weil wir in ihr Land einmarschiert sind.

Was für ein Durcheinander, Papa.

Wenn das alles nicht so schrecklich wäre, könnte man es für eine Posse aus der Belle Époque halten, eine von denen, in der jeder jedem die Hörner aufsetzt, nur dass sich in der heutigen Komödie alle gegenseitig als »Nazi!« beschimpfen. Und das, obwohl es seit Beginn des russischen Angriffskriegs gegen die Ukraine nur eine einzige Staatsmacht gibt, die Dörfer bombardieren lässt, Leichen in Massengräber wirft und Kinder verschleppt – und das ist nicht die ukrainische.

Die schiere Masse an Raketen und Bomben hingegen, die die Russen jede Woche über den ukrainischen Städten niedergehen lassen, erinnert wirklich an die Nationalsozialisten, die monatelang die Engländer bombardierten. Die Eltern einer Freundin aus Charkiw, das du Carcovo nanntest, sind alt und gebrechlich, und sie wohnen in der obersten Etage eines Hochhauses. Wenn die Sirenen den

Anflug russischer Raketen ankündigen, schaffen sie es nicht immer, die zwölf Stockwerke bis in den Keller zu laufen. Also bleiben sie in ihrer Wohnung und hoffen, dass sie Glück haben und nicht von einer Shahed-Drohne, einer 3M54 Kalibr oder einer Ch-47 Kinschal getroffen werden – sie kennen alle Namen und Abkürzungen –, und auch von keiner S-300, der kleinsten und gemeinsten Rakete, die weniger kostet und von den Russen darum fast wahllos abgefeuert wird, ohne lange zu zielen. Wie alle Ukrainer im Ausland verfolgt meine Freundin von Italien aus jeden Raketenalarm über eine App auf dem Telefon. Wenn es vorüber ist, ruft sie ihre Eltern an, ohne die Bomben zu erwähnen – wenn sie ans Telefon gehen, weiß sie, dass sie nicht getroffen wurden. Und auch die Eltern verlieren kein Wort darüber.

»Hallo Mama«, sagt meine Freundin, »was macht ihr gerade?«

Und ihre Mutter erwidert: »Wir haben uns einen schönen Tee gekocht« oder »Dein Vater hat mir ein paar Seiten aus dem Buch vorgelesen, das du uns geschenkt hast.«

Wenn du noch am Leben wärst, wüsste ich vermutlich, mit welcher Miene du die Nachrichten verfolgen würdest, wenn die Bilder der zerbombten ukrainischen Wohnhäuser über den Bildschirm flackern wie in Dnipro, das du Dnipropetrowsk nanntest. Da sieht man eine gelb angestrichene Küche, die Wand aufgeschnitten wie ein hartgekochtes Ei (war es eine Kalibr? Oder eine Kinschal? Oder eine S-300?), und man denkt besser nicht weiter darüber nach, was aus den Menschen geworden ist, die in dieser Küche gerade beim Frühstück saßen. Ich glaube, Papa, du würdest das gleiche Gesicht machen wie an jenem Tag vor vielen, vielen Jahren in meiner Kindheit.

Ein Kind war in einen stillgelegten Brunnenschacht gefallen, nicht weit von Rom entfernt. Das öffentlich-rechtliche Fernsehen übertrug zum ersten Mal in seiner Geschichte drei Tage lang live die Rettungsversuche. Alles war vergeblich. Du hast zwei Nächte lang nicht geschlafen und mit wachsendem Entsetzen das Sterben des Kindes in dem schwarzen Loch verfolgt. Niemals werde ich deinen

Gesichtsausdruck vergessen, als der leblose kleine Körper aus dem Brunnen gezogen wurde. Es war ein normaler Schultag, doch du hattest vergessen, mir zum Frühstück mein Papocchio zu machen – das war noch nie passiert und sollte auch nie wieder passieren. Normalerweise umwehte dich immer ein frischer Seifenduft, und deine Wangen waren selbst abends glattrasiert, doch an diesem Morgen hattest du zerzauste Haare, du schienst seit Tagen nicht geduscht zu haben, und deine Augen waren weit aufgerissen.

»Es ist tot«, hast du zu mir gesagt.

»Wer?«

»Das Kind.«

Wenn ich heute darüber nachdenke, vermute ich, dass dieser Gesichtsausdruck, den ich noch nie bei dir gesehen hatte und zum Glück auch in den dreißig Jahren bis zu deinem Tod nie mehr sehen sollte, der gleiche war wie damals, als du den neugeborenen, erkalteten Körper meiner älteren Schwester im Arm hieltest. Der gleiche Ausdruck wie an dem Tag, als das Neugeborene in Carcovo, das jetzt Charkiw heißt, starb und Unteroffizier Chiarin den Verstand verlor. Der Gesichtsausdruck eines Menschen, dem *alle Menschen der Schöpfung ihren Schmerz in die Ohren brüllen*. Und plötzlich stelle ich mir die Frage, ob der Titel deines Buches, *Rückkehr mit dem Verrückten*, sich gar nicht auf Chiarin bezieht, sondern auf dich selbst. So wie in Patras dein Adjutant für dich an Bord der *Galilea* ging, verlor dein Unteroffizier vielleicht stellvertretend für dich den Verstand. Und so wie der Granatsplitter manchmal im Körper eines Kriegsversehrten zurückbleibt und die schmerzhafte Erinnerung an die Explosion am Leben hält, so hatte der Krieg in dir vielleicht noch den Splitter des Wahnsinns hinterlassen.

Deshalb glaube ich zu wissen, wie du reagieren würdest, Papa, wenn du von den toten Kindern in dem Haus in Dnipro erfahren würdest, von denen in Kramatorsk und in Charkiw, das du Carcovo nanntest, oder von den Leichen, die in den Massengräbern im Wald von Isjum gefunden wurden. Oder wenn ich dir erzählen würde, wie das hübsche Theater von Mariupol, in das sich Hunderte Frauen mit ihren Kindern geflüchtet hatten, bombardiert wurde – trotz der beiden weißen, selbst auf Satellitenbildern erkennbaren und demnach auch für die Bomber unübersehbaren Schriftzüge auf der Vorder- und Rückseite des Gebäudes, die mit riesigen russischen Lettern darauf hinwiesen, dass sich dort DETI, Kinder, aufhalten.

Ich sehe deinen Gesichtsausdruck deutlich vor mir, Papa, angesichts der Bilder des in einen Bombenkrater verwandelten Theaters von Mariupol mit der gut lesbaren Warnung KINDER, ich sehe ihn so deutlich, als wärst du hier.

Aber ich werde nicht mal versuchen, ihn zu beschreiben.

Es gibt andere Bilder aus diesem zweiten Krieg in der Ukraine, bei denen ich keinerlei Vorstellung habe, was du von ihnen halten würdest. Das berühmte YouTube-Video zum Beispiel, in dem die Frau aus Henitschesk in der Oblast Cherson wenige Tage nach Beginn der Invasion auf einen schwer bewaffneten russischen Soldaten zugeht und ihm eine Handvoll Sonnenblumenkerne gibt.

»Du bist in mein Land einmarschiert«, sagt sie. »Du bist ein Besatzer. Du bist ein Feind. Steck die Samen in deine Hosentasche. Wenn du verreckst, wachsen an der Stelle Sonnenblumen.«

Und weißt du, warum ich mir nicht vorstellen kann, was du bei diesem Video gedacht hättest? Weil du auf dem einzigen Foto, das ich von dir aus der Ukraine habe, ausgerechnet in einem Sonnenblumenfeld stehst. *Sommer 1942* hast du mit deiner spitzen Handschrift auf der Rückseite notiert. Aufgrund der Heeresbewegungen der Division Julia weiß ich, dass es die Sonnenblumen von Isjum waren, wo du nach zweiwöchigem Truppentransport ankamst, es muss der 28. oder 29. August 1942 gewesen sein; kurz darauf solltest du wieder aufbrechen, diesmal zu Fuß bis zum *grooo ßen* Bogen des Don. Selbst auf dem Schwarz-Weiß-Bild erahnt man das prächtige Gelb der Blüten, die dir bis zu den Schultern reichen, und das strahlende Blau des Himmels, es sieht aus, als würdest du vor einer ukrainischen Flagge posieren.

In diesem Moment warst du der Besatzer.

Auch du bist in das Land der Frau einmarschiert, genau wie der russische Soldat. Und wenn sie dir vor achtzig Jahren begegnet wäre, hätte sie vielleicht dich aufgefordert, die Samen einzustecken. Denn vor achtzig Jahren warst du der Feind – ja, du, wie du da auf dem Foto im Sonnenblumenfeld von Isjum stehst, jung und gutaussehend, die Sonne im Gesicht, und lächelst.

Besatzung

Da überkam ihn ein solcher Abscheu vor dem Krieg, dass er die eisige Böe kaum spürte, die ihm unter die Sturmhaube fuhr. Doch er bemerkte sie früh genug: Bloß nicht auskühlen, dachte er und legte sich die Wolle enger um den Hals.
Rückkehr mit dem Verrückten

Als ich Mama erzählte, was Massimo Rendina mir darüber berichtet hatte, wie du das letzte Kriegsjahr verbracht hattest, erwiderte sie: »Wenn ich das gewusst hätte, hätte ich ihn nicht geheiratet.«

Das nahm ich ihr so nicht ab.

Hatte sie wirklich nichts gewusst? Hatte sie sich bei eurem Kennenlernen wirklich nie gefragt, warum der studierte Politikwissenschaftler, der so gut schreiben konnte, auf einem Straßenmarkt in Turin Autoreifen verkaufte? Aber vermutlich waren zu viele Fragen nicht ihr vornehmliches Interesse angesichts deiner sportlich-lässigen Erscheinung und der graugrünen Augen, die mal verschmitzt, mal etwas wehmütig blicken konnten.

Als sie und ich dann nach deinem Tod erneut darüber sprachen, war sie schon dreiundneunzig, und ich wollte nicht weiter nachhaken.

Jedenfalls habt ihr im letzten Kriegswinter beide im besetzten, düsteren Turin gelebt, ohne euch zu kennen. Und da nicht du, sondern Mama immer die offizielle Erzählstimme eurer Jugend war, ist im Geschichtenkanon der Familie nichts dazu überliefert, wie du die Monate der Besatzung verbracht hast. Doch seit ich weiß, was ich weiß, zerbreche ich mir den Kopf darüber. Was in aller Welt hast du dir nur dabei gedacht, Papa? Hast du denn die Razzien nicht mitbekommen? Hast du die an den Straßenlaternen aufgehängten Körper nicht gesehen? Es waren die Körper junger Leute, nur zu oft jünger als du, und nicht nur, weil du von der Front als alter Mann zurückgekommen warst. Aber nicht einmal dazu kann ich dich noch befragen. Und von hier und heute aus gesehen, aus der Perspektive jahrzehntelangen Friedens in Westeuropa, kann ich mir nicht vorstellen, wie du dich damals gefühlt haben musst, als Wehrmacht und SS keine Verbündeten mehr waren, sondern die Besatzer. Und je häufiger ich den Artikel lese, den du im März 1945 – im März! – kurz vor Kriegsende geschrieben hast, desto weniger gelingt es mir. Ich scheitere schon bei dem Versuch, mich in deinen Gemütszustand jener Monate hineinzuversetzen. Ich schaue dich an, aber ich kann nichts erkennen.

Viel genauer weiß ich hingegen, wie Mama diesen letzten Kriegswinter im besetzten Turin verbracht hat. Das Deutsche beispielsweise nannte sie auch ein halbes Jahrhundert später noch »die Sprache, die Angst macht«. Erst als ihre zwei Südtiroler Enkel geboren waren und sie ihrem dichten Bergler-Deutsch lauschte, wenn sie miteinander spielten, verlor die Sprache den bedrohlichen Klang von *Achtung!* und *Raus!* und verwob sich mit dem Flickenteppich unseres normalen Sprachgebrauchs. Wenn heute viele Ukrainer strikt ablehnen, weiterhin Russisch zu sprechen, was sie über Generationen wie selbstverständlich getan haben, erkenne ich dort eine spiegelbildliche Entwicklung – vom Klang des Herzens hin zum Klang der Gewalt, zur Sprache des Besatzers.

Was ist eine militärische Besatzung, Papa?

Wenn wir Europäer des Westens uns vor dem Beginn des Ukrainekrieges davon eine Vorstellung machen wollten, griffen wir auf Filme, historische Fotos oder vielleicht noch auf ein paar, durch achtzigjährige Wiederholung abgenutzte und blutleer gewordene Familienanekdoten zurück. Die Erfahrung, eine Besatzung am eigenen Leib durchgemacht zu haben, habt ihr Alten mit ins Grab genommen.

Wir können davon nichts wissen. Nichts vom Gestank ungewaschener Haut, weil seit Monaten fließendes Wasser fehlt, oder wie es ist, als Ausgebombte monatelang dieselben Kleider zu tragen. Nichts vom muffigen Atem wegen schlechter Ernäherung oder dem sauren Angstgeruch Dutzender Menschen in einem engen Luftschutzbunker. Nichts von der Schlaflosigkeit, die den Körper nach Wochen, Monaten und Jahren der Kriegsnächte umhüllt wie eine zu enge, schmutzige zweite Haut, die sich nicht abkratzen lässt. Nichts vom Menstruationsblut, das die Frauen mit alten Lappen auffangen, wenn sie das Glück haben, welche zu finden. Von der ständigen Verstopfung im Wechsel mit plötzlichem Durchfall, von den nach Fäulnis stinkenden Städten, in denen niemand mehr den Müll entsorgt. Von alldem wissen wir nichts. Vor allem wissen wir nichts von der Angst, die zum ständigen Begleiter wird, untrennbar mit einem verbunden wie der eigene Schatten, nichts davon, wenn das Herz bei jedem Geräusch sofort in der Brust pocht: bei einer Explosion, einem Schuss, einer Bombe oder einer Gewehrsalve, bei einem Flüstern, einem Befehl, einem Schrei, bei schnellen oder langsamen Schritten, bei einem Flugzeugdröhnen und vor allem bei Stille, die zu lange anhält. Das Bewusstsein, dass jede zufällige Begegnung mit einer Patrouille, einem Kontrollposten oder einer Gruppe betrunkener Soldaten auf Freigang den sofortigen Tod oder Schlimmeres bedeuten kann.

Bei Angriffskriegen ist es vor allem die Zivilbevölkerung des besetzten Landes, die die Erinnerung in Familiengeschichten weiterträgt, seltener sind es die Soldaten der Besatzungsmacht. Wenn alles vorbei ist, breiten die Besatzer in der Regel den dunklen Mantel des Schweigens über ihr Handeln, und es bleibt den Nachfolgegenerationen überlassen, dieses Schweigen zu brechen oder auch nicht. Das ist verständlich: Gewalt ausgeübt zu haben macht noch stummer, als sie erlitten zu haben. Die Erinnerung an ein willkürliches Urteil über Leben und Sterben wehrloser Zivilisten wiegt schwerer, wenn man es gefällt hat, als wenn man sein Opfer wurde.

Doch das gilt nicht für alle.

Es gilt nur für diejenigen, die in den Zivilisten weiterhin Menschen gesehen haben.

Für alle anderen ist die Erinnerung keine Last. Im Gegenteil. Dieser Krieg, der als Livestream in den Sozialen Netzwerken läuft, hat abgehörte Telefonate russischer Soldaten, die aus den besetzten Gebieten zu Hause anrufen, bis in meine Wohnung transportiert, Tausende Kilometer von der Ukraine entfernt. Ich saß in meinem mit Büchern vollgestellten Wohnzimmer einer bildungsbürgerlichen Schriftstellerin aus dem siebtreichsten Land der Welt und lauschte (in englischer Simultanübersetzung) den Stimmen der Soldaten, die aus den Oblasten Omsk und Irkutsk und der Stadt Jelisowo in den Donbass gekommen waren und sich vor ihren Müttern und Brüdern damit brüsteten, wie viele ukrainische Zivilisten, besser gesagt: wie viele *chochly* sie wahllos und willkürlich auf der Straße ermordet hatten. Als Bürgerin eines der Gründungsmitglieder der Europäischen Union, einem Land, das eine wunderbare, auf einer erklärtermaßen antifaschistischen Verfassung basierende Demokratie besitzt und als die antike Wiege des abendländischen Rechtsdenkens gilt, hörte ich in meinem Wohnzimmer, wie ein Ehemann seine Frau um Erlaubnis bat, die ukrainischen Frauen zu vergewaltigen, denen er begegnen würde; er bekam zur Antwort, das sei in Ordnung und zähle ohnehin nicht, weil das ja alles Huren seien, »solange du ein Kondom benutzt«, worauf er erwiderte, »danke, meine Liebe, gib der Kleinen einen Kuss von mir«. Und wenngleich die Parallelen zwischen verschiedenartigen Epochen der Geschichte lediglich ein perverser und manipulativer Vorwand für diesen zweiten Krieg in der Ukraine sind, beruhend auf nichts als Lüge und Mystifizierung, musste ich trotzdem unwillkürlich an die Frontbriefe von Hitlers fleißigen Schlächtern aus denselben Ländern der Schwarzen Erde denken. Die voller Stolz über ihr gelungenes Tagewerk als Bewahrer der arischen Rasse und ihrer Familie berichten und beschreiben, wie sie jüdische Säuglinge auf ihre Bajonette gespießt haben, »und bitte, liebe Ehefrau, schick mir noch zwei Paar Kniestrümpfe«. Oder auch nur – doch was heißt da schon »nur« – der Brief an die Frau eines Alpino vom August 1942: »Heute haben wir erfahren, dass meine alte Artillerie-Einheit unterwegs von Partisanen angegriffen wurde und dabei ein Kommandeur und ein paar Scharfschützen verwundet wurden, und jetzt sollen wir sie alle rächen. Wie geht's meiner kleinen Brunetta? Heute Nacht habe ich geträumt, dass ich sie auf dem Arm hielt.«

Die Gräueltaten der Besatzer graben sich tief ins Gedächtnis der Bewohner des besetzten Landes ein.

Sie in Erinnerung zu behalten ist in diesem Krieg Russlands gegen die Ukraine die bewusste und freiwillige Entscheidung sowohl einzelner ukrainischer Bürger als auch ihrer Institutionen, wie vielleicht in keinem anderen Krieg zuvor. Seit die Leichen in den Straßen von Butscha gefunden wurden, dokumentieren die Ukrainer akribisch jedes einzelne von Russen begangene Verbrechen, verzeichnen sie jeden Folterkeller mit blutverschmierten Wänden, jede Rakete, die absichtlich auf Passanten abgefeuert wurde, die gerade einkaufen oder mit dem Hund spazieren gingen, jedes Massengrab, jede Misshandlung eines in Gefangenschaft geratenen Soldaten, der nach einem Austausch nach Hause kommt, wie auch seines Kameraden, der niemals zurückkehrt.

Das tun sie natürlich in Vorbereitung auf den Tag, an dem die Schuldigen zur Rechenschaft gezogen werden, doch insbesondere, um die Menschen nicht zu vergessen. Wie Iryna Filkina: Es war ihre schwarze Hand am Straßenrand von Butscha, wir kennen alle das Foto, ihre rotlackierten Fingernägel, weil sie Nagelpflegerin gewesen war. Mit Kriegsausbruch begann Iryna für ihre Nachbarn zu kochen, die zu alt oder krank waren, um die Schutzräume zu verlassen, in denen sie Zuflucht suchten; das tat sie, bis das russische Heer in Butscha einfiel und sie fliehen musste, so viel war klar, vor allem als Frau. Iryna saß schon in einem Auto, das gerade losfahren sollte, überließ ihren Platz aber kurzentschlossen einer schwangeren Bekannten. Als sie dann mit dem Fahrrad nach Hause fuhr, schossen ihr russische Soldaten von hinten in den Kopf.

Es ist ein grausames Inventar des Bösen, doch spricht aus dieser Dokumentation der unerschütterliche Glaube an die Fähigkeit und vor allem den Willen der Menschen, noch angesichts der unvorstellbarsten Gräuel Gerechtigkeit einzufordern. Bei uns Europäern des Westens löst das Vertrauen in die demokratischen Institutionen – Gerichte, freie Presse, unabhängige Untersuchungskommissionen –, die wir für selbstverständlich halten und mit denen wir eigentlich immer unzufrieden sind, fast ein Gefühl der Beschämung aus. Und wir beginnen zu zweifeln: Haben wir sie wirklich verdient?

Deshalb muss ich dir von Wiktorija Amelina erzählen, Papa. Ich weiß, ich bräuchte dir nicht zu erklären, dass uns der Tod eines entfernten Menschen manchmal unerträglicher scheint als der eines Nachbarn – weil er uns stärker betrifft. Das weiß ich deshalb, weil ich mich an deine Miene erinnere, als das Kind in dem Brunnenschacht starb.

Ich kannte Wiktorija nicht persönlich, doch wir hatten denselben Beruf und gemeinsame Freunde. Wiktorija hatte sich seit der Besatzung mit ganzer Kraft der schmerzlichen Aufgabe gewidmet, die russischen Kriegsverbrechen an ihrem Volk zu dokumentieren.

Für eine solche Arbeit braucht man viel Vertrauen. Man muss sich immer wieder aufs Neue davon überzeugen, dass eine zukünftige Zeit des Friedens auch eine Zeit der Gerechtigkeit sein wird. Denn das vergessen unsere Demonstranten hierzulande gerne, wenn sie mit bunten Fahnen und Spruchbändern mit der Aufschrift ITALIEN LEHNT DEN KRIEG AB durch die Straßen ziehen, einem Zitat aus Artikel 11 unserer wunderbaren Verfassung, allerdings ohne den Nachsatz, der als Ziel der internationalen Beziehungen nicht nur den Frieden, sondern auch »die Gerechtigkeit unter den Völkern« fordert. Kurz gesagt: *No justice, no peace*, das zeitlose Motto der Unterdrückten gegen die Unterdrücker, des Rechtsstaats gegen das Recht des Stärkeren; und genau das scheinen viele Europäer des Westens, die sich so gerne auf der richtigen Seite wähnen, vergessen zu haben. Wiktorija hatte es nicht vergessen.

Als Isjum von der monatelangen russischen Besatzung befreit wurde, fand Wiktorija das Tagebuch des Schriftstellers Wolodymyr Wakulenko. Er hatte es, bevor er zu Tode gequält und in eine Grube geworfen wurde, in eine Plastiktüte gewickelt im Garten seines Vaters vergraben. Auch dies ein Zeichen für den Glauben an eine Zukunft, so wie viele Menschen in den russisch besetzten Gebieten die ukrainische Flagge in Einmachgläsern in ihren Gärten vergraben haben, während sie auf die Befreiung warten. Und Wakulenko hat Recht behalten: Isjum wurde befreit, Wiktorija fand das Tagebuch und veröffentlichte es.

Es war gerade erschienen, als Wiktorija Amelina starb, weil sie eine Pizza essen gegangen war. Mit ihr starben ein Dutzend weiterer Menschen, darunter ein fünfzehnjähriges Zwillingspärchen: Alle saßen in dem Restaurant Pizza Ria in Kramatorsk. Die einschlagende russische Rakete war eine ferngesteuerte Präzisionswaffe, die Russen wollten genau diese Pizzeria voller Zivilisten treffen. Es war kein Versehen.

Ein Jahr zuvor, im Juni 2022, als der Krieg etwa sechs Monate im Gange war, hatte Wiktorija auf Twitter ein Foto von sich gepostet, sie war darauf von hinten zu sehen, die langen blonden Haare mit einem dünnen Band hochgebunden, in einem schwarzen Mantel und mit einer Umhängetasche, auf der die stilisierten Gesichter von Lessja Ukrajinka, Iwan Franko, Taras Schewtschenko und anderen ukrainischen Schriftstellern gedruckt waren. Sie fotografierte die stehengebliebenen Betonpfeiler und verkohlten Mauerreste eines von einer Rakete getroffenen Wohnhauses. Die Bildunterschrift lautete: »Das auf dem Foto bin ich. Ich bin eine ukrainische Schriftstellerin. Auf meiner Tasche befinden sich die Porträts großer ukrainischer Schriftsteller. Ich sehe aus wie eine Frau, die Fotos von Büchern, Kunstwerken oder ihrem Kind machen sollte. Doch ich dokumentiere russische Kriegsverbrechen und höre den Klang von Geschützen statt den von Gedichten. Warum? #stopRussianow.«

Doch von einer Besatzung bleibt auch das Lachen, häufig der einzige Splitter, über den sich in all dem Grauen überhaupt sprechen lässt. Denn mitunter nimmt auch die brutalste Unterdrückung geradezu groteske Züge an. Von der russischen Besatzung wird die systematische Plünderung von Haushaltswaren aller Art in Erinnerung bleiben, so lächerlich war sie: Waschmaschinen, Haartrockner, Kühlschränke, Mixer, Unterwäsche, Mikrowellen, Schlafanzüge, Hundekörbe und Kloschüsseln – alles wurde geklaut. Im späten Frühling des Jahres 2022 kursierten Bilder von russischen T-80-Kolonnen, die aus der

Ukraine kommend beladen waren mit Teppichen, elektronischen Haushaltsgeräten und vollgestopften Taschen. Als Italienerin mittleren Alters musste ich sofort an unsere überladene Familienkutsche denken, wenn wir auf dem Weg in die Sommerferien an Ferragosto auf der Autostrada del Sole im Stau standen, den Dachgepäckträger vollgestapelt mit Koffern – nur ohne Raupen und Kanonen. Die Invasion als eine Art mörderischer Ferienraubzug.

Irgendwo zwischen Grauen und Groteske liegt die sinnlose Herabsetzung. Viele Zivilisten berichteten nach ihrer Rückkehr in die im Zuge der ukrainischen Gegenoffensive befreiten Gebiete einhellig, dass die russischen Besatzer außer den Spuren von Mord und Folter, Plünderung, Chaos und Zerstörung auch ihre Notdurft auf den Betten hinterlassen hatten. Das wurde so häufig an weit voneinander entfernten Orten und bei unterschiedlichen russischen Heereseinheiten beobachtet, dass man meinen könnte, es handele sich bei dieser Praxis, die eigenen Ausscheidungen auf den Bettdecken des Feindes zu hinterlassen, um eine besondere militärische Taktik, die Rekruten schon in der Grundausbildung lernen. »Warum haben sie das getan, was haben sie davon?«, fragte sich eine Frau, die beim Betreten ihres Hauses die Verwüstung begutachtete. »Haben sie denn selbst kein Zuhause, in das sie zurückkehren wollen?«

Ich weiß nicht, ob es eine Verbindung gibt zwischen der Art, wie ein Besatzer mit den besetzten Häusern umgeht, und der, wie er sein eigenes Zuhause behandelt. In den Häusern der deutschen Offiziere direkt neben den Konzentrationslagern wuchsen bekanntlich Geranien auf den Fensterbänken. Und die Schlächter von Babyn Jar hatten zu Hause Ehefrauen, die ihnen Wollstrümpfe strickten, damit sie keine kalten Füße bekamen, so wie die Schlächter von heute zu Hause Kinder haben, denen sie einen Gute-Nacht-Kuss schicken. Vielleicht ist das aber auch nicht das Gleiche. Oder eben doch. Kurz nachdem sie Mariupol der langen Liste von Städten wie Troja, Karthago, Guernica, Coventry, Dresden, Hiroshima, Grosny und Aleppo hinzugefügt hatten, stellten die Russen Blumen in die wenigen heilgebliebenen Fenster. Schließlich handelte es sich um einen geliebten Teil der *Russkij Mir*.

Vielleicht stimmt es, Papa, dass ich zu lange in Friedenszeiten gelebt habe, aber ich glaube trotzdem, dass Krieg mehr ist als Töten und Sterben, als Vergewaltigen und Neugeborene Vierteilen, dass es vor allem heißt, zu überleben. Also auch zu essen, sich vor Unwetter zu schützen, sich aufzuwärmen und zu defäkieren. Und alles, was mit Überleben zu tun hat, ist schwieriger als Töten und viel komplizierter als Sterben.

Die Erzählung von deinem Russlandkrieg, der in Wahrheit größtenteils ein Ukrainekrieg war, war derart auf die Rückkehr – den Rückzug – fokussiert, dass die Begegnung mit der Zivilbevölkerung darin praktisch nicht vorkam. Dadurch ließ sich eine ziemlich banale Tatsache völlig ausblenden, oder vielmehr zwei. Erstens: Ihr wart die Besatzer. Zweitens: Wenn es in der gesamten Menschheitsgeschichte eines nicht gegeben hat und auch nie geben wird, dann sind es *gute* Besatzer.

Als du in die Ukraine kamst, waren die Streitkräfte der beiden Achsenmächte schon seit über einem Jahr dort. Was für die Besatzung erforderlich war, erledigten die Deutschen in der Regel gerne selbst: Durchsuchen, Beschlagnahmen, Vertreiben, Verschleppen, Deportieren, die Arbeitslager Überwachen und natürlich Zivilisten Massakrieren. Wenn sie Aufgaben delegierten, dann zogen sie den Italienern die effizienteren Rumänen vor. Dennoch leisteten auch wir unseren Beitrag bei solchen notwendigen Vorgängen. Massenerschießungen, öffentliches Hängen, Folter, Vertreibung von Zivilisten – unsere Soldaten hakten sehr zuverlässig viele Einträge auf der Liste der Verbrechen in diesem so absolut verbrecherischen Krieg ab, insbesondere im ersten Jahr der Besatzung. Gewiss, es gibt einen großen Unterschied im Ausmaß der Grausamkeiten, die Faschisten einerseits und Nationalsozialisten andererseits begingen. Doch ich weigere mich, Babyn Jar als Messlatte für menschliches Handeln zu nehmen. Wenn nur Auschwitz zählt, zählt nichts mehr.

In jedem Fall will ich dir eins sagen, Papa: Ich weiß, dass du an den oben genannten Grausamkeiten nicht beteiligt warst.

Das weiß ich, weil ich es überprüft habe.

Ja, ich habe Nachforschungen angestellt.

Und ich bitte dich um Verzeihung, dass ich es nicht als selbstverständlich vorausgesetzt habe, nicht als offenkundig – »Mein Vater hat doch mit solchen Gräueltaten nichts zu tun.« Nein, ich musste es genau wissen.

Also habe ich die Stellungswechsel deiner Division mit den Schauplätzen der von der ARMIR begangenen Repressalien gegen russische Zivilisten verglichen, die in Wahrheit größtenteils Ukrainer waren – zumindest mit denen, die bekannt sind.

Und ich bin froh, dass das Ergebnis meiner Recherchen positiv ausfällt.

Positiv für deine Tochter, meine ich.

Am 11. September 1941 warst du nicht in Horliwka, als die schnelle Heereseinheit, La Celere, in einen Hinterhalt von »Banditen« geriet, also von Partisanen. Du warst es also nicht, der zur Strafe hundert Zivilisten wahllos zusammentrieb und den Deutschen übergab, die darüber entschieden, wer als arbeitsfähig in die Lager geschickt wurde, wo das einzige Ziel der Zwangsarbeit ihr Tod war, und wer sofort an Ort und Stelle erschossen wurde – das war ein anderer Vater.

Am 3. November 1941 warst du nicht zwischen Mariewskaja und Pawlowskaja, als das 3. Bersaglieri-Regiment fünfzig Kriegsgefangene machte; also warst du auch nicht derjenige, der elf von ihnen sofort erschießen ließ und die übrigen den Deutschen übergab – das war ein anderer Vater.

Und du warst auch nicht am 8. November 1941 in Rykowo, das heute Jenakijewe heißt, einer Industriestadt mit einer starken politischen Arbeiterschaft, wo der Widerstand gegen die Nazibesatzung besonders groß war und die Invasoren mit Gewehrschüssen vom Kirchturm herab empfangen wurden, sodass die italienischen Soldaten sie letztendlich nur einkreisen und die Isbas in Brand setzen konnten, die wie Streichhölzer in Flammen aufgingen; folglich warst nicht du derjenige, der wahllos auf der Straße Leute auflesen und sie an Laternenmasten aufhängen ließ, um zu zeigen, wer nun in der Stadt das Sagen hatte – das war ein anderer Vater.

Und den Schäferjungen, der mit seiner Herde eine Einheit der italienischen Artillerie einschloss, damit die sowjetischen Soldaten aus den fernen Hügeln die Schafe sehen und so das Ziel orten konnten, den hast nicht du mit einer Gewehrsalve umgelegt – das war ein anderer Vater.

Du warst es auch nicht, der abends im Stützpunkt in sein Tagebuch schrieb: »Funkgeräte und Waffen in einer Scheune gefunden [...] Wenn das stimmt, müssen wir die Besitzer der Scheune erschießen«; und auch nicht: »Heute hat die faschistische Miliz das Feuer auf die Zivilbevölkerung eröffnet und viele erschossen, ihre Leichen wurden auf einen Haufen gestapelt«; und auch nicht: »Wir leben in einem schrecklichen, andauernden Bedrohungszustand, überall lauert ein Hinterhalt, wir können keine Nacht schlafen, das Land ist mit Partisanen verseucht, jeden Tag erschießen wir Dutzende von ihnen.«

Das sind die Tagebucheinträge von anderen Vätern, anderen Onkeln und anderen Großvätern.

Und da ist sie wieder, diese beliebige und obszöne Bezeichnung für die Launen des Schicksals: Glück. Du hattest Glück, dass du in jenen Momenten nicht dort warst, dass du diese Taten nicht begehen musstest. Und dasselbe gilt für mein Glück, und es ist nicht weniger beliebig.

In der Nacht des 23. Dezember 2022, einen Tag vor dem ersten Weihnachten seit dem Angriffskrieg gegen die Ukraine, wurde in riesigen Lettern »100K« auf die Fassade der Nationalbibliothek in Kyjiw projiziert. Hunderttausend – die Anzahl russischer Soldaten, die nach Schätzungen von den ukrainischen Truppen in zehn Monaten Krieg getötet worden waren. Hunderttausend menschliche Körper, die in den Zustand anorganischer Materie zurückversetzt wurden. Ein Schriftzug des Triumphs, fröhlich glänzend wie Weihnachtsgirlanden, auf die man in diesem eiskalten Kriegswinter verzichtet hatte.

In der Sicherheit meiner beheizten Wohnung, mit einer brutzelnden Auberginen-Parmigiana im Ofen und ohne das Risiko eines plötzlichen Stromausfalls oder eines Raketenbeschusses, decke ich den Tisch und betrachte mit unguten Gefühlen das Foto der Aufschrift auf Twitter.

Ein Kommentator, der genau wie ich im friedlichen Westeuropa lebt, prangert die Geschmacklosigkeit des Fotos an: »Auch russische Soldaten sind Menschen.« Und eine ukrainische Frau erwidert: »Nein, sie sind Besatzer.«

Und ich denke unwillkürlich: Noch so ein Wort, dessen Bedeutung ich nie kennenlernen musste – *Hass.*

Und dann denke ich: Auch mein Vater war ein Besatzer.

Plündern

»So ein hübsches Mädchen«, raunte Pinon ihm zu,
»wenn wir doch nur ein paar Tage hierbleiben könnten!
Sie hat sogar Italienisch gelernt!«
Rückkehr mit dem Verrückten

Als du und deine Alpini in die Länder der Schwarzen Erde geschickt wurdet, über ein Jahr nachdem man in Griechenland hauptsächlich *euch* »das Rückgrat gebrochen« hatte, wart ihr nicht froh. Es gibt sogar Stimmen, die behaupten, es sei zu Protesten unter den Offizieren gekommen. Doch in den Memoiren, die später in Italien veröffentlicht wurdet, deine eingeschlossen, wird das Verhältnis zwischen Besatzern und Bevölkerung in den besetzten Gebieten übereinstimmend als gut bezeichnet. Die Frauen öffneten euch die Türen ihrer Isbas, schreibt ihr, die Kinder brachten euch gehorsam den Löffel für die warme Suppe, die Alten musterten euch stumm, aber »nicht feindselig«.

Nun liegt das natürlich daran, Papa, dass die Zivilisten, denen du damals begegnet bist, per se nicht feindselig waren. Im Sommer 1942, als ihr nach Russland kamt, das ja eigentlich die Ukraine war, hatte sich die Lage schon beruhigt, die Fronten waren geklärt, die Stützpunkte errichtet, Teile der Bevölkerung deportiert, die Widerständigen gehängt, die Massengräber zugeschüttet, die Isbas abgefackelt, ein Großteil der feindseligen Zivilisten schon ermordet oder inhaftiert oder in Widerstandsbewegungen abgetaucht. Und auch die Massaker an den Juden durch die mit den Nazis verbündeten ukrainischen Nationalisten, wie der Pogrom von Lwiw, das du Leopoli nanntest, fast exakt ein Jahr vor deiner Ankunft, waren weitgehend abgeschlossen.

Die Menschen, denen du begegnet bist und über die du dein Leben lang voller Zuneigung gesprochen hast, waren die Zivilisten, die nicht unbedingt freiwillig, sondern sozusagen durch Ausschluss in den von den Achsenmächten besetzten Gebieten verblieben waren.

Als du zum ersten Mal die Sonnenblumenfelder von Isjum in der Nähe von Charkiw gesehen hast, das du Carcovo nanntest, wusstest du nicht, was sich an diesem Ort beinahe genau zehn Jahre vorher zugetragen hatte. Außerhalb der Ukraine wussten das die wenigsten.

»Der Hunger richtet unter der Bevölkerung weiterhin so großen Schaden an, dass es völlig unerklärlich ist, wie die Welt angesichts der bevorstehenden Katastrophe gleichgültig bleiben kann«, schrieb der italienische Konsul Sergio Gradenigo im Jahr 1933 aus Charkiw. Auf der einen Seite der Hunger der Ukrainer, auf der anderen die gleichgültige Welt: zwei massive Größen, die sich nicht miteinander verbanden. Der Holodomor, einer der größten Genozide in einem Jahrhundert, das mit Genoziden wahrlich nicht gegeizt hat, interessierte niemanden.

Vor dem Konsul hatten schon andere versucht, darauf aufmerksam zu machen. Doch die Hinweise waren schnell als faschistische Propaganda abgetan worden oder, schlimmer noch, als Verrat an der Arbeiterbewegung. Die Sendboten der europäischen Linken auf Stippvisite in der UdSSR bereisten die ukrainischen Felder und verkündeten zu Hause dasselbe wie der ehemalige französische Premierminister Edouard Herriot: »Die Ukraine ist ein blühender Garten.« Auch George Bernard Shaw, H. G. Wells und andere bedeutende Intellektuelle wollten in dem, was in der Ukraine vor sich ging, nichts anderes als fröhliche Kollektivierung erkennen. Nur die Feinde des Kommunismus konnten eine solche Lüge verbreiten wie die, dass hier eine Hungersnot im Gange sei.

In Gradenigos Schreiben aus Charkiw im Jahr 1933 erkenne ich meine eigene Verblüffung, die mich heute angesichts des Schweigens vieler Kommentatoren über das ungeheuerliche Leid überkommt, das die Russen seit Beginn ihrer Invasion über die Ukraine gebracht haben. (Nachricht von heute, Tag 445 des Krieges: russischer Raketenangriff auf eine Psychiatrie und eine Tierklinik in Dnipro, ein halbes Dutzend Tote und unzählige Verletzte.) Ich erkenne dieselbe Ungläubigkeit angesichts eines Phänomens, das mir selbst im fortgeschrittenen Erwachsenenalter rätselhaft bleibt: die Fähigkeit, unter ideologischen Überzeugungen sämtliche Regungen des gesunden Menschenverstands zu ersticken. Wie blind und taub der Mensch gegenüber den schlimmsten Gräueltaten sein kann, solange sie nur im Namen einer angeblich guten Sache begangen werden. Und deren Opfer er als unbedeutend abtut und aus dem Blickfeld drängt angesichts der großen Linien der Weltdeutung, denen seine alleinige Aufmerksamkeit gilt.

Und dann fallen mir die Tage Anfang März des Jahres 2022 ein, als die Killer des russischen FSB noch durch Kyjiw streiften und nach dem ukrainischen Präsidenten und seiner Familie suchten, um sie zu ermorden und durch eine Marionettenregierung zu ersetzen, und als in Butscha das geschah, was geschah und wovon wir erst einen Monat später erfuhren, und als sich an den Grenzen zu Polen und Rumänien lange Schlangen von Frauen und Kindern bildeten, die sich in Sicherheit bringen wollten, bevor die ganze Ukraine zu einem einzigen großen Butscha werden würde, was kein unwahrscheinliches Szenario war; und dann fällt mir wieder ein, mit welcher Verachtung ein berühmter italienischer Historiker erklärte, dass seiner Meinung nach die Verantwortung für den russischen Angriff bei der NATO liege, ja sogar bei der Ukraine selbst, zusammen mit den USA seien sie die wahren Verantwortlichen für den Konflikt; und dass ihn nur das große geopolitische Spiel interessiere, die Wechselwirkung zwischen Weltmächten und Hegemonien, und ganz gewiss nicht, so der berühmte Historiker weiter, die völlig unmaßgeblichen Erfahrungen von einzelnen Frauen, die mit ihren am Rockzipfel hängenden Kindern an der Grenze stünden – von »irgendwelchen Irynas«, wie er hinzufügte.

Denn Leute wie der berühmte Historiker halten ihre eigene Idealvorstellung von der Welt für die einzig gültige, alles überragende

Sichtweise auf die Wirklichkeit – ungeachtet aller niederen Erfahrungen menschlichen Leids.

Seit dem Beginn des russischen Angriffskrieges im Februar 2022 bin ich erschüttert, wie oft heute die Menschen in ihrem Leid, ihrem Hunger, ihrer Angst und ihrem elementaren Gefühl für Gerechtigkeit auf bloße Spielfiguren im erhabenen Spiel der Ideologien reduziert werden. Und ich stelle mir den Konsul vor, der vor über neunzig Jahren an einem Ort eingesetzt war, wo Menschen mit aufgedunsenen Bäuchen auf der Straße zusammenbrachen und einfach liegen blieben, wo Eltern ihre Kinder aufforderten, nach dem Tod ihre Knochen abzunagen, um selbst zu überleben. Der fast verzweifelt den Hunger anprangerte, dessen Zeuge er wurde. Und der im selben Augenblick wusste, dass »die Welt« das für unmöglich und irreal halten würde, eben weil diejenigen, die dafür verantwortlich waren, die Welt doch in eine »Strahlende Zukunft« führen würden. Und nach sorgfältiger Abwägung zweier zeitlich weit auseinanderliegender Ereignisse finde ich meine eigene Erschütterung in dem traurigen Wort gespiegelt, das der italienische Konsul in Charkiw, das du Carcovo nanntest, im Sommer 1933 für das Desinteresse »der Welt« an der Hungerkatastrophe benutzte, deren Zeuge er wurde: »unerklärlich«.

Nein, Papa, als du in die Länder der Schwarzen Erde kamst, wusstest du nichts vom Holodomor. Du hattest die Worte des Konsuls nicht gelesen: »Es kann keinen Zweifel daran geben, dass diese Hungersnot hauptsächlich auf eine künstlich herbeigeführte Knappheit zurückzuführen ist, mit deren Hilfe den Bauern eine Lektion erteilt werden soll.« Du wusstest genauso wenig wie »die Welt«, dass Stalin zehn Jahre zuvor angeordnet hatte, den starrköpfigen ukrainischen Bauern, die so wenig Begeisterung für die Kollektivierung zeigten, ihr ganzes Hab und Gut wegzunehmen: noch den letzten Sack Weizen, das letzte Schwein, die letzte Kuh und das letzte Huhn. Daher konntest du dir auch nicht vorstellen, dass alle Menschen, denen du dort begegnen würdest – die Frauen, die dir die Tür ihrer Isba öffnen würden, die Alten, die dich stumm musterten –, zehn Jahre zuvor hatten mitansehen müssen, wie jemand, vielleicht ein Angehöriger, vielleicht das eigene Kind, mit vom Gras grün gefärbten Lippen verhungerte, wie Nachbarn schreckliche Dinge taten, um nicht zu sterben, ja, dass sie selbst vielleicht solche Dinge getan hatten und nur deshalb noch am Leben waren.

Und ich kann auch nicht sagen, ob du von den anderen Menschen wusstest, deren Angehörige in der Morgendämmerung von grau gekleideten Männern in dunklen Autos abtransportiert worden waren, die Särgen glichen, und für immer verschwanden.

Für jene Ukrainer, die den Holodomor und die stalinistischen Säuberungen überlebt hatten, waren die Wehrmachtsoldaten also nicht die Ersten, die den Terror brachten. Hitler hielt die Ukrainer für »Untermenschen«, nur dazu nutze, als Sklaven zu sterben; doch zuvor hatten schon andere versucht, sie auszurotten, weil sie sie als *chochol* und Feinde der Revolution verachteten. Ihr Alpini hingegen wart weder Deutsche noch Funktionäre Stalins. Viele ukrainische Bauern wollten für euch arbeiten, um sich vor den Razzien der Nationalsozialisten zu schützen, die in Lagern endeten, wo die Zwangsarbeit den sicheren Tod bedeutete. Ihr Italiener wart zwar Besatzer, schient aber weder die Mittel noch die Absicht zu haben, alle zu vernichten.

Deshalb glaube ich gern, Papa, dass viele von ihnen »nicht feindselig« waren.

Was das Plündern angeht, wart ihr allerdings nicht besser als alle anderen.

»Das Wichtigste ist, die Sachen nach Hause zu bringen«, heißt es in einem Bericht des Oberkommandos vom Oktober 1942, als du dich schon einige Monate in den Ländern der Schwarzen Erde befandest.

Hier eine höchst unvollständige Liste der »Sachen«, die die ARMIR aus der Ukraine »nach Hause brachte«:

Tonnenweise Metall, darunter Eisen, Kupfer, Zink, Aluminium, Messing, Blei, Bronze und Stahl.

Nutzholz, Guttapercha, Chemikalien.

Metalldosen, Tierhäute, Lederwaren, Säcke, Decken, Eisenschrott, Elektromotoren.

Gegenstände aller Art: Stöcke, Schaufeln, Hämmer, Uhren, Dynamos, Boiler, Gasflaschen, Fässer, Bottiche, Kleider, Schuhe, Rucksäcke, Stoffreste, Lappen, Schreibmaschinen, Feldküchen, Kessel, Kanister, Töpfe ...

Nichts war zu klein oder zu groß, um nicht abtransportiert zu werden. Man riss den Bauern die Sensen aus den Händen und demontierte ganze Stahlwerke.

Von Mitte 1942 an, also mit deiner Ankunft, operierte in dem von der ARMIR besetzten Gebiet eine Kommission, die aus Führungskräften von Pirelli, der Gesellschaft der Agrarindustrie, des Landwirtschaftsministeriums und diverser Universitäten bestand. Die Aufgabe dieser Kommission bestand darin, die industrielle Kautschukgewinnung zu organisieren. In den Ländern der Schwarzen Erde gab es so viel Guttapercha – ertragreich wie alles andere auch –, dass Italien in der Produktion von Autoreifen künftig mit den USA würde konkurrieren können!

Für den Abtransport all dieser Kostbarkeiten wurden ganze Eisenbahnkonvois bereitgestellt, die mit der Aufschrift EIGENTUM DES KÖNIGLICHEN HEERS versehen waren und Vorfahrtsrecht genossen. Ich kann mir gut vorstellen, dass einige dieser Züge in Italien über die Weichen deines Eisenbahner-Vaters Raoul rumpelten. Der Transitbefehl an die Pioniere in der Etappe lautete, ihren verbündeten Amtskollegen, nun als »ausländische Elemente« bezeichnet, jede übertriebene Einmischung zu untersagen. Wenn es ums Nach-Hause-Bringen ging, endete die Kameradschaft der *Achsenstraße*.

Dann gab es natürlich noch die Nahrungsmittel, den schier endlosen Reichtum der Kornkammer Eurasiens. Die faschistische Gesetzgebung sah vor, dass mindestens ein Drittel der in den besetzten Gebieten produzierten Lebensmittel den Zivilisten zugutekam; doch der Befehl der Kommandostellen lautete, der Bevölkerung »nur das überlebensnotwendige Minimum« zu lassen. Es gab regelrechte Schlachtfeste, bei denen mitunter mehrere Dutzend Rinder auf einmal geschlachtet wurden – bei euch hieß das »Fleisch auf Beinen«, im Gegensatz zum Dosenfleisch, das aus Italien ankam, nie ausreichte und nicht einmal schmeckte. Der ruhmreichen Tradition des Königlichen Heers folgend, gingen die besten Stücke an die Offiziere hinter den Linien, während die Frontsoldaten allenfalls noch die Knochen erreichten, aus denen sie eine Kraftbrühe kochen konnten. Das restliche Fleisch wurde in die Güterwaggons geladen, die im Winter optimale Kühlschränke waren, und ins hungrige »Bel Paese« verschickt. Selbst Tierdärme exportierte man, um die Wurstwarenherstellung in der Heimat wieder anzukurbeln. Hinzu kamen Mehl, Honig, Butter und vor allem Weizen. Viel, sehr viel Weizen. Einem Unteroffizier gelang es, über Monate hinweg jeden Tag mehrere Zehn-Kilo-Pakete Weizen nach Hause zu schicken, bis seine Vorgesetzten meinten, dass er es doch ein wenig übertreibe. Und wer weiß, ob nicht auch du das eine oder andere Paket des blonden Goldes aus der Ukraine an deine Mutter Bianca geschickt hast. Für sie wäre das sicherlich ein kostbares Geschenk gewesen, auch wenn sie vor Sorge fast umkam.

»Jeder Soldat soll beim Einsammeln seinen Beitrag leisten!«, lauteten die Dienstbefehle. Die Unterabteilungen, die am meisten einsackten, wurden mit Geld belohnt. Und wer weiß, ob nicht auch deine armen Alpini, der zukünftige Verrückte, Unteroffizier Chiarin, und der zukünftige Deserteur Pinon sich in der edlen Kunst des Diebstahls hervortaten. Dann hättest du ihnen als ihr junger Leutnant die 200 Lire ausgehändigt, die den Unteroffizieren zugestanden wurden. Euer Plündern diente dem Vaterland, und das Vaterland dankte es euch.

Die russischen Panzer, die im Frühjahr 2022 in langen Schlangen die ukrainischen Städte verließen und Kurs auf Mutter Russland nahmen, vollbeladen mit Teppichen, Vorhängen, Fernsehgeräten, Mikrowellen, Waschmaschinen und Bügeleisen, hätten dem Leutnant der ARMIR achtzig Jahre zuvor nicht mal ein leichtes Stirnrunzeln abgerungen, der in einer der ausgeplünderten Städte in sein Tagebuch schrieb:

»Der Soldat an sich ist dafür bekannt, dass er klaut, was er kriegen kann: Gebt ihr ihm auch noch die offizielle Erlaubnis, wird er ganze Häuser abtransportieren.«

Doch im Dezember 1942 begann die sowjetische Gegenoffensive. Die ließ sich auch mit dem überzeugendsten Wolfsgeheul nicht aufhalten. Die Rote Armee ging zum Angriff über und stellte fest: Ihr wart wirklich Hühner.

Nach wenigen Tagen existierte die ARMIR nicht mehr.

Du und deine armen Alpini standet allein und verlassen in der winterlichen Steppe, und eure Füße waren kalt, eiskalt, erfroren.

Die Zeit des Plünderns war vorbei. Nun ging es nur noch darum, die eigene Haut zu retten.

III IDEEN

-ismen

> In Wahrheit [war es] das Wissen, das die Familien zusammenschweißte und ihnen erlaubte, Parkett und zugleich Bühne zu sein.
> *An Annas Hand*

Wer weiß, Papa, wie du reagieren würdest, wenn ich dir sagte, dass dein Krieg, den du in den Ländern der Schwarzen Erde geführt hast, in Wahrheit ein Kolonialkrieg war.

Dass er ein Angriffskrieg war, dass er grotesk, absurd, falsch, sinnlos, lächerlich und tragisch war – jedes dieser Attribute hättest du nachvollziehen können, ja, du wärst damit einverstanden gewesen.

Sogar mit der Bezeichnung faschistischer Krieg.

In den Jahrzehnten deines langen Lebens nach dem Krieg hast du mit niemandem über den Faschismus gesprochen, schon gar nicht über deinen eigenen. Dabei bin ich mir sicher, dass du darüber nachgedacht hast. Vielleicht in der winzigen Einzimmerwohnung am Tiber, deinem Rückzugsort, wenn dir die ganzen Töchter und Ehefrauen zu viel wurden. Dann hast du in deinem Sessel gesessen, in dem ich jetzt sitze und schreibe, und mit geschlossenen Augen Beethovens *Siebter*, Dvořáks *Aus der Neuen Welt* oder Schuberts *Unvollendeter* gelauscht. Genau wie dein Vater Raoul, der bei heruntergelassenen Rollläden zu dröhnenden Verdi-Klängen aus dem Grammofon verstarb, hast auch du im Halbdunkel Zuflucht bei dir selbst und in der maximalen klanglichen Wucht gesucht, die die Kultur unseres Kontinents hervorgebracht hat. Und vielleicht hast du in solchen Momenten nicht nur an deinen Russlandkrieg gedacht, der ja größtenteils ein Ukrainekrieg war – das kam in deinen letzten Jahren häufig vor und wurde dir gegen Ende deines Lebens fast zur Obsession –, vielleicht hast du manchmal auch insgeheim das verbotene Wort mit F vor dich hingemurmelt.

Aber »Kolonialkrieg«?

Glaube ich nicht.

Du kanntest ja nicht einmal die genaue Bedeutung des Wortes.

Mir fallen die Autofahrten ein, wenn du mich morgens zur Schule gebracht hast, und deine Vorträge über den Langen Weg der Menschheit durch die Zeit, oder über deinen geliebten Tolstoi und den mächtigen Strom von *Krieg und Frieden*, und über Napoleon, der zuerst Glück hatte und dann Pech, und dass es immer die Frauen sind, die die Welt retten, denn Kriege gewinnen nicht die, die in den Kampf ziehen, sondern die, die zu Hause auf sie warten. Ich kann mich nicht mehr an den genauen Verlauf deiner Großen Historischen Abrisse erinnern, die sehr abstrakt und, zugegebenermaßen, oft auch sehr dick aufgetragen waren. Ich weiß aber noch, mit welcher Hingabe ich deinen Worten lauschte, die fast allesamt im Tonfall der Grandiosität wie großgeschrieben daherkamen. Wenn wir dann mein Gymnasium erreichten, gabst du mir einen Kuss und Geld fürs Mittagessen, und wenn ich aus dem Wagen stieg, war ich noch ganz benommen von deinen Großflächigen Gemälden, die getränkt waren vom Tieferen Sinn des Ganzen.

Oder im Unendlichen Meer des Unsinns versanken, den du mal wieder verzapft hattest.

Oder beides.

Doch das Wort Kolonialismus habe ich aus deinem Mund nie gehört. Es war einfach nicht Teil deines Wortschatzes.

Und anderen ging es genauso.

Vor einigen Jahren erwähnte ich bei einem Abendessen anlässlich eines Literaturfestivals beiläufig den Roman, an dem ich gerade arbeitete und der in Teilen während der italienischen Besatzung Äthiopiens Ende der Dreißigerjahre spielt. Mein Tischnachbar, ein renommierter Journalist der RAI, des öffentlich-rechtlichen Fernsehens, beugte sich zu mir und flüsterte eindringlich:

»Bist du dir sicher? Das interessiert die Italiener doch einen Scheiß.«

Damals beschäftigten sich noch sehr wenige italienische Autoren mit den kolonialen Vorstößen des vereinigten Italiens in Äthiopien, Eritrea oder Libyen, und wenn doch, hatten sie meist einen afrikanischen Hintergrund. Als beträfe unser Kolonialismus nicht die *echten* Italiener, sondern nur die Kinder und Enkel derjenigen, die unter ihm gelitten hatten. Bei dem Essen war auch einer der bekanntesten Schriftsteller des Landes anwesend, der auf sehr sympathische Art genau das Paradoxon zum Ausdruck brachte, das für unsere gemeinsame Geburtsstadt Rom so typisch ist: die offensive Zurschaustellung totaler Abgeklärtheit, die fast schon an Ideologie grenzt. Er ließ also mit einer derart theatralischen, selbstironischen Geste, die uns strengstens verbot, ihn ernst zu nehmen, die Gabel fallen und rief aus:

»Hör bloß auf, Francesca, nicht schon wieder der blöde Kolonialismus!«

Es kam nicht oft vor, dass ich mit dir über andere Leute sprach, aber wenn doch, waren wir uns in der groben Beurteilung ihrer Charakterzüge meist einig. Wenn du noch gelebt hättest und bei Gesundheit gewesen wärst, hätte ich dir die Szene vielleicht während eines unserer Telefonate beschrieben, durch die wir seit meinem Wegzug Kontakt hielten, und ich glaube, dass wir zusammen über diesen uns wohlvertrauten Typ Mensch, besser gesagt: Römer, gelacht hätten. Allerdings bezweifle ich, dass du alle Bedeutungsebenen seiner Aussage erfasst hättest: neben der Ignoranz und dem Unwillen vieler italienischer Intellektueller, eine Debatte über den Kolonialismus zu führen, die außerhalb des eigenen Landes längst in vollem Gange war, auch das Ausagieren gesellschaftlicher Hierarchien – meine beiden Gesprächspartner waren berühmt und ich nicht, von der Geschlechterhierarchie ganz zu schweigen ... Ich schätze aber, ich hätte dir gegenüber angesichts deines Geburtsjahrs 1919 Nachsicht walten lassen. Und dir einen Crashkurs über das Konzept der Intersektionalität erspart, das dir noch exotischer vorgekommen wäre als der Kolonialismus.

Doch der Begriff des Kolonialismus war in Italien auch Menschen fremd, die viel jünger waren als du. Bis heute gibt es in fast jeder italienischen Stadt Straßen, die nach den großen kolonialen Massakern Italiens benannt sind – Via dell'Amba Aradam, Via Amba Alagi, Via Cirenaica. Bis heute weiß kaum jemand, dass wir mehr als zwanzig Jahre lang die griechischen Dodekanes-Inseln zu unseren Kolonien zählten. Wer wollte da das Wort Kolonialismus auf einen Krieg anwenden, der dank der Tragödie des »Rückzugs aus Russland« im nationalen Gedächtnis immer noch heiliggehalten wird?

Dabei tauchte der Begriff schon damals in den offiziellen Dokumenten und Reden auf. Im späten Frühjahr 1943, als die Zahl der vom Nichts verschluckten Verschollenen bereits so hoch war, dass der Duce ihre bloße Erwähnung verbieten ließ, als du schon im Krankensaal lagst und Bianca am Fußende deines Bettes ohnmächtig zusammenbrach, da schwärmte Giovanni Zanghieri, Kommandierender General des 2. Armeekorps – besser gesagt: seiner wenigen, in alle Richtungen versprengten Reste –, in einem kurzen Schreiben an seinen Duce von der »äußerst fruchtbaren und nur teilweise erschlossenen« Ukraine, die sich hervorragend für eine künftige »Kolonisierung« eigne.

Als Mussolini gegenüber Hitler darauf bestand, ihm bei der Eroberung der fruchtbarsten Gebiete Eurasiens beizustehen, wusste er genau, dass das Vorbild des Führers für sein Tausendjähriges Reich nicht das Römische Imperium war, sondern vielmehr die Eroberung Amerikas. Denn tatsächlich hatte Hitler die Wolga ja als »meinen Mississippi« bezeichnet, nicht etwa als meinen Tiber oder meinen Rubikon. Seine *frontier*, sein Grenzland, war die Ostfront, ein Wilder Osten, der sein Wilder Westen sein sollte; hier schienen Kolonien geradezu auf ihre Eroberung zu warten, der die Judenvernichtung den unverwechselbaren Geschmack von Alter Welt geben würde. Doch Mussolini ärgerte sich nicht über die mangelnde deutsche Wertschätzung für das alte Imperium der Cäsaren. Auch er hatte klare Prioritäten, und die waren kolonial: Öl aus Baku, Weizen aus der Ukraine.

Ja, Papa, du hast also in den Ländern der Schwarzen Erde einen Kolonialkrieg geführt. Wie so viele andere vor dir in den letzten fünfhundert Jahren der Geschichte unseres blutrünstigen Kontinents. Die Iren können bezeugen, dass man nicht zwangsläufig auf einem anderen Kontinent leben und auch keine dunklere Hautfarbe haben muss als die Kolonisatoren, um Leidtragende des europäischen Kolonialismus zu werden. Trotzdem reagieren die meisten Italiener auf das Wort Kolonialismus noch immer gereizt und verlegen, weil sie sich nicht mit Begrifflichkeiten auskennen, die anderen längst vertraut sind.

Denselben Widerwillen ruft heute der neue Krieg in der Ukraine bei vielen Menschen hervor, aus ähnlichen Gründen. Doch wir können Putins Sichtweise nicht begreifen, wenn wir von Kolonialismus und Imperialismus absehen.

Seine Sichtweise ist folgende:

Die Ukraine ist weder eine eigenständige Nation noch hat sie eine eigene Kultur oder Sprache, da das Ukrainische nur ein russischer Dialekt ohne literarischen Wert ist; sie muss zurück in den Schoß von Mutter Russland geführt werden, egal mit welchen Mitteln, es geschieht ja nur zu ihrem Besten. Denn die Ukraine existiert in Wirklichkeit nicht, sie hat nie existiert, allein Russland existiert.

Und da fällt mir wieder dein Buch ein, Papa. Die ersten drei Zeilen:

Die Ereignisse, von denen »Rückkehr mit dem Verrückten« erzählt, haben sich zwischen Dezember 1942 und Februar 1943 auf den Feldern und in den Städten der Ukraine zugetragen.

Deutlicher hättest du es nicht sagen können.

Die Gebiete, in die das italienische Heer einmarschierte, waren zum überwiegenden Teil *die Felder und Städte der Ukraine.*

Nicht Russlands.

Und auch nicht der Sowjetunion.

Sondern eben, ganz genau, *der Ukraine.*

Trotzdem sprach man in unserer Familie immer von deinem »Russlandbuch«. Der Name »Ukraine« kam nicht vor. Die »Ukraine« existierte für uns nicht, so wie es im russischen Imperialismus seit jeher behauptet wird.

Was hat der russische Kolonialismus mit dem privaten Sprachgebrauch einer gutbürgerlichen Familie im Italien der Siebzigerjahre zu tun, der Vater Journalist, die Mutter Übersetzerin, drei Töchter mit guten Noten und Eigentum in einer Wohnungsgenossenschaft? Was hatten wir mit der jahrhundertealten imperialistischen Hegemonialerzählung jenes weit entfernten Riesenreiches zu tun?

Nichts.

Und gleichzeitig alles.

Denn die großen Geschichtsfälschungen schlagen nicht nur dank Manifesten und im Fernsehen oder Radio deklamierten Slogans ihre Wurzeln im Unterbewusstsein einer Gesellschaft, sondern vor allem so: eine Familie nach der anderen, ein unausgesprochenes Wort nach dem anderen oder ein Wort, das durch ein anderes ersetzt wird. Indem man zum Beispiel einen Krieg als Russlandfeldzug bezeichnet, auch wenn es eigentlich größtenteils ein Ukrainefeldzug war.

Das war bei uns nicht anders: Immer wenn wir die Geschichte vom wundersamen Walenki-Fund erzählten, wenn wir möglichst wirklichkeitsnah das Geheul des sibirischen Wolfes nachahmten, wenn wir über den unbekannten russischen Bruder witzelten, der vielleicht irgendwann vor unserer Haustür stehen würde, da deine Liebe zu den Frauen ja allgemein bekannt war – kurz mit jedem Rückgriff auf diese unschuldigen Ausdrücke unseres Familienwortschatzes leisteten wir gutgläubig, ahnungslos und schwelgend im warmen Zugehörigkeitsgefühl, das Familiengeschichten geben, unseren Beitrag zu der jahrhundertelangen Auslöschung der ukrainischen Identität.

Stell dir mal vor, Papa.

Und keiner hat etwas gemerkt.

Es musste erst ein Angriffskrieg kommen, damit ich's kapiert habe.

Unsere Naivität und Unwissenheit in Bezug auf den Begriff des »Kolonialen« hat sich natürlich nicht auf Russland beschränkt.

Du musst dir nur einmal vorstellen, wie gekränkt wir reagiert hätten, wenn uns damals am Langkofel jemand erklärt hätte, dass unsere durchaus liebevoll gemeinte Angewohnheit, die Nachbarn dort mit

Enrico und *Federico* anzureden, obwohl sie eigentlich Heinrich und Fritz hießen, eine typisch kolonialistische Sprachbeziehung widerspiegelte: die einseitige linguistische Vorherrschaft einer Sprache über die andere statt eines wechselseitigen Austauschs; denn natürlich wäre ihnen nicht im Traum eingefallen, mich *Franziska* und dich *Franz* zu nennen! Nach dem gleichen hegemonialen Sprachprinzip ließ Mussolini im besetzten Abessinien nur Wörterbücher drucken, die aus den lokalen Sprachen (Amharisch, Oromo und Arabisch) ins Italienische übersetzten, fast niemals umgekehrt: Schließlich sollten die Äthiopier Italienisch lernen, um zu kommunizieren, nicht andersherum. Das gleiche Prinzip bewog 1863 den Innenminister von Zar Alexander II., dem ukrainischen Volk zu verbieten, in der Öffentlichkeit Ukrainisch zu sprechen und Bücher in ukrainischer Sprache zu drucken – nicht einmal die Bibel: Denn es gebe »keine kleinrussische Sprache«, erklärte er, und es dürfe sie auch niemals geben. Das gleiche Sprachprinzip, nach dem der Hegemon sich nicht die Mühe machen muss, den Anderen mit seinem richtigen Namen anzusprechen, geschweige denn dessen Sprache zu verstehen. Während der Andere – also der Kolonisierte – um des Überlebens willen die Sprache des Hegemons lernen muss, weil seine eigene nichts mehr wert ist.

Es heißt, das Universum bestehe aus drei Teilen: erstens aus dem winzigen Teil, den wir kennen; zweitens aus dem ein klein wenig größeren Teil, von dem wir zumindest wissen, dass wir nichts über ihn wissen; und drittens aus dem ganzen Rest, der unvergleichlich größer ist als die beiden ersten Teile zusammen und alles umfasst, wovon wir nicht einmal wissen, dass wir nichts darüber wissen, weil es weit über den Horizont unserer Kenntnisse hinausreicht. Heute kann ich sagen: Der russische Imperialismus und Kolonialismus gehörten die längste Zeit meines Lebens zu diesem dritten Teil – ich wusste nichts darüber und wusste vor allem nicht, dass ich nichts wusste.

Als Erwachsene verbrachte ich dann viel Zeit in Asien und versuchte, meine immensen Wissenslücken im Bereich der außereuropäischen Geschichte zu füllen, die im Lehrplan der Schule fast überhaupt nicht vorgekommen war. Ich stellte fest, dass die russische

Eroberung des Kaukasus immer nur als eine Variante des großen geopolitischen Spiels erzählt wurde – immer also im Verhältnis zum unangefochtenen Höhepunkt des europäischen, sprich: britischen Kolonialismus und nie als eigenständiges Phänomen.

Angewidert sah ich mir manche Hollywoodschinken über den Genozid an der indigenen Bevölkerung Amerikas an, zum Beispiel *Das Wiegenlied vom Totschlag* über das Sand-Creek-Massaker an rund hundertfünfzig Angehörigen der Cheyenne und der Arapaho im Jahre 1864. Keinerlei Abscheu empfand ich dafür bei dem sowjetischen Monumentalfilm, der von dem fast zeitgleich stattfindenden und ungleich größeren russischen Massenmord an achttausend Turkmenen in Gökdepe im Jahr 1881 handelte – aus dem einfachen Grund, dass dieser Film nie gedreht wurde.

Seit Jahrzehnten schaue ich mir Filme an und lese Sachbücher, Romane und Analysen über die Gräueltaten, die Menschen europäischer Abstammung in den letzten fünfhundert Jahren in Afrika, Amerika, Asien und Ozeanien verübt haben, ich habe sogar – »Hör bloß auf, Francesca« – selbst einen Roman darüber geschrieben. Und trotzdem stelle ich erst jetzt beschämt fest, dass sogar die selbstkritischsten Stimmen der westlichen Kultur sich kaum für die russische Eroberung der riesigen Gebiete östlich des Urals interessiert haben, die die großflächigste und langlebigste Landnahme der gesamten Menschheitsgeschichte darstellt. Dieser spektakuläre Einmarsch von europäischstämmigen Menschen in die größte zusammenhängende Landfläche der Erde war nie Gegenstand unserer postkolonialen Betrachtungen – obwohl wir dasselbe Phänomen in allen anderen Formen und jeder anderen Weltregion als Kolonialismus bezeichnen.

Ich wusste von der russischen Expansion nach Osten nur, dass die Russen es bis nach Alaska geschafft hatten, aber auch das wusste ich nur, weil das Gebiet dann unverzüglich an die Amerikaner verkauft worden war. Aber wie waren diese Russen bloß nach Alaska gelangt? Wie waren die Einwohner eines kleinen Dorfes im Sumpfgebiet des Flusses Moskowa buchstäblich um die halbe Welt gereist – da platzt du vor Neid, Kolumbus! – und hatten fast ein Zehntel der Neuen Welt erobert? Vielleicht hatten ja die indigenen Völker in den endlosen

Weiten zwischen Ural und Pazifik den Russen ihre riesigen Gebiete einfach geschenkt, in einer spontanen, von Herzen kommenden Geste der Großzügigkeit.

Und dann musst du dir mal vorstellen, Papa, wir hätten in den Siebzigerjahren diese Sätze gehört:

»Der Wille zur kulturellen, politischen und geschichtlichen Auslöschung der Ukraine war Ausdruck des imperialistischen und kolonialistischen russischen Hegemonialnarrativs. Dieses hat vom Zarenreich über den Stalinismus bis hin zum heutigen Russland überdauert.«

Wir hätten es für unverständliches Kauderwelsch aus einer fernen Galaxie gehalten. Das Wort kolonial hätte uns an den Duft von Wildkräutern denken lassen, an den Malaysischen Tiger und allenfalls noch an die Straßen, die wir, die guten Italiener, in Afrika gebaut hatten. Aber ukrainische Sonnenblumen? Die hatten damit nichts zu tun. Und selbst fünfzig Jahre später sind wir bei Ausbruch des Ukrainekrieges immer noch nicht klüger.

Den zweiten Satz des Zitats versuchen die osteuropäischen und baltischen Staaten uns seit Jahrzehnten zu erklären – und weisen jetzt erneut darauf hin, wie gefährlich es wäre, Putin nicht zu stoppen. Doch damals wie heute hören wir nur mit halbem Ohr und fast herablassend zu. Das liegt auch daran, dass wir Europäer des Westens uns nie besonders für die Angelegenheiten am östlichen Rand unseres Kontinents interessiert haben, wenn wir nicht gerade die Protagonisten des Geschehens waren. Von der Krim beispielsweise kannten wir nur den Krieg, an dem wir Mitte des 19. Jahrhunderts teilgenommen hatten, und natürlich Florence Nightingale. Tausend Mal haben wir Joseph Conrad zitiert, wenn es um Imperialismus ging, natürlich immer nur um den britischen; und wir haben geflissentlich darüber hinweggesehen, dass polnische Leser seit jeher in seinen Romanen Andeutungen und gut versteckte Akte der symbolischen Rebellion ihres Landes gegen den russischen Imperialismus erkennen und dass Conrads Vater bei der Geburt des Sohnes in der ukrainischen Stadt Berdytschiw als Geburtsdatum nicht etwa die Jahreszahl 1857 angab, sondern den »fünfundachtzigsten Jahrestag der Moskauer Unterdrückung«.

Der Punkt ist doch folgender: Wir müssen uns eingestehen, dass wir die Geschehnisse in Osteuropa bis zur russischen Grenze nie als grundlegenden Baustein der europäischen Gesellschaft betrachtet haben, ganz im Gegensatz zur glorreichen Geschichte von Ländern wie Frankreich, Spanien und Großbritannien und erst recht der Geschichte Italiens als Wiege der abendländischen Kultur vom Römischen Reich bis zur Renaissance. Diese Selbstbezogenheit hat sich in der postkolonialen Kritik nahtlos fortgesetzt, allerdings ins Negative verkehrt: Als die Unterdrücker und Ausbeuter der indigenen Völker des gesamten Erdballs sind aus unserer Sicht immer nur wir aus dem Westen aufgetreten, niemand war so böse wie wir.

Dann kam der Februar 2022. Und als die Kenner der Geschichte dieses Teils von Europa, also der Ukraine, zum Beispiel eben die Balten, die Polen und die Ukrainer selbst, uns Putins Invasion als die jüngste Inkarnation des jahrhundertealten russischen Imperialismus schilderten, der vom Zarenreich über Stalin bis heute überdauert hat, da verstanden viele im Westen nicht, wovon sie sprachen. Und viele andere wollten darin nur die niederträchtige Propaganda eines plumpen Antikommunismus sehen.

Ach ja, stimmt. Der Kommunismus.

Rot

»Ich bin kein Faschist«, sagte ich zu ihm, »aber auch kein Kommunist.« – »Das ist unmöglich«, sagte er. »Du bist entweder das eine oder das andere.«
An Annas Hand

Und hier, Papa, kommt die Große Synthese. Eines dieser Großflächigen Gemälde, die auf dem Schulweg bei mir immer zu Begeisterung und Verwirrung führten. Und wie du siehst, schreibe ich die Worte sogar groß, so wie du es allein durch deine Stimme ausgedrückt hast.

Also: In der Nachkriegszeit hatten wir Italiener das Glück, westlich der Linie zu landen, die bei der Konferenz von Jalta gezogen wurde, ausgerechnet auf jener Krim, die Putin nun der Ukraine weggenommen hat. Gleichzeitig hatte Italien die größte Kommunistische Partei des Westens: Fast jeder dritte Italiener wählte den Partito Comunista Italiano (PCI). Wären die Kommunisten in Italien jemals an die Macht gekommen, hätte das die gesamte Weltordnung der Nachkriegszeit auf den Kopf gestellt – weshalb es nie so weit kommen durfte, klar. Für die italienische Demokratie war es trotzdem eine schwierige Lage, immerhin ging es um fast ein Drittel aller Wahlberechtigten. Und obwohl die Konservativen der Democrazia Cristiana sich die Regierung niemals mit dem PCI teilten oder sie ihm gar überließen, musste die bis dato dominierende katholische Kultur eine dicke Scheibe ihrer Vorherrschaft an die Kommunisten abgeben. Bücher, Filme, intellektuelle Elite: Viele Jahrzehnte lang wurde die kulturelle Produktion Italiens wenn nicht unbedingt von den Kommunisten, so doch zumindest von der Linken bestimmt.

In keinem anderen Land der Welt präsentierte der Kommunismus sich so freundlich wie in Italien. Wir haben seine guten Seiten voll ausgeschöpft: den starken Gegenpol zur kapitalistischen Ausbeutung und zur abergläubischen Rückständigkeit des Katholizismus, seine Macht im Kampf für öffentliche Bildung und Arbeiterrechte, die Wärme seiner Gemeinschaftsrituale. Wir hatten eine in weiten Teilen progressive Film- und Literaturproduktion auf Weltniveau. Gleichzeitig blieben uns die weniger netten Seiten des Kommunismus erspart, die dann zutage treten, wenn er kein erstrebenswertes Ideal mehr ist, sondern sich in sehr konkreten Machtstrukturen niederschlägt: Tscheka, Gulag, ethnische Säuberungen, Fünfjahrespläne, Quoten für die Erschießung Oppositioneller, Panzer in den Straßen, Denunziation – ganz zu schweigen von leeren Geschäften, zu wenig Wohnraum, eingeschränkter Bewegungsfreiheit, der Unmöglichkeit, seinen Studiengang frei zu wählen, und anderen kleinen, aber einschneidenden Schönheitsfehlern.

Von den Siebzigerjahren an hatte sich der geliebte Parteivorsitzende der italienischen Kommunisten, Enrico Berlinguer, so weit aus der Umklammerung der UdSSR gelöst, dass er den Eurokommunismus erfand. Faktisch beschrieb der Begriff eine fortschrittliche Sicht auf die Gesellschaft, eine Vision, die die Belange und Rechte der benachteiligten Klassen und der Arbeiter in den Mittelpunkt stellte, dabei aber den Rahmen der Regeln einer parlamentarischen Demokratie nicht verließ. Mit anderen Worten, der Eurokommunismus kam der Sozialdemokratie sehr nahe. Doch aufgrund seiner Biografie und seiner Bildung hätte Berlinguer niemals den heiligen Namen »Kommunismus« abgelegt – ganz zu schweigen von den vielen Genossen, die sich der Mutterpartei in der UdSSR eng verbunden fühlten. Der Eurokommunismus hatte nichts mehr mit einem Kommunismus als Regierungsform zu tun, doch das durfte niemand sagen.

Das missfiel den Vertretern der sowjetisch-orthodoxen Lehre.

Im Oktober 1973, fünf Monate nachdem Berlinguer zum ersten Mal auf einer Wahlveranstaltung die Worte Europa und Kommunismus zusammengesetzt hatte, beschloss der KGB, ihm eine Lektion in Sachen Sowjetdoktrin zu erteilen: Während eines Besuchs in

Bulgarien versuchte der Geheimdienst, ihn umzubringen, Berlinguer entging dem Attentat um Haaresbreite.

Dieses Konstrukt, das kein Kommunismus mehr war, aber weiterhin so genannt werden musste, bewahrte vom Kommunismus Symbole, Farbe und Namen der Partei. Das Ergebnis war ein heilloses Durcheinander.

Und wenn viele Italiener das heilige Wort »Kommunismus« bis heute voller Liebe aussprechen, kämen sie nie auf die Idee, damit zum Beispiel den Roten Terror zu verbinden, der am 5. September 1918 von Lenins Tscheka ausgerufen wurde, oder die Millionen Toten in der Kolyma oder die in Ungarn und Prag anrollenden Panzer oder auch nur – doch was heißt schon nur – die Stasiakten in der DDR. Und schon gar nicht denkt man an das Attentat auf den Parteisekretär des PCI, der zu dieser Schreckensgeschichte auf Distanz gegangen war. Wer diese oder andere Defekte auf dem Weg zur historischen Verwirklichung der Strahlenden Zukunft anspricht, bekommt in Italien schnell zu hören, dies sei gar nicht der *wahre* Kommunismus, sondern nur seine Pervertierung. Viele meinen mit Kommunismus die sanfte, ernste Miene von Enrico Berlinguer, das in der Sonne leuchtende rote Fahnenmeer auf der Piazza San Giovanni in Rom, hitzige Diskussionen im örtlichen Parteibüro, die ins gemeinsame Spaghettiessen übergehen. Sie meinen dieses besondere Gefühl der Leichtigkeit, das aus der Gewissheit rührt, immer in der Opposition zu sein. Und viele meinen vielleicht auch hauptsächlich eins damit – ihre Jugend.

»Ihr Enthusiasmus [der westeuropäischen Intellektuellen] für den Kommunismus war um so größer, je weniger konkrete Erfahrungen sie mit ihm machen mußten«, schrieb der Historiker Tony Judt. Auf niemanden traf das mehr zu als auf uns Italiener.

Du warst nie Kommunist, Papa – das hätte uns gerade noch gefehlt nach dem, was du im März 1945 noch geschrieben hast. Doch nicht nur das: In deinem Lebenslauf hast du jahrelang besonders betont, mit keinem der beiden verfeindeten Fanatismen deines Jahrhunderts sympathisiert zu haben – denn beide kanntest du nur allzu gut. Auch die Dogmen der katholischen Kirche waren dir immer fremd: Bis zum Fall der Mauer hast du stets die sozialliberale Republikanische Partei gewählt. Deiner eigenen Aussage nach zu Ehren deines Eisenbahner-Vaters, der ein Pfaffenfresser erster Güte war, wie man sie nur in der Romagna findet.

Mama war ebenfalls keine Kommunistin. Lediglich Etta, eure älteste lebende Tochter. Sie war mir wegen unseres großen Altersunterschieds immer eher eine zweite Mutter als eine Schwester, und sie hat mich den Kommunismus gelehrt.

Ich war noch klein, als Etta mir beibrachte, wie man die *Unità* liest, die offizielle Parteizeitung des PCI. Sie erklärte mir jeden Artikel und fasste für mich zusammen, was bisher geschehen war – wie bei einer Netflix-Serie: Was hatten die Hauptpersonen getan, wer war mit wem verfeindet, wer mit wem befreundet. Ihre Erzählungen machten aus Politik eine lange Fortsetzungsgeschichte, und ich hatte Geschichten immer geliebt. Und bei all diesen faszinierenden Ereignissen, vom Kampf für die Rechte der Arbeiterklasse bis hin zum Widerstand gegen das Apartheidsystem in Südafrika, waren die Kommunisten immer die Guten.

Meine große Schwester Etta gehörte auf jeden Fall zu den Guten. Sie war gut zu mir und zu den Kindern, denen sie in den armseligen Baracken der damaligen römischen Vorstädte bei den Hausaufgaben half. Sie hatte den Glauben an den sozialen Aufstieg durch Bildung geerbt, mit dem unsere Tante Maria Teresa Jahrzehnte zuvor die Bauernkinder vor den Schikanen der Erwachsenen geschützt hatte. Also fuhr Etta jeden Nachmittag hinaus an die Ufer des Tibers und gab den Kindern zwischen Ratten und Müll Nachhilfeunterricht. In jenen Jahren entschieden sich viele ihrer Altersgenossen für den bewaffneten Kampf, doch für Etta bedeutete Militanz nicht Gewalt, sondern stets Solidarität, Großzügigkeit und Hingabe. Niemand hätte eine bessere Werbebotschafterin für das Gute am Kommunismus sein können.

Die Bösen waren die Amerikaner, die Napalmbomben über Vietnam abwarfen, Kissinger, der den Staatsstreich in Chile vorbereitete. Wer hätte ihr da nicht Recht geben sollen.

Doch was auf der anderen Seite des Eisernen Vorhangs geschah, darüber verlor Etta nie ein Wort. Dies war aber keine bewusste

Unterlassung oder Selbstzensur, wenigstens nicht ihrerseits. Die Ereignisse in Prag und Ungarn lagen in der Vergangenheit, und die *Unità* hatte kein Interesse, sie aufzuwärmen; die in Gdańsk und ebenso Solidarność waren noch Zukunftsmusik. In den Siebzigerjahren beschäftigte die italienische Presse sich nicht mit den riesigen Gebieten jenseits des Eisernen Vorhangs. Etta konnte mir diesbezüglich also auch keine Zusammenfassung der alten Folgen liefern. Und der Antikommunismus von Mamas ungarischer Freundin, die 1956 aus Budapest geflohen war, wurde eben nur als solcher angesehen: als *Antikommunismus*; das heißt als irrige und tendenziöse Haltung, die der korrekten Weltdeutung widersprach und die man ihr nur durchgehen ließ, weil sie nett war und uns immer Geschenke mitbrachte.

Vor allem aber gab es nur einen Kolonialismus: den des Westens. Den der Franzosen, die in Algerien unterlegen waren. Den, der mithilfe der Sowjets in der Subsahara endlich beendet wurde, von Angola bis Mosambik. Auch im großen Epos der Dekolonisierung standen die Kommunisten auf der Richtigen Seite der Geschichte. Und wer nicht gerade ein Agent der CIA war, wäre niemals auf die Idee gekommen, die Begriffe »Kolonialismus« und »Imperialismus« mit der UdSSR oder gar dem Kommunismus an sich in Verbindung zu bringen. Doch welcher CIA-Agent hätte jemals gewagt, diese Worte überhaupt laut auszusprechen?

Wie du siehst, Papa, habe ich die letzten Absätze in der Vergangenheitsform geschrieben, als hätten wir uns mittlerweile von dieser Illusion befreit. Dem ist nicht so. Der Krieg in der Ukraine hat die alten manichäischen Feindbilder zurückgebracht, die wir mit dem Zusammenbruch der UdSSR für überwunden gehalten hatten – hier die bösen USA, dort ihre guten Gegner, wer auch immer sich dazuzählte.

Der Glücksbringer, den uns die Große Geschichte und die Geografische Lage Italiens rein zufällig ans Revers geheftet hat – als Freunde und indirekte Nutznießer des Kommunismus, dabei aber unter dem Schutz der Jalta-Abkommen sicher vor den Gefahren, die aus dem Kommunismus hätten erwachsen können –, hat ein doppeltes Erbe hervorgebracht: die idealisierte Liebe für den real existierenden

Sozialismus, die typisch ist für alle, die ihn nie erlebt haben, und die Überzeugung, dass es nur einen Imperialismus gab und geben wird, den amerikanischen. Und dasselbe geschah, als man endlich begann, über Kolonialverbrechen zu reden, über die Massendeportationen und die Genozide an indigenen Völkern – es kamen nur die Verbrechen vor, die wir begangen hatten: der Westen.

Noch vor nicht allzu langer Zeit las ich einen Artikel in einer italienischen Zeitung, die das Wort »kommunistisch« im Untertitel trägt, der die von Stalin angeordnete Deportation der Krimtataren im Jahr 1944 leugnete. Also die Operation, mit der rund dreißigtausend Sicherheitskräfte des *Narodny Kommissariat Wnutrennich Del* (NKWD), des Volkskommissariats für innere Angelegenheiten, innerhalb von zwei Jahren fast zweihunderttausend Tataren aus ihren Häusern holten und in verplombte Eisenbahnwaggons verluden, vor allem Frauen, Kinder und Alte; nahezu die Hälfte von ihnen starb durch Gewalteinwirkung, Hunger oder Krankheiten, die Männer kämpften derweil als Rotarmisten und wurden erst nach Kriegsende verschleppt und umgebracht. Doch dieser Artikel, der eineinhalb Jahre nach Beginn des russischen Angriffskrieges gegen die Ukraine geschrieben worden war, bezeichnete das Ganze als »den Exodus der Krimtataren«.

Exodus.

Dabei stammte der Artikel nicht aus den Fünfzigerjahren, aus jener Phase des italienischen Kommunismus vor Berlinguer, als der PCI noch richtig kommunistisch und ein treuer Vasall Moskaus war. Er datierte vom August 2023, als die Berliner Mauer seit über dreißig Jahren Vergangenheit war. Die Botschaft dahinter ist eindeutig: Die indigenen Völker weltweit haben Genozide und Massendeportationen nur durch den westlichen Imperialismus erlitten – besser gesagt, den kolonialen Imperialismus, da es ja keinen anderen gibt –, wohingegen die Strahlende Zukunft des Kommunismus diesen Völkern immer treu zur Seite stand. Deshalb bezeichnete der Artikel die Vernichtung der Krimtataren durch Stalin nicht als »Genozid« und auch nicht als »ethnische Säuberung« oder mit dem noch technischeren, sachlicheren Terminus »Deportation«. Sondern als »Exodus«, dem

Begriff aus der Bibel, der für die Flucht aus der Sklaverei steht, für den spontanen Aufbruch ins Gelobte Land, in die Freiheit.

Tatsache ist, dass dieser und andere solcher Artikel gar nicht zum Ziel haben, Geschichte zu erklären. Der ganze Artikel über die Historie der Krim wollte nur eins: Er wollte zeigen, dass dieses rautenförmige Gebilde zwischen dem Schwarzen Meer und dem Asowschen Meer zu Russland gehört, schon immer zu Russland gehörte und immer zu Russland gehören wird.

Kurz gesagt: dass Putin Recht hat.

Und das, Papa, ist das traurige Ende der Geschichte des italienischen Kommunismus, einer Geschichte, die allen Illusionen und Verblendungen zum Trotz eine großartige war und der mein Heimatland viel zu verdanken hat.

Diese Geschichte endet mit den vorgeblichen Kommunisten unserer Tage, die diese Art Neo-Feudalismus des dritten Jahrtausends, den Putins Russland heute verkörpert, mit reichen Kohlenwasserstoffvorkommen und neun über das Staatsgebiet verteilten Zeitzonen, als rechtmäßigen Erben ihrer Ideale von Gleichheit und Emanzipation ansehen. Diese skandalöse Konzentration astronomischer Reichtümer in den Händen weniger, während zugleich einer von vier Einwohnern der Heiligen Mutter Russland nicht einmal eine Toilette in der Wohnung hat; wo allerdings ohne ein ernstzunehmendes Rechtssystem selbst den armen Oligarchen jederzeit alles genommen werden kann, auch das Leben, genau wie den Bojaren durch Iwan den Schrecklichen.

Zu gerne wüsste ich, Papa, welche bildhafte und präzise Definition du für dieses groteske Phänomen gefunden hättest: für all die Nostalgiker, die immer noch der Strahlenden Zukunft des Kommunismus nachhängen und nun ihre Treue auf ein Regime übertragen, das auf dem Ultra-Freihandel der ungebremsten Plünderung gründet.

Lehrerin

Viele Jahre später kamen wir in die richtige Schule – genauer gesagt, in die offizielle Schule –, als noch kein Krieg war und auch kein Drohgeheul sein Gift über Europa versprühte.
An Annas Hand

Auch meine Geschichts- und Philosophielehrerin auf dem Gymnasium war Kommunistin.

Ihr Blick war stechend wie der Biss einer Hornisse, ihr Unterricht exzellent. Ihre Aussagen widersprachen in keinerlei Hinsicht den Großen Historischen Abrissen, die ich auf dem Schulweg von dir zu hören bekam, im Gegenteil, ihr marxistischer Idealismus ergänzte sich perfekt mit deinen eher hegelianischen Überzeugungen. Deine Großen Abstraktionen füllte sie mit Fakten, Details und persönlichen Erlebnissen voll Glanz und Elend. Sie gab ihnen ein Gesicht, verlieh ihnen Tiefe und Realitätsgehalt. In ihren Unterrichtsstunden war die Große Geschichte monumentale Synthese und gleichzeitig menschliches Detail. Sie wurde lebendig.

Und Höhepunkt der Geschichte, ja ihr natürlicher Zielpunkt war der Kommunismus.

Als die Lehrerin das erste Mal unsere Klasse betrat, ließ sie über ihre Brille hinweg den Blick auf uns fünfzehnjährigen Schülern ruhen. Heute bin ich älter als sie damals und vermute, dass dieser Blick von fast göttlicher Gnade für unser bestürzendes Dasein als Teenager war. Von allen Lehrern war sie die Einzige und die erste Erwachsene überhaupt, die uns siezte. Sie wollte uns nicht wie Kinder behandeln, denen man unter Vorwürfen und Strafandrohung eine reife Haltung abverlangte. Ihr seid erwachsen, vermittelte sie uns mit dem »Sie«, und: Ich gehe davon aus, dass ihr euch anständig und respektvoll verhaltet, zeigt mir, dass ich mich nicht irre. Eingeschüchtert und geschmeichelt von diesem Vertrauensvorschuss, versuchten wir, fast alle und fast immer, ihre Erwartungen zu erfüllen. Auch weil sie im gegenteiligen Fall, der recht selten war, lautes oder kindisches Verhalten mit einem Blick tiefer Verachtung strafte, die einer heidnischen Gottheit würdig gewesen wäre.

Doch auch ihr Mitgefühl konnte göttlich sein. Am Morgen nach dem Tag, als Mama dich völlig zu Recht rausgeschmissen hatte und du zu der Frau gezogen warst, die du liebtest, torkelte ich nach einer schlaflosen Nacht mit rotgeweinten Augen ins Klassenzimmer. Die Lehrerin sah mich an und fragte mich nicht nach dem Grund für meinen desolaten Zustand, stattdessen tat sie etwas Unerhörtes: Sie gab mir für den Rest des Tages frei. Ich durfte mich nicht einmal hinsetzen. Sie befahl meiner Sitznachbarin, mit mir auf den Flur zu gehen, denn es gebe Momente im Leben, verkündete sie, da lasse man seine Freunde nicht allein.

Nur einmal habe ich erlebt, wie sie diesen Blick metaphysischer Verachtung nicht auf einen Schüler warf, der dem »Sie« nicht gerecht wurde, sondern auf ein Unterrichtsthema. Das war, als sie uns die »Liquidierung der Kulaken« erklärte.

Kulaken.

Was für ein groteskes, lächerliches Wort, das uns wegen seiner lautlichen Nähe zu unflätigen Worten immer wieder Anlass zu blöden Witzeleien bot, natürlich nur, wenn die Lehrerin nicht im Raum war. Nichts lag uns Töchtern und Söhnen aus dem bürgerlich-urbanen Milieu, die aufs humanistische Gymnasium gingen, ferner als der Alltag der Leute, die von der Landwirtschaft lebten. Selbst diejenigen unter uns, die ernsthaft an sozialer Gerechtigkeit interessiert waren, verorteten die unterdrückten Klassen allein in den Fabriken, am liebsten unter den Metallarbeitern, den wahren Aristokraten der Arbeiterschaft – nicht umsonst waren die Fabriken ja Ursprungsort der großen sozialen Proteste. Wir verschwendeten keinen Gedanken an die, die mit Saatgut, Sense und Traktoren umgingen und die Nahrungsmittel produzierten, an denen es uns nie fehlte und um deren Herkunft wir uns daher nicht zu kümmern und erst recht keine Sorgen zu machen brauchten. Wir wussten nichts von körperlicher Schwerstarbeit. Wir wussten nicht, wie viel Schweiß für Nudeln, Fleisch und Salat geflossen war. Noch viel weniger wussten wir vom Hunger. Mehr als einer von uns kannte Beziehungsprobleme und finanzielle Engpässe in der Familie, doch niemand hatte jemals das schlimmste Leid erfahren, das selbst die übrigen Grundbedürfnisse verdrängt: Schutz vor Kälte, Schlaf oder ein Dach über dem Kopf. Wir begriffen also durchaus das Streben nach großen Idealen, nach Gerechtigkeit und Gleichheit, hatten aber keine Ahnung von ihrer materiellen Erscheinung. Wir wussten wenig über das Leben eines Fabrikarbeiters und noch viel weniger von denen, die sich sieben Tage die Woche um die Felder, die Ernte, die Setzlinge und das Vieh kümmerten und uns Städter ernährten.

Und die Kulaken waren Bauern.

Schlimmer noch: Bauern, die zu Reichtum gekommen waren.

Sie waren egoistische Dummköpfe, waren unsolidarisch mit Menschen, die noch im gleichen Elend lebten wie jenes, aus dem sie es herausgeschafft hatten, ja sie behandelten sie schlechter, als es die wahren Herren taten – wir stellten sie uns vor wie den schlauen Tagelöhner Mazzarò aus Giovanni Vergas Novelle *La roba*, die wir gerade im Unterricht gelesen hatten. Mazzarò verzweifelt auf der Schwelle des Todes, dass er nun sein schönes Hab und Gut wird aufgeben müssen: Das erschien uns, die wir ohne Hunger und Mühsal aufgewachsen waren, als grotesker und lächerlicher Ausdruck reinster Habgier, und wir waren überzeugt, dass wir selbst niemals so armselig an den Dingen kleben würden wie er. Viele Kulaken hätten ihren Reichtum durch List und Betrug erlangt, erklärte uns die Lehrerin, doch viel schlimmer sei ein anderes Verbrechen gewesen, das sie in den Augen der Nachwelt für immer verdammte: Sie hätten sich geweigert, ihr Land mit der übrigen Bevölkerung zu teilen, sie hätten sich der Kollektivierung widersetzt, die die glorreiche sowjetische Revolution vollziehen wollte. Es fiel uns leicht, sie zu verachten.

Erst viele Jahre später habe ich gelernt, dass es genügte, ein paar Kühe oder sehr wenige Hektar Land zu besitzen, um der verhassten Kategorie der Kulaken zugerechnet zu werden. Und dass ein Großteil der Kulaken – wegen des bekannten Fluchs beziehungsweise Segens der ertragreichen Schwarzen Erde – Ukrainer waren. Und dass das, was die Lehrerin »Liquidierung« nannte, in jenem Genozid gipfelte, dessen Namen ich erst seit einigen Jahren kenne: dem Holodomor.

Von den Lehrbüchern, aus denen ich von der Grundschule bis zum Abitur gelernt habe, haben nur die ihres Fachgebiets meine zahllosen Umzüge überlebt: Geschichte und Philosophie. Also habe ich den Band über die Geschichte des 20. Jahrhunderts herausgesucht, verfasst von einem bekannten Historiker, auch er Kommunist. Ich habe es sofort ganz oben im Regal gefunden, wo es seit dem letzten Umzug stand. Der Buchrücken war verblichen und tendierte mittlerweile ins Rosafarbene, doch die Vorderseite des Umschlags hatte seine ursprüngliche Farbe bewahrt.

Rot.

Knallrot.

Jahrelang hatte ich es täglich in den Händen, Papa, doch bis dato war mir nicht aufgefallen, dass mein erstes Geschichtsbuch die Farbe der Revolution trug.

Ich habe das Kapitel über die sowjetische Revolution aufgeschlagen, das von 1917 bis zum Zweiten Weltkrieg reicht. Auf der letzten Seite lese ich:

»Die Einführung des Fünfjahresplans ging also einher mit einer Art neuen Revolution, die vorsah, die Kulaken als Klasse auszulöschen.«

Und in der Randspalte, wo die wichtigsten Stichworte jedes Absatzes noch einmal zusammengefasst werden, steht: *»Liquidierung der Kulaken als Klasse«*.

»Als Klasse«: ein sehr beruhigender Zusatz. Die erwähnte Liquidierung betraf also nicht Menschen aus Fleisch und Blut, Männer und Frauen, die ihr Leben lang die Felder bestellt, die Kühe gemolken, den Schweinestall ausgemistet und die Hühner gefüttert hatten. Nein, ausgelöscht werden sollte vielmehr eine Klasse. Und wer

konnte schon etwas dagegen haben, eine so schmarotzerische und verachtenswerte Klasse wie die der Kulaken auszulöschen?

Natürlich ging der Text noch weiter: »Der Widerstand der Kulaken wurde mit Maßnahmen der Repression und des Terrors gebrochen.«

Klasse ist eine abstrakte, ideelle Menge. Eine Kategorie. Ihr Leid ist nicht körperlich. Eine Klasse hat kein Herz, das nach der Erschießung aufhört zu schlagen, keine Lunge, die in der sibirischen Kälte gefriert, eine Klasse ist niemand, der mit vor Hunger geblähtem Bauch kraftlos auf dem Bürgersteig liegen bleibt.

Und so konnte eine leicht übereifrige siebzehnjährige Italienerin mit einem Faible für Geschichte in der mündlichen Prüfung neben dem Lehrerpult stehen, die Inhalte des Fünfjahresplans aufzählen und unter selbigen korrekterweise auch die strenge, aber gerechte Politik der Sowjets gegenüber den Kulaken, also ihre »Liquidierung als Klasse«, nennen. Ohne weiter darüber nachzudenken, dass dabei nicht Ideen, Prinzipien oder Kategorien »liquidiert« wurden, sondern Abertausende von Menschen.

Meine Geschichts- und Philosophielehrerin starb ein paar Jahre nach dem Mauerfall. Ihre Ideologie ist an mir abgeglitten wie Regentropfen an einer Plastikplane, nicht aber der tiefe Humanismus, der trotz allem aus jeder ihrer Unterrichtsstunden sprach. Ich habe sie nach dem Abitur nie besucht. Das tut mir leid, weil ich ihr bis heute für die Art und Weise dankbar bin, wie sie meinen Blick auf die Welt geprägt hat. Ich stelle fest, dass ich fast nichts über sie weiß, nur dass sie nicht verheiratet war. Viele meiner Altersgenossen erinnern sich, dass sie auf dem Gymnasium ebenfalls solche Lehrerinnen hatten: sehr gut ausgebildet, streng, aber gerecht, und überraschend sanftmütig. Viele von ihnen waren ledig. In den Siebziger- und Achtzigerjahren gab es an den Schulen nicht selten Frauen wie sie, die im Faschismus aufgewachsen waren und nun in einem noch immer rückständigen Italien lebten, wo sie sich zwischen Familie und Beruf hatten entscheiden müssen.

Neulich habe ich versucht, ihren Namen zu googeln, doch ohne Erfolg. In den unendlichen Tiefen des Internets, das sich erst nach ihrem Tod verbreitete und in dem heutzutage jeder von uns täglich Hunderte von digitalen Spuren hinterlässt, findet sich nichts über ihr Leben. Für sie gilt wie für viele große, aber unbekannte Pädagogen und mehr noch für Pädagoginnen: Von ihrer Zeit auf diesem Planeten bleiben nur die Erinnerungen ihrer ehemaligen Schüler.

Der Tod meiner Geschichts- und Philosophielehrerin fiel mit der Auflösung der UdSSR zusammen, die Putin als »die größte geopolitische Katastrophe des 20. Jahrhunderts« bezeichnet hat. Ich weiß nicht, was sie beim Zusammenbruch »ihres« Kommunismus empfunden hätte. Leider konnte sie die Texte nicht mehr studieren, die nach der Öffnung der sowjetischen Archive zu einer Blütezeit der historischen Forschung führten, bis Putin sie wieder wegschließen ließ.

Sie hatte also nie die Beweise gesehen, wie zum Beispiel die Autorisierung eines lokalen Sowjetfunktionärs auf dem Passierschein eines ukrainischen Bauern, der um Erlaubnis bat, aus seinem Dorf in der Oblast Kyjiw in die ein paar Dutzend Kilometer entfernte Hauptstadt zu fahren. Das mit Stempeln und Unterschriften versehene Dokument enthält auch den Grund für seine Anfrage: Er möchte dort Brot kaufen. Datum: 19. Februar 1951. In derselben Woche gewann Judy Holliday den Oscar als beste Schauspielerin in dem Film *Die ist nicht von gestern*. Es gab damals Waschmaschinen, Linienflüge, und drei Jahre später wurde in den USA das Fernsehen bunt. Doch dieser Bauer, im Grunde genauso wie sein noch als Leibeigener lebender Urgroßvater, hatte nicht einmal die Freiheit, die Scholle zu verlassen, die er nicht für sich und auch nicht für seine Leute, sondern für eine übergeordnete Autorität bestellte; diese Autorität nahm ihm nicht nur die Ernte weg, sondern gab oder verweigerte auch die Erlaubnis, sich in der Stadt Brot zu kaufen, das aus dem Getreide gebacken wurde, das er mit den eigenen Händen geerntet hatte.

Wer weiß, was meine hochgeschätzte Lehrerin davon gehalten hätte.

Wer weiß, ob sie jemals vom Holodomor erfahren hat.

Und wer weiß, ob sie der Forschung geglaubt hätte.

Wenn ich an diese kluge und integre Frau denke, die streng gegenüber ihren Schülern und gegen sich selbst war und ihr Leben dem Ziel verschrieben hatte, jungen Menschen den großen Strom der Menschheitsgeschichte zu erklären, dann wünschte ich, sie hätte die unwiderlegbaren Beweise für den Holodomor noch gesehen. Und dass sie es anders gemacht hätte als die ewigen Nostalgiker der Strahlenden Zukunft, die sie noch immer als primitive antikommunistische Propaganda abtun. Ja, dass sie sich am Ende dazu durchgerungen hätte, was nur wirklich große und aufrichtige Geister schaffen, zu sagen:

»Ich habe mich geirrt.«

Sibirien

Diese grauenhafte weiße, glänzende Eissteppe, die einem den Verstand raubte.
Rückkehr mit dem Verrückten

1974 kam auch in Italien das Buch *Archipel Gulag* von Alexander Issajewitsch Solschenizyn auf den Markt.

Die Kommunisten sollten endlich zur Kenntnis nehmen, welche Gräueltaten im Namen ihrer Ideale begangen worden waren.

Nachdem ich das Buch etwa zehn Jahre später gelesen hatte, begrub ich meine Vorstellung vom guten Kommunismus. Und viele andere taten dasselbe.

Allerdings nicht alle.

Die Mehrheit der militanten Kommunisten im Europa des Westens folgte der Linie, die der Abgeordnete des PCI Giancarlo Pajetta vorgegeben hatte: »Ich werde dieses Buch niemals lesen.«

Und wie groß war ihre Erleichterung, als Solschenizyn, der hochverehrte Zeuge der stalinistischen Verbrechen, aus dem erzwungenen Exil heraus verschrobene Aussagen über unsere Welt traf, eine Welt, die er nicht kannte und nicht verstand; denkwürdig beispielsweise seine Unterstützung des Vietnamkriegs. Doch was war von einem reaktionären Verräter schon anderes zu erwarten? Umso leichter fiel es ihnen, diese Art Anti-Dostojewski zu ignorieren. Denn Solschenizyn beschrieb ja die Monstrositäten eines Universums der Unterdrückung, in dem die Grundbedingung jedes Rechtssystems – also der nicht zwangsläufig gerechte, aber zumindest nachvollziehbare Kausalzusammenhang zwischen Verbrechen und Strafe – ausgehebelt war und das auf diese Weise das infernalische Gegenteil eines Rechtsstaats hervorbrachte. In diesem System war es möglich, dass auch grausame Verbrechen keine Strafe nach sich zogen, wohingegen völlig Unschuldige in Massen grausamste Strafen erlitten, ohne ein Verbrechen begangen zu haben. Und Solschenizyn erklärte, dass die Industrialisierung im vielgepriesenen Himmel der Arbeiterklasse zu großen Teilen auf Zwangsarbeit beruhte – und auf dem Tod von Millionen in die Sklaverei getriebenen Menschen.

Da es auf meiner geistigen – historischen wie kulturellen – Landkarte die Ukraine überhaupt nicht gab, entging mir auch ein anderer Aspekt von Solschenizyns Erzählung: wie überproportional viele politische Häftlinge in den Gulags, gemessen an der ethnischen Zusammensetzung der UdSSR, Ukrainer waren.

Und genauso wenig kam mir die Frage in den Sinn, durch welche Wechselfälle eigentlich Sibirien zu diesem übertrieben riesenhaften Teil eines Staates geworden war, dessen Hauptstadt diverse Zeitzonen entfernt lag. Wie so viele beschränkte ich mich darauf, den Namen dieses gigantischen Stücks Eurasiens als abstrakte Bezeichnung für etwas aufzufassen, von dem zwar ein gewisser Schrecken ausging, das aber gewiss keine eigene Geschichte und Geografie besaß.

Sibirien war und blieb das Synonym grausamer Strafe in einem totalitären Staat.

Eineinhalb Jahre nach der Invasion der Ukraine erklärte Putins Sprecher Dmitri Peskow:

»Wenn die Deserteure, die vor ihrem Fronteinsatz in der Ukraine geflohen sind, nach Russland zurückkehren, schicken wir sie zur Arbeit in die Bergwerke, dorthin, wo niemals Sommer ist.«

Und er nannte dazu eine besondere Oblast im äußersten Nordosten Russlands, von der er wusste, dass sie keiner Erklärung bedurfte: Magadan.

In der Oblast Magadan befindet sich das Kolymagebirge, der Mittelpunkt jenes eisigen, schreckenerregenden Archipels, das Solschenizyn beschrieb; hier schieben kurzgeschorene Männer an ihrem Hals festgekettete Schubkarren durch den Schnee, hier werden

Millionen Menschen wie Ungeziefer behandelt, kurz: das Zentrum jenes tentakelförmigen Gebildes des zaristischen und später sowjetischen Russlands, das unter der Abkürzung für *Glawnoje Uprawlenije Lagerej* bekannt ist – Gulag.

Da ist es wieder, Putins Projekt, das zukünftige Russland in die Windungen der Vergangenheit einzuwickeln. Doch die Gegenwart versucht immer wieder, sich aus der todbringenden Umklammerung zu entwinden, und der Bürgermeister von Magadan legte Protest ein. In seiner Oblast an den kalten Wassern des Nordpazifiks lebten ausschließlich wunderbare Menschen und aufrichtige Patrioten.

»Wir wollen hier keine Verräter der Heiligen Mutter Russland«, erklärte er. »Es reicht jetzt mal mit dem alten Stereotyp von der Kolyma als dem Ort von Exil und Deportation. Wer zu uns kommt, soll sehen, dass wir viel mehr zu bieten haben.«

Damit hat Magadans Bürgermeister Unrecht und Recht zugleich.

Er hat Unrecht, weil die ruhmreiche Tradition Russlands, seine Gegner in die entlegensten Landesteile zu deportieren, wo niemals Sommer ist, seit dem Beginn der Invasion der Ukraine sozusagen einen neuen Frühling erlebt: Nur wenige Tage vor Peskows Einlassung war der Journalist Wladimir Kara-Mursa, der wegen seiner offenen Opposition gegen den Einmarsch in der Ukraine zu einer fünfundzwanzigjährigen Haftstrafe verurteilt worden war, in ein Hochsicherheitsgefängnis viele tausend Kilometer östlich von Moskau verlegt worden – nach Sibirien.

Andererseits hat der Bürgermeister Recht, das Städtchen Magadan hat durchaus seine Reize: unfassbar schöne Sonnenuntergänge über dem Nordpazifik und ein lebensgroßes Mammut aus Beton.

Wir hingegen hatten Sibirien im Wohnzimmer.

Und zwar in Form zweier riesiger Gemälde von Ende des 19. Jahrhunderts, die geradezu lächerlich überdimensioniert waren für unsere Sechzigerjahre-Wohnung, ein wenig außerhalb des römischen Stadtzentrums gelegen. Sie stammten aus Mamas Turiner Elternhaus, es waren die etwas sperrigen Überreste eines bewegten Lebens, das durch den frühen Tod ihres Vaters, eines Anwalts, einen jähen Bruch erfahren hatte. Gemäß Testament blieb für sie, die jüngste Tochter, wenig übrig. Das Mädchen, so nahm man an, würde ohnehin einen wohlhabenden jungen Mann heiraten – gewiss nicht den Sohn eines Eisenbahners wie dich, der trotz eines Studiums nun Autoreifen verkaufte, aus Gründen, die man besser nicht hinterfragte. Die Bilder waren zwar groß und sperrig, aber weitgehend wertlos, wie wir feststellten, als meine Schwestern und ich nach Mamas Tod die Wohnung ausräumten und die beiden Gemälde von einem Antiquar schätzen ließen. Sie würden kaum etwas einbringen, allerhöchstens ein paar hundert Euro für die Rahmen.

Das erste Gemälde zeigte eine Frau mit aschfahlem Gesicht und verdrehten Augen, die von zwei jungen Männern gestützt wird. Ihre Miene wirkte auf mich als Kind immer so abstoßend, dass ich trotz meiner umfassenden Neugier nie fragte, wer die Frau sei. Als mir ihr Gesichtsausdruck und ihr körperlicher Zustand Jahre später beim Anblick der Junkies auf den Bänken neben meiner Schule wiederbegegneten, taufte ich das Bild »Bad Trip«. Zum Glück sah ich es nicht allzu oft: Seitdem du ausgezogen warst, schloss ich mich meistens in meinem Zimmer ein und betrat das Wohnzimmer nur selten.

Das andere Gemälde hing direkt über dem Esstisch, sodass ich es bei jeder Mahlzeit sah. Es zeigte einen Mann mit ungekämmten Haaren, der mit finsterem Blick vor sich hinstarrt; eine Frau berührt seine Schulter, was er aber kaum zu bemerken scheint, weil er so in ein unsichtbares Grauen versunken ist. Sein schreckensstarrer Blick war noch erschütternder als der epileptische Anfall auf dem anderen Bild, weshalb es sich den Namen »Very Bad Trip« redlich verdient hatte.

Erst viele Jahre später, kurz bevor Mamas Intelligenz und ihre schlechte Laune einer milden Sanftmut wichen, rang ich mich zu der Frage durch, was die beiden Bilder eigentlich darstellen sollten. Sie erklärte mir, dass die Frau in Wirklichkeit gar keine Frau sei, sondern die Seele einer verstorbenen Person, die von den Engeln ins Paradies geleitet wird; mit der Skepsis gegenüber dem Gesundheitszustand hatte ich also richtiggelegen. Bei dem Mann auf dem anderen Gemälde handele es sich um einen Gegner des Zaren, möglicherweise einen Dekabristen, der gerade sein Urteil vernommen hatte: Deportation nach Sibirien.

Meine Mutter hängte sich das Bild auch in ihrer letzten Wohnung über den Esstisch. Und so saß ich bei meinen Besuchen bis zum letzten Tag ihres Lebens zum Essen unter dem Blick dieses Mannes, der einer Zukunft im Arbeitslager entgegensieht.

»Hast du es nicht satt«, fragte ich sie einmal, »dass dich beim Essen immer ein Mann anstarrt, der nach Sibirien geschickt wird?«

Doch sie erwiderte: »Es erinnert mich an meine Kindheit.«

Als ich zwölf Jahre alt war, gingst du manchmal mit mir ins Kino. Vielleicht war das deine Vorabentschuldigung dafür, dass ich bald nicht mehr die jüngste Tochter sein würde, was ich zum damaligen Zeitpunkt noch nicht wusste – denn es war nicht Mama, deine Ehefrau, die dir ein weiteres Kind schenken sollte. Einmal fiel deine Wahl auf den Wim-Wenders-Film *Alice in den Städten*, wahrscheinlich, weil die Protagonistin ungefähr in meinem Alter war. Ein anderes Mal sahen wir *Dersu Usala*, und an diesen gemeinsamen Nachmittag erinnere ich mich noch sehr gut.

Der Film spielt zu Beginn des 20. Jahrhunderts im äußersten Osten Sibiriens, in einer Gegend am Fluss Amur, nicht weit entfernt von Magadan, gemessen an russischen Dimensionen – höchstens tausend Kilometer Luftlinie. Er erzählt von der Begegnung des russischen Landvermessers Arsenjew mit dem Waldläufer Dersu Usala, der einer sibirischen Volksgruppe angehört. Regie führte der Japaner Akira Kurosawa, und koproduziert war der Film von der sowjetischen Produktionsfirma Mosfilm. Trotzdem setzte der italienische Verleih alles daran, den Film als amerikanischen Western zu verkaufen. In der Version, die wir sahen, wurden die zurückhaltenden Klänge des Originals von einer dröhnenden Filmmusik übertönt, die gut zu einem John-Wayne-Western gepasst hätte. Und nur in Italien hieß der Film im Untertitel »Der kleine Mann aus der großen Ebene«, obwohl darin niemals weite Ebenen oder Grasland zu sehen sind, sondern immer nur die undurchdringliche sibirische Taiga. Auch das Bild auf dem italienischen Filmplakat – zwei Männer im

Outfit von Forschungsreisenden, die auf einem Floß einen reißenden Fluss hinabrasen, während ein mongolisch anmutender Mann sich an einem Ast festklammert – zeigt eine Szene, die im ganzen Film nicht vorkommt, zumindest nicht so. Der Name des Protagonisten, Dersu Usala, hatte also nichts zu tun mit »Crazy Horse« oder »Sitting Bull«, und wir hatten schnell begriffen, dass es sich nicht um einen Cowboy-und-Indianer-Film handelte.

Es gibt in dem Film nur eine einzige Szene, in der – und sie ist zu Recht in die Filmgeschichte eingegangen – die Kamera die erstickende Dichte der Taiga verlässt, die Perspektive sich weitet und das ganze Panorama eines Eissees zeigt. In dieser weißen, verschwommenen Weite zwei einsame, dunkle Gestalten: Dersu und Arsenjew. Sie stolpern und schlittern über das Eis, rappeln sich auf, sehen sich verzweifelt an. Sie haben sich verirrt. Und sie wissen: Wenn sie nicht vor Anbruch der Dunkelheit zurück sind, werden sie die Nacht nicht überleben. Also übernimmt Dersu mit seinem unerschöpflichen Wissen über die Natur das Kommando: Sie müssen sich eine Hütte aus dem Schilfrohr bauen, das überall aus dem Eis ragt, erklärt er Arsenjew. Eine harte, undankbare Arbeit: Sie müssen das Schilf abschneiden und zurechtstutzen, zu Bündeln verschnüren, ohne dass der Sturmwind es fortweht. Es ist ein Wettlauf gegen die Zeit, denn schon steht die Sonne riesig wie das Auge des Totengotts über der Steppe und taucht den Schnee in ihr blutrotes Licht. Arsenjew ist erschöpft, doch Dersu scheucht ihn mit Schreien und Tritten auf, sobald er zu Boden sinkt. Arsenjew will nur noch schlafen, er wirft sich in den Schnee, und die Leinwand wird schwarz. Dann bricht der Morgen an. Arsenjew schlägt die Augen auf. Über ihm die Schilfhütte. Neben ihm Dersu. Sie sehen sich an, umarmen sich, streichen sich über die Gesichter, lachen wie Kinder. Sie leben.

Dersu Usala gefiel mir sehr. Der Film erinnerte mich an die Sommer meiner Kindheit in den Dolomiten, als ich tagelang allein durch den Wald gestreift war und Ameisenhügel erforscht hatte; durch diese kindliche Erfahrung konnte ich das tiefe Band zwischen Dersu und der ihn umgebenden Natur zumindest ansatzweise verstehen. Und auch sein vertrauter und respektvoller Umgang mit dem majestätischen sibirischen Tigerweibchen Amba war mir nicht fremd. Nicht umsonst hatte ich seit meiner Kindheit dem Wolfsgeheul in Geschichten gelauscht, die von der aufrichtigen Hochachtung der sibirischen Völker vor den großen Raubtieren handelten. Darum fragte ich dich auch, ob Dersu Usala vielleicht zu demselben Volk gehörte wie die Soldaten am *groooßen* Bogen des Don, die sich vor Wölfen fürchteten. Und deine Antwort lautet: Ja, natürlich, er war einer von ihnen.

Allerdings erklärte mir weder damals noch später jemand, dass in den vierzig Jahren nach der Begegnung von Dersu und Arsenjew Dersus Volk aus seinen uralten Wäldern vertrieben wurde, genauer gesagt: von Holzhändlern, deren Ankunft sich eben durch Kartografen wie Arsenjew angekündigt hatte, so menschlich und umgänglich die auch gewesen waren. Und niemand erklärte mir, wie Dersus Volk zur Sesshaftigkeit gezwungen wurde, in armseligen Hütten mitten im Schlamm hausend, wo ihnen vor lauter Verzweiflung nur der Wodka blieb. Weder du noch die Kritiker erklärten es mir, die den Film nach dem hochverdienten Oscar als bester fremdsprachiger Film besprachen, und auch nicht Etta, die Solidaritätsveranstaltungen im Kampf für die Dekolonisierung Mosambiks organisierte. Es konnte mir niemand erklären, weil niemand davon wusste. Dieser seltene beziehungsweise einzige Film zu der Thematik machte aus der kolonialen Expansionspolitik des imperialistischen, Bodenschätze raubenden Russlands eine wunderschöne Geschichte über Freundschaft.

Heute landen die jahrhundertealten Bäume, die Dersu Usala bis auf den letzten Ast kannte, in Chabarowsk, derselben Stadt, wo der wohlmeinende Arsenjew seinem Freund im Film bei sich zu Hause einen neuen Wohnsitz verschafft, der ihn aber in die Sesshaftigkeit und damit in die Verzweiflung treibt. Fast alle Sägewerke vor Ort sind mittlerweile in chinesischer Hand: Nachdem sie jahrzehntelang gnadenlos abgeholzt wurden, versucht China nun seine eigenen Wälder wieder aufzuforsten, zum Schaden Russlands. Aufgrund der skandalösen Preise, die die Chinesen mit korrupten russischen Funktionären aushandeln, landet der größte Teil des russischen Holzes in den Sägewerken. Und die Luft, die zu Dersus Lebzeiten erfüllt war vom Duft koreanischer Pinien, mongolischer Eichen, Eschen aus der Mandschurei, Linden, Ahorn und Ulmen, riecht jetzt nach Formaldehyd, Schwefeldioxid, Blei und Benzopyren.

Die Enkel des Kartografen Arsenjew leben heute in Moskau und Sankt Petersburg, sie sind jung und wohlhabend, und ihre Haut hat die gleiche Farbe wie das Papier, das aus den gerodeten Bäumen hergestellt wurde. Sie sind es nicht, die im Schlamm der ukrainischen Schützengräben liegen. Dorthin schickt Putin lieber die armen Russen, die auf dem Land leben, Dersu Usalas Nachfahren. Burjaten, Tuwa, Tschuktschen, Jakuten und Tungusen wie Dersu, die Arsenjew noch »Golden« nannte; und auch Jukagiren, obwohl dieses Volk offiziell »vom Aussterben bedroht« ist und seine Angehörigen durch internationale Übereinkommen theoretisch vom Militärdienst befreit sind. Bei Kriegsbeginn gab es noch weniger als tausendfünfhundert Jukagiren, Männer, Frauen und Kinder zusammengerechnet, und genauso viele russische Soldaten starben innerhalb von eineinhalb Tagen in der Schlacht von Awdijiwka im Oktober 2023. Vielleicht wird sogar die Art des sibirischen Tigerweibchens Amba, von der es nur noch wenige Exemplare gibt, später aussterben als sie.

Die Enkel jener sibirischen Männer, die du mit deinem legendären Geheul ausgetrickst hast, Papa, bilden den Großteil des »Kanonenfutters«, wie es im Journalistenjargon heißt, mit dem die russischen Streitkräfte den ersten Schwung ukrainischer Artillerie abfangen, bevor die wertvolleren Heeresabteilungen ins Feld geschickt werden. Sie sterben und sterben und sterben. Doch ich habe mich informiert: Die eigenen Truppen in den sicheren Tod zu schicken ist laut den internationalen Abkommen kein Kriegsverbrechen. Wenn sie sich ergeben wollen, ergeht es ihnen jedoch auch nicht besser: Dann werden sie hinterrücks von russischen Spezialabteilungen erschossen, die extra als Hommage an die ruhmreiche militärische Tradition Russlands geschaffen wurden, die eigene Truppe auf dem Altar von Mutter Heimat zu opfern, einer der vielen blutigen Flashbacks deines Krieges, die ich dank der Sozialen Netzwerke live an den Frühstückstisch geliefert bekomme. Und selbst wenn es den sibirischen

Soldaten gelingen sollte, zu desertieren, sind sie wertlos: Die russischen Befehlshaber akzeptieren einen Gefangenenaustausch mit ukrainischen Soldaten nur gegen Russen mit weißer Hautfarbe.

Wer weiß, Papa, wie du dir die sibirischen Soldaten am anderen Ufer des *groooßen* Bogens des Don vorgestellt hast. Hast du ihnen jemals ins Gesicht gesehen, etwa durch ein Zielfernrohr? Welche anderen Bilder hattest du von ihrem Leben, abgesehen von ihrer heidnischen Verehrung von Tieren? Ich glaube nicht, dass du jemals etwas von Domna gehört hattest, dem Dorf in der sibirischen Republik Burjatien, noch so ein Ort, nicht weit entfernt von Dersus Heimat – keine zweitausend Kilometer – und genauso arm. Eine burjatische Legende erzählt, dass Domna an dem Ort gegründet wurde, wo einst ein junges Mädchen um ihren im Krieg getöteten Verlobten weinte. Das nicht damit aufhören wird, wie die Einwohner berichten, solange Mutter Russland immer noch Menschen aus ihrer Gegend in den Krieg schickt, um für Russlands Ruhm zu sterben. Bis heute haben die jungen Leute dort nur drei Möglichkeiten: Drogen nehmen, sich umbringen oder Soldat werden.

Bei der ersten Mobilmachung 2022 kamen die Rekrutierer und fragten nach Freiwilligen. Als sich nicht genug meldeten, luden sie per Zufallsprinzip Männer in ihre Busse und fuhren sie weg. Sie kamen noch mehrere Male, und abgesehen von denen, die an einer Überdosis gestorben sind oder Selbstmord begangen haben, befinden sich die meisten erwachsenen Männer aus Domna nun in der Ukraine. Erst wenn sie schon im Flieger Richtung Front sitzen, halten die Rekrutierer es für nötig, zu erklären: »Nur die Hälfte von euch wird lebend nach Hause zurückkehren.« Dann werden Wodkaflaschen herumgereicht, und ausnahmsweise ist das Rauchverbot während des Fluges aufgehoben.

Dersu Usala hatte eine ganz andere Wirkung auf dich als der Wim-Wenders-Film, den wir ein paar Wochen zuvor gesehen hatten. Ganz der glückliche Vater mehrerer Töchter hattest du die junge Protagonistin aus *Alice in den Städten* ins Herz geschlossen, gleichzeitig warst du gelangweilt, weil es keine wirkliche Handlung gab, wie du mir auf der Rückfahrt haarklein dargelegt hast. Doch als wir nach *Dersu Usala* das Kino verließen, konntest du nur sagen:

»Wunderschön, wunderschön.«

Wunderschön, sonst nichts, keine deiner gewohnten blumigen Ausschweifungen.

Es war wie immer: Wenn du tief im Innern berührt warst, geriet dein üblicher Strom vollmundiger Erklärungen ins Stocken. Und dein Gesichtsausdruck glich dem eines Kindes, das von seinen Gefühlen völlig überwältigt wird, wehrlos und verloren.

Doch was an dem Film hatte dir die Sprache verschlagen? Ich kann dich nicht mehr fragen. Ich kann nur versuchen, es mir vorzustellen. Wie du auf deinem unbequemen Holzsessel in einem Vorstadtkino sitzt, neben dir eine deiner vielen Töchter, die es alle nicht geben würde, wenn du von deinem Rückzug aus Russland, der größtenteils ein Rückzug aus der Ukraine war, nicht zurückgekommen wärst, und wie du dich mit einem der Protagonisten identifizierst – aber mit welchem? Vielleicht mit dem großen, eleganten Arsenjew in seinem Militärmantel, gespielt von einem attraktiven Russen; oder mit dem kleinen, gedrungenen Dersu mit den mongolischen Gesichtszügen und dem lustig schwankenden Gang. Sicher, dem einen sahst du sehr ähnlich, dem anderen überhaupt nicht.

Ich vermute, du warst in deiner Vorstellung beide. Du warst der Soldat mit den kalten, sogar eiskalten, aber nicht erfrorenen Füßen – der deshalb überlebte. Und du warst auch derjenige, der den Unteroffizier Chiarin anschrie, als er in den Schnee sinken wollte, der ihn mit Fußtritten traktierte, als er einschlafen wollte, und der ihn lebendig, wenngleich verrückt, nach Hause brachte.

Wer weiß, ob du deshalb vor dem Kino von deinen Gefühlen überwältigt warst und nichts über die Lippen gebracht hast als »wunderschön, wunderschön«. Wer weiß, ob nicht auch du während deines Rückzugs den Blick eines gnadenlosen Gottes auf dir gespürt hast. Ich weiß nur, dass du in der eisigen Steppe sowohl Retter als auch Geretteter warst.

Kultur

Er war Mongole und ebenfalls Panzerführer, aber gebildet.
Außer Russisch sprach er auch unsere sibirische Sprache,
und in der Tasche hatte er ein Buch von Puschkin.
Die sibirischen Frauen folgen der Sonne

Mit vierzehn las ich Dostojewskis *Der Idiot*. Es war mein Einstieg in die Große Russische Literatur, die mich durch Pubertät und Jugend begleitete und mir quälende Sehnsucht, Aufregung und in Anflügen von Panik die Ahnung schenkte, es könne einen Sinn des Lebens geben, dazu das Gefühl universellen Mitleids und immer wieder überraschend sarkastische Einblicke, die mir den Atem verschlugen wie die unberechenbaren Spitzen von Oma Bianca. Es waren gewissermaßen Spielarten deiner Vorträge, die ich von unseren Fahrten zur Schule kannte, aber um ein Vielfaches potenziert.

Als Nächstes nahm ich mir *Der Meister und Margarita* vor: Ich mochte das Buch, doch es gab mir das beunruhigende Gefühl, taumelnd auf der Schwelle zu Bedeutungsebenen zu stehen, die mir noch unzugänglich waren.

Die Weiße Garde von Bulgakow verstand ich noch weniger. Dabei konnte ich mir die von Leutnant Mischlajewski geschilderte Szene so gut vorstellen, als er und seine Kameraden an der Front anfangen, wie Wölfe zu heulen. Doch ich hielt es für eine russische Geschichte, die von russischen Zaren, russischen Bolschewiken und russischen Bürgern handelte. Mir war es vollkommen gleichgültig, dass diese ganzen Schlachten und Gefechte den ukrainischen Nationalismus zum Thema hatten und dass Kyjiw nicht in Russland, sondern in der Ukraine lag, weil *Ukraine* ein für mich irrelevanter Begriff war. Ich wurde nicht einmal hellhörig, als Nikolka zu Alexej sagt, dass im Ukrainischen kein Wort für »Wal« existiere, da es in der Ukraine ja keine Wale gebe. Dieses Detail prägte sich mir wahrscheinlich ein, weil ich *Moby Dick* zwar noch nicht gelesen hatte, aber meine Mutter oft genug hatte sagen hören, dass die Übersetzung dieses Romans die außergewöhnlichste Erfahrung ihres Lebens gewesen sei; ich fragte mich also, wie *Moby Dick* in jene Sprache übersetzt worden war oder ob man es gar nicht erst versucht hatte. Zugleich entgingen mir in Bulgakows Buch zahlreiche Bilder und Referenzen, da ich sie nicht einordnen konnte. Der jüdische Hotelbesitzer beispielsweise, der an seinen Genitalien aufgehängt wird, um nur eine Szene zu nennen. Erst als ich den Roman vor kurzem noch einmal las, konnte ich dem surrealen, für mich nahezu abstrakten Bild einen Namen geben: *Pogrom*. Und es in einen Zusammenhang mit den Fotos der Leichen von anderen Juden stellen, an denen sich zwanzig Jahre später andere Ukrainer austobten, diesmal als Helfershelfer der SS-Einsatzkommandos.

Auch in Gogols *Taras Bulba* blieb mir die antisemitische Häme verborgen, und ich zog keine Verbindungen zu den Pogromen, die sich in den Ländern der Schwarzen Erde abspielen sollten. Mich begeisterte die Erzählung als exotische Mantel-und-Degen-Geschichte, als eine Mischung aus *Tausendundeiner Nacht* und den blutrünstigsten Shakespeare-Tragödien; und ich mochte die lyrischen Beschreibungen der Steppe, in der die Kosaken ihr freies Leben führten; und mit welcher Hingabe Glanz und Weite der Landschaft geschildert wurden. Damals gab ich der Erwachsenen, die ich einmal sein würde, ein Versprechen: »Eines Tages werde ich selbst die Steppe sehen«, und ich habe es gehalten, wie du weißt. Ich hatte keine Ahnung, wie verbissen sich die Literaturwissenschaftler bis heute um die beiden Versionen von »Taras Bulba« zanken – die eine aus dem Jahr 1835 und die andere von 1842 –, weil sie endlich klären wollen, ob sich der Patriotismus der kosakischen Protagonisten auf die *Kyyivs'ka Rus'* bezog, also auf die Ukraine, oder auf die Heilige Mutter des russischen Zarenreichs, also jener *Russkij Mir*, die sich Putin heute wieder erträumt und mit Gewalt wiederherstellen will. Doch vor allem hatte ich absolut keine Ahnung, dass Gogol eigentlich gar kein russischer, sondern ein ukrainischer Schriftsteller war und von seinen Zeitgenossen auch als solcher betrachtet wurde und dass er nur deshalb in der einzigen als wahr und würdig erachteten Sprache des Zarenreiches schrieb, weil seine Muttersprache nichts wert war.

Mit Tschechows Erzählungen begann ich erst, als ich achtzehn war, und habe seither nicht mehr aufgehört. Es war die radikale Empathie für alles Menschliche, die mich mitriss und die in mir den wilden Wunsch weckte, es selbst einmal zu versuchen und diesem quasigöttlichen Verständnis des Anderen eine Form zu geben, wie gute Literatur es vermag. Und ich versuche es bis heute.

Die mittlerweile völlig zerfledderte Ausgabe von *Krieg und Frieden*, die seit über vierzig Jahren jeden meiner Umzüge mitmacht, hattest du mir geschenkt. Nicht weiter erstaunlich, denn immerhin war die Niederlage Napoleons in Russland – wer hätte das gedacht – das bevorzugte Thema deiner Großen Historischen Abrisse. Du warst begeistert vom weisen Abwarten eines Generals Kutuzow, der die Generalstabsoffiziere aufgeregt miteinander reden ließ, als erfüllten ihre ausgeklügelten Pläne irgendeinen Zweck, und dabei statt zu lauschen einfach wegnickte, in dem beruhigenden Wissen, dass General Winter sich ohne ihr Eingreifen Napoleons annehmen würde. Keine Geschichte entsprach dir mehr. Als man dich an die Front schickte, hattest du *Krieg und Frieden* schon zum ersten von vielen Malen gelesen, und deiner Ansicht nach war das mit ein Grund, warum du dich retten konntest. Eingedenk der paradoxen Strategie des dicken zaristischen Generals hast du, so erzähltest du, deine Männer auf dem Rückzug aus Russland eher kontraintuitiv in eine andere Richtung geführt: nicht nach Westen, um bei den Stützpunkten der Achsenmächte Zuflucht zu suchen, sondern ein ganzes Stück nach Norden; dort konntet ihr der Zange der Rotarmisten entgehen, in die die anderen armen Alpini hineinrannten. Ich muss gestehen, Papa, dass ich diese Route nie ganz nachvollziehen konnte, die du als geborener

Querkopf angeblich eingeschlagen hast; selbst nachdem ich stundenlang über militärischen Karten gebrütet hatte, konnte ich den Sinn darin nicht erkennen. Doch du hast immer wieder steif und fest behauptet, dass du dein Überleben in diesem Alptraum in Weiß nicht nur den Walenki und deinen gelungenen Tierimitationen zu verdanken hattest, sondern auch dem Umstand, vor deiner Verschickung in die Steppe Tolstoi gelesen zu haben.

Jedenfalls steht in meiner Ausgabe von *Krieg und Frieden* eine mit deiner unverwechselbaren spitzen Handschrift verfasste Widmung, die nicht unbedingt die schönste ist, die ein Vater jemals für seine Tochter geschrieben hat, aber sicher nicht die schlechteste: *In Liebe und Hoffnung.*

Auch bei uns zu Hause war also die Große Russische Kultur ein Ehrenmitglied der Großen Abendländischen Kultur, dem unwidersprochenen geistigen Höhepunkt aller menschlichen Erfahrung, als deren Bewahrer wir Europäer des Westens uns verstehen. Niemand wäre je auf die Idee gekommen, dass es so etwas wie eine ukrainische Literatur geben könnte. Obwohl ich von meiner Jugend an unterschiedslos alles verschlang, was mir in die Hände fiel, hatte ich noch nie von Taras Schewtschenko, Lessja Ukrajinka oder Iwan Franko gehört. Ich hatte nie gehört, dass das Ende der zaristischen Zensur von ukrainischsprachigen Publikationen nach der Oktoberrevolution zu einer wahren Blüte für die Werke ukrainischer Schriftsteller und Intellektueller geführt hatte; und ebenso wenig wusste ich, dass Stalin dann in den Dreißigerjahren die Russischsprachigkeit zum sowjetischen Dogma erklärte und fast die gesamte Intelligenz der Ukraine ermorden ließ: mehrere hundert Intellektuelle, Schriftsteller, Dichter, Verleger, Männer und Frauen. Die äußerst produktive künstlerische Kreativität dieser Jahre und ihre totale Vernichtung gingen unter dem Namen »Hingerichtete Renaissance« in die Geschichte ein – und ich hatte nie davon gehört.

Zum ersten Mal las ich am 7. März 2022 darüber.

Die russischen Raketen hatten gerade Charkiws symbolträchtigstes Gebäude getroffen, den einen ganzen Wohnblock umfassenden

Gebäudekomplex namens *Slowo* – »Wort«; Stalin hatte den Komplex seinerzeit erbauen lassen, um die Vertreter jener ukrainischen Intelligenz, die er erst kontrollieren und später bequem umbringen wollte, an einem Ort zu versammeln. Während der Euromaidan-Proteste der Jahre 2013/2014 hatte sich der *Slowo* zu einem symbolischen Ort des Wiedererwachens neuer ukrainischer Literatur entwickelt, wo zudem ein reger Austausch mit Schriftstellern aus aller Welt stattfand. Nur zwei Wochen nach dem Beginn des Krieges, mit dem Putin beweisen wollte, dass weder die Ukraine noch die ukrainische Kultur existieren, ließ er seine Bomben auf das Gebäude herabregnen.

Für viele von uns Europäern des Westens gab es auf der Landkarte des heiligen Orts, den wir Europäische Kultur nennen, stets eine Art Flyover-Zone, die man guten Gewissens ignorieren konnte, ähnlich wie die Staaten im Landesinneren der USA, die man zwischen New York und Los Angeles überfliegt. Sie erstreckte sich etwa von Wien, mindestens aber von Prag, bis nach Moskau; eine gestaltlose riesige Fläche, bewohnt von zurückgebliebenen, wenn nicht reaktionären Menschen, von armen Schluckern und Bauern, vielleicht ein paar Pflegerinnen und Bauarbeitern, noch dazu allesamt Slawen. Aber eben nicht die faszinierende Art von Slawen wie diese Russen – durchgeknallte Adlige oder Revolutionäre oder Avantgardisten –, von denen wir Europäer des Westens uns so gerne schockieren lassen. Nein, ganz normale Slawen, die wir Italiener auch deshalb für armselig und uninteressant halten – was wir aber lieber nicht zu laut sagen –, weil wir uns nie mit der antislawischen Verachtung auseinandergesetzt haben, die dem Duce so lieb und teuer war. Deshalb verpassen wir nichts auf unserem Überflug von Paris in die Eremitage; weder Orte noch Menschen, von denen wir ohnehin nichts lernen könnten.

Und da stehen wir nun mit unserem ganzen Unwissen und Desinteresse, eingelullt von den Mythen, die wir nie hinterfragt haben. Und nun marschiert eine Nation namens Russland, die sich immer noch als Imperium versteht und Teil unserer Kultur ist, erneut in ein Land ein, das du vor achtzig Jahren kolonialisieren wolltest, das Ukraine heißt und über das wir nichts wissen. Der Mann, der diese Invasion in absoluter und vielleicht von Angst beherrschter Einsamkeit entschieden hat, möchte die Ukraine lieber in ein Trümmerfeld aus Leichen und Schutt verwandeln als zuzulassen, dass ihr Name endlich ausgesprochen wird. Den Menschen, die von seinen Soldaten in Jahidne einen Monat lang in einen Keller gesperrt wurden, hat er zu verstehen gegeben, was die Heilige Mutter Russland von ihrer Kultur hält: Für ihre Notdurft hatten die dreihundertsiebenundsechzig Gefangenen gerade mal zwei Eimer, und als Klopapier die herausgerissenen Seiten der Bücher von Taras Schewtschenko, Lessja Ukrajinka und Iwan Franko.

Aus den Büchern jener Autoren, von denen ich noch nie gehört hatte, weil meine abendländische Bildung genau das Bild verinnerlicht hat, das uns Putin nun mit seinen Bombardierungen von Wohnhäusern in Dnipro, Lwiw und Charkiw vorführen will: Die Ukraine existiert nicht, geschweige denn ihre Kultur. Das Einzige, was existiert, ist die Große Russische Kultur, sie allein ist von Wert.

An einem Sommerabend 2023 wurde wie jedes Jahr in einer der schönsten Parkanlagen im wunderschönen Rom die große Verleihung des wichtigsten italienischen Literaturpreises gefeiert. Ein paar Tage zuvor war Wiktorija Amelina von einer Rakete getötet worden. Wahrscheinlich hatte der Vorsitzende des Preiskomitees nie zuvor von ihr gehört, kannte weder das Buch, in dem sie Stimmen von Kriegszeugen versammelt hat, noch das Tagebuch des Schriftstellers Wolodymyr Wakulenko, der sein Manuskript im Garten des Vaters vergraben hatte und das sie veröffentlicht hat, noch ihre literarischen Erfolge aus Vorkriegszeiten – ihre Romane, ihre Auszeichnungen, die vielen Übersetzungen in andere Sprachen. Kurz vor Beginn der Veranstaltung muss ihm aber wohl jemand aus seinem Team gesagt haben, dass es angebracht sei, in der Eröffnungsrede den tragischen Tod der Schriftstellerin zu erwähnen, über den die internationale Literaturszene gerade sprach.

Man weiß ja, wie so was läuft: Die Zeit drängt, die Crème de la Crème der italienischen Literatur- und Verlagswelt wartet auf den

Beginn der Preisverleihung, es ist unmöglich, sich eingehender damit vertraut zu machen, was diese Autorin, die laut Team unbedingt erwähnt werden muss, eigentlich geschrieben hat und wie genau sie zu Tode gekommen ist.

Also betritt der Mann die Bühne.

Und erklärt, für wie wichtig er es hält, an einem so bedeutsamen Abend für die Literatur unseres Landes an den tragischen Tod von Wiktorija Amelina zu erinnern, der bekannten russischen Schriftstellerin.

Der russischen Schriftstellerin.

Russisch, Papa. Er sagt tatsächlich *russisch.*

Am Tag darauf entschuldigte sich der Vorsitzende. Er bat alle Menschen um Verzeihung, die er mit seinem Fehler verletzt hatte.

Du weißt besser als viele andere, Papa, dass öffentliche Entschuldigungen in Italien nicht gerade an der Tagesordnung sind. Und aus seinen Worten konnte ich etwas herauslesen, das tiefer ging als das bloße Bedauern, einen Fehler gemacht zu haben. Vielleicht irre ich mich, aber ich meine, echte Scham und aufrichtiges Unbehagen herausgehört zu haben. Und vor allem glaube ich, dass die Scham für diesen groben Schnitzer nicht nur ihn als Einzelperson betrifft. Nicht einer allein ist dafür verantwortlich, dass dieses imperialistische Narrativ seit Jahrhunderten Bestand hat: ein Narrativ, in dem nur Russland existiert, und die Ukraine nicht; dank dem nie jemand auf die Idee käme, einen russischen Schriftsteller als ukrainischen zu bezeichnen, während das Gegenteil seit Gogols Zeiten immer wieder geschieht. Dank dem die Aufzählung russischer Kriegsverbrechen als »russophob« bezeichnet werden kann und – ja, das habe ich schon gehört – als Feindseligkeit gegenüber der russischen Kultur. Die Ignoranz ist demnach keine individuelle, sondern eine kollektive, und sie ist das Produkt einer jahrhundertealten Hegemonie. Sie entsteht, wenn die ukrainische Sichtweise aus den historischen Erzählungen über Ereignisse in den Ländern der Schwarzen Erde ausgeklammert wird, aus Schulbüchern, Romanen, Filmen und dem politischen Bewusstsein der Europäer des Westens – und zwar nicht, weil man sie zensieren würde, sondern weil man sie schlicht nicht wahrnimmt. Weil man davon ausgeht, es gebe nur die russische Sichtweise.

Wenn es im Juli 2023, eineinhalb Jahre nach Beginn der russischen Invasion der Ukraine, immer noch möglich ist, dass Wiktorija Amelina als »russische Schriftstellerin« bezeichnet wird, liegt das nicht nur an der Oberflächlichkeit eines Einzelnen. Denn was geschah in diesem herrlichen, nach Jasmin duftenden Park, dieser Perle unter den tausend Perlen meiner wunderschönen Stadt Rom, als es zu dem kam, was wir Fauxpas, Tritt ins Fettnäpfchen oder Patzer nennen können: Kein Einziger der vielen hundert illustren Persönlichkeiten aus dem kulturellen Leben Italiens, darunter Schriftsteller, Verleger, Journalisten und Literaturkritiker, fühlte sich bemüßigt, das Wort zu ergreifen und die Fakten, die Realität der versehrten Körper und des Krieges an diesen erhabenen Ort der Hochkultur zu tragen. Niemand ist aufgestanden und hat gesagt:

»Nein, Wiktorija Amelina war eine ukrainische Schriftstellerin, russisch war nur die Rakete, die sie getötet hat.«

Mittlerweile wurde um das Loch, wo früher einmal das Theater von Mariupol stand, ein Zaun aus großen Platten gezogen. Auf jeder dieser Platten ist das riesenhafte Gesicht eines Schriftstellers gedruckt, auf den Russland stolz ist: Lermontow, Puschkin, Turgeniew, Tschechow, der Ukrainer Gogol und auch mein und dein geliebter Tolstoi.

Wochenlang haben die Arbeiter den Bombenkrater von Trümmern und Leichenteilen befreit, darunter auch viele »KINDER«, von denen die russische Aufschrift gekündet hatte, die wurde als Erstes entfernt. Zersplitterte Leitungsrohre und Knochen, Elektrokabel und Schuhe, Seiten aus Bilderbüchern, die Angst und Schrecken mildern sollten, Haarsträhnen, Eingeweide, Sessel, Putz, Unterhosen, Rückenwirbel, Lampenschirme, Vorhänge – alles wurde in einem großen Haufen auf die Müllhalde außerhalb der Stadt geworfen. Eine undankbare Aufgabe, wenn man mit dem Spaten in den nach Verwesung stinkenden Abfällen stochern muss. Und wer weiß, was mit den Arbeitern passiert wäre, die vielleicht selbst Angehörige eines der zehntausend Bombenopfer der russischen Angriffe auf Mariupol waren, wenn sie sich geweigert hätten. Doch diese Arbeit in Gesellschaft der Großen Russischen Literatur ausführen zu dürfen – welche Ehre, welches Privileg!

IV KÖRPER

Vogel

»Denk jetzt nicht an deinen Vater. Jetzt müssen wir töten, sonst werden wir selbst getötet.« Die Worte hatten sich von ganz allein in seinem Mund geformt, ohne jedoch über seine Lippen zu treten. »Richtig morden!«, rief er dann und beugte sich wieder über das Fernglas.
Rückkehr mit dem Verrückten

»Papa, hast du im Krieg mal jemanden umgebracht?«, fragte ich dich als Kind.

Du hast geantwortet: »Ja, einmal, da hatte ich Hunger und habe mir einen Vogel geschossen.«

Und ich habe mich gemütlich in die Arme meines Papas gekuschelt, der nie jemanden umgebracht hatte – auch wenn mir der Vogel leidtat.

»Papa, hast du im Krieg mal jemanden umgebracht?«, fragte ich dich als Teenager.

Du hast geantwortet: »Ja, einmal, da hatte ich Hunger und habe mir einen Vogel geschossen.«

Und ich habe geschrien: »Das glaube ich dir nicht«, und bin in mein Zimmer gerannt, um mich einzuschließen.

»Papa, hast du im Krieg mal jemanden umgebracht?«, fragte ich dich als Erwachsene.

Du hast geantwortet: »Ja, einmal, da hatte ich Hunger und habe mir einen Vogel geschossen.«

Und ich habe mich für meine Frage geschämt und dir den Arm gereicht, um dir eine Treppenstufe hinaufzuhelfen.

Neulich habe ich ein Radiointerview mit dem Frontmann einer bekannten ukrainischen Rockband gehört. Bei Einmarsch der Russen befand er sich mit seiner Band gerade auf Tournee. Sie sagten Konzerte ab, fuhren nach Hause und meldeten sich freiwillig zum Militärdienst. Ich kannte ihn bereits aus einem Video, das Ende Februar 2022 viral gegangen war, wenige Tage nach Beginn des Angriffs auf die Ukraine: Dort stand er in Tarnkleidung und mit umgehängtem Maschinengewehr auf einem Platz in Kyjiw und sang ein Lied, das von Kraft, Schmerz, Widerstand und Sehnsucht handelte. Ich hörte es zum ersten Mal. Damals wusste ich nicht, dass es gegen Ende des 19. Jahrhunderts auf Ukrainisch geschrieben worden war, als Ausdruck des Widerstands gegen die zaristische Unterdrückung; und ich wusste nicht, dass es nach wenigen Jahren der Freiheit von Stalin nach der Oktoberrevolution erneut verboten worden war und das siebzig Jahre lang blieb, bis die Ukraine 1991 ihre Unabhängigkeit erklärte; und ich wusste nicht, dass diejenigen, die es heute auf der Krim, in Mariupol und in allen russisch besetzten Gebieten öffentlich singen, im Gefängnis landen. Die kraftvolle Stimme des jungen Mannes berührte mich und Millionen anderer YouTube-User, und Pink Floyd machte sogar ein eigenes Arrangement dazu.

Der Sänger einer Rockband, der im Tarnanzug und mit einem Maschinengewehr über der Schulter singend seine Heimat verteidigt: Was für ein ästhetischer und moralischer Widerspruch für uns progressive Bürger im friedlichen Europa des Westens.

Im Radio befragte der Moderator den Sänger in dem tieftraurigen Tonfall aller Journalisten, die ihre Empathie beweisen wollen, wenn sie notleidenden Menschen übergriffige Fragen stellen.

»Was ich mich gefragt habe …«, setzt er an, »… Sie als Künstler arbeiten doch mit Ihren Musikinstrumenten und Ihrer Stimme: Wie schaffen Sie es, jemanden zu töten?«

Da ist sie wieder, die alte Frage. Die Frage, die wir glücklichen Menschen, die vom Krieg keine Ahnung haben, weil er ihnen ferner ist als Alpha Centauri, immer wieder euch Menschen stellen, die das Pech haben, ihn am eigenen Leib erfahren zu müssen:

»Hast du schon mal jemanden umgebracht? Wie hat sich das angefühlt?«

Warum tun wir das?

Was wollen wir hören?

Wir Europäer des Westens durften jahrzehntelang ohne kriegerische Auseinandersetzungen in unserer von westlichen Werten geprägten Gesellschaft leben. Das Mysterium der massenhaften Gewalt ist für uns so anstößig wie früher der Sex. Beim Gedanken daran überkommt uns ein Kitzel. Und so stellen wir mit angstgeweiteten Augen und aufgeregt wie ein junger Mann vor seinem ersten Bordellbesuch den Frontrückkehrern unsere Frage.

Der Sänger zögert kurz.

Da es ein Radiointerview ist, kann ich sein Gesicht nicht sehen, aber ich höre ein leises Seufzen. Aus Müdigkeit? Aus Resignation? Oder weil er zum tausendsten Mal einem Menschen etwas erklären soll, der es einfach nicht verstehen will?

»Ich möchte ja niemanden umbringen«, antwortet der Sänger. »Ich muss nur diese Verbrecher daran hindern, den Garten meiner Mutter zu betreten, und sie verjagen.«

»Aber die Drohnen, die Sie steuern, die töten ja mit Sicherheit russische Soldaten ...«, hakt der Journalist mit der moralischen Überlegenheit eines Menschen nach, dessen Land nicht besetzt wurde.

»Ich bin nicht der, der töten will«, erwidert der ukrainische Frontmann leise. »Sie haben jederzeit die Wahl, nach Hause zu gehen.«

Es gibt noch so eine Frage, die wir denen, die von der Front zurückkehren, in unserem Unwissen gerne stellen.

»Hattest du Angst zu sterben?«

In einem Video richtet sie ein Journalist an einen ukrainischen Soldaten. Das Interview wird immer wieder von den Aufnahmen der GoPro-Kamera des Frontsoldaten unterbrochen: wie er auf den Lärm von Artilleriebeschuss horcht, wie er genüsslich einen Energieriegel verzehrt, wie er einem verletzten Kameraden ein Tourniquet anlegt – der überleben wird, wie es im Interview heißt. Der Titel, den der zum Krieg gezwungene Mann seinem Video-Tagebuch gegeben hat, lautet: *Wie man keine Angst zu sterben hat.*

Der Soldat ist erst seit knapp drei Stunden zurück im Basislager, sagt er, und todmüde, wie man an seinem starren Blick und der schläfrigen Sprechweise erkennt. Er sitzt dem Interviewer im Hof eines halbzerstörten Hauses gegenüber, um ihn herum kaputte Gegenstände im Dreck, aufgeschlitzte Matratzen, ein verbogenes Stück Blech. Auch hier schäme ich mich stellvertretend für die mitleidvolle Miene des Journalisten. Gleichzeitig identifiziere ich mich unfreiwillig mit ihm. Natürlich ist die Frage »Hattest du Angst, zu sterben?« völlig lächerlich, insbesondere wenn sie einem Menschen gestellt wird, der gerade aus einem pausenlos unter Beschuss stehenden Schützengraben kommt. Doch hinter der Frage verbirgt sich die Urangst aller sterblichen Kreaturen, die wir nun mal sind.

Und dann gibt es noch eine dritte Frage, die ich allerdings von keinem noch so nervigen Journalisten jemals gehört habe:

»Hast du schon mal einen Freund sterben sehen?«

Du trauerst um den Tod eines Freundes, so beginnt dein Buch.

Du nennst ihn Paolo, wer weiß, wie er wirklich hieß.

Wer war er? Wann hattet ihr euch kennengelernt? Was verband euch? Du hast nie von ihm erzählt.

Wenn ich jetzt darüber nachdenke, Papa, kann ich mich an gar keine engeren Freunde von dir erinnern. Du hattest Kollegen, die manchmal mit ihren Frauen zum Essen kamen. Aber einen Freund? Einen Mann ungefähr in deinem Alter, dem du etwas anvertraut, mit dem du Freud und Leid geteilt hättest? Mir fällt keiner ein. Und ich frage mich, ob der Krieg dir neben dem jungenhaften Grinsen vom Foto am Langkofel, als du noch nichts vom Krieg wusstest, und anderen Dingen mehr auch die Fähigkeit genommen hat, echte Freundschaften zu schließen – wie die mit Paolo.

Paolo, dem du die ersten Seiten von *Rückkehr mit dem Verrückten* gewidmet hast.

Und hier, Papa, musst du mir eine Bemerkung unter Schriftstellerkollegen erlauben: Die wichtigste und folgenschwerste Entscheidung für jemanden, der eine Geschichte erzählt, betrifft die Frage, wo er anfängt, die zweitwichtigste, wo er aufhört. Jede Geschichte ist nichts anderes als ein beliebig ausgewählter Abschnitt auf dem Zeitstrahl, herausgelöst aus dem Chaos der Ereignisse. Anfang und Ende einer Geschichte geben nicht nur den Rahmen vor, sondern bestimmen auch darüber, mit wem wir Mitleid haben und mit wem nicht. Wo setzt die Geschichte von Kain und Abel an? Bei Abel, der von seinem Bruder getötet wird, oder bei Gott, der Kains Opfer nicht wertschätzt?

Du hättest *Rückkehr mit dem Verrückten* also auch an einer anderen Stelle beginnen lassen können.

Zum Beispiel hättest du mit der Szene des Fotos beginnen können, auf dem du dich mit schmalem Gesicht und der Feder des künftigen Huhns von Kalitwa auf dem Kopf aus einem Zugfenster lehnst, dein scharfes, unverwechselbares Profil umgeben von Dutzenden anderen jungen Alpini – noch sind sie nicht deine armen Alpini. Aus der dichtgedrängten Menschenmenge auf dem Bahnsteig sticht hell deine Mutter Bianca hervor, sie streckt leicht die Hand nach dir aus, als wolle sie sich dein ironisches Lächeln in die Handflächen einprägen, bevor du womöglich in den Tod fährst.

Oder mit der Szene, als du aus Griechenland zurückkamst auf einem Schiff, das nicht torpediert worden war, und noch ganz benommen von deinem mörderischen Glück den Befehl erhältst, mit der Division Julia in den nicht weniger mörderischen Russlandfeldzug aufzubrechen, der in Wahrheit größtenteils ein Ukrainefeldzug war.

Oder du hättest mit dem Sonnenblumenfeld von Isjum beginnen können.

Stattdessen beginnst du deine Geschichte mit dem Tod deines Freundes.

Rückkehr mit dem Verrückten setzt also damit an, dass Paolo sich verabschiedet und zu einem Überraschungsangriff aufbricht. Und mit Chiarin, der dir kurz darauf Bericht erstattet.

»Es ist schiefgegangen«, sagt er.

Und dein erstes Kapitel endet so:

Er verstand, dass alles, was er sagen konnte, falsch, floskelhaft und unmenschlich geklungen hätte, weil das Geschehene unmenschlich, falsch und floskelhaft war. Und er fühlte, wie sein Herz gefror. Er war wie gelähmt, stand langsam auf, salutierte, öffnete die Tür und ging zwischen seinen schweigenden Alpini hinaus, öffnete die äußere Tür des Schutzraums, stieg die Treppen hoch, war auf der Straße, hielt das Gesicht in den Wind, und der Wind schien über alles eine Eisschicht zu legen, und er weinte wie ein Kind. Paolo, sein guter Freund Paolo, war nicht mehr.

Mein Eindruck ist, Papa, dass du mit dieser Eröffnung von Anfang an eines klarstellen wolltest, damit später niemand würde behaupten können, er sei nicht gewarnt worden: Keine Geschichte, die vom Krieg erzählt, ist wahr. Kein Wort von dem, was der Leser hier liest, entspricht der Wahrheit. Denn Worte, die vom Krieg erzählen, sind niemals wahr. Wahr sind nur der Tod, der Verlust und der Schmerz. Wahr ist nur die Kälte.

Doch das ist nicht die letzte Seite, das sind nicht die letzten Worte, die du schreibst. Es sind die ersten. Denn der Wille zu erzählen lässt sich nicht unterdrücken, er ist sogar stärker als das Wissen um die Belanglosigkeit des Erzählens. Du kannst mir glauben, niemand versteht dich besser als ich: Ich verbringe meine Zeit damit, Wörter aneinanderzureihen, und kann doch niemals ausschließen, dass sie *falsch, floskelhaft und unmenschlich* klingen und dass das einzig Wahre vielleicht die Erfahrung selbst ist. Doch je öfter ich diese Zeilen deines ersten Kapitels mit seiner widersprüchlichen Mahnung lese, desto deutlicher erkenne ich darin ein menschliches Paradox. Worte sind sinnlos, willst du uns sagen, sie sind machtlos, vielleicht sogar verwerflich. Und trotz dieser Sinnlosigkeit, dieser Ohnmacht, dieser verdammungswürdigen Beschränktheit hast du versucht, all dem Ausdruck zu verleihen – mit Worten.

Zeugen

Die Schlacht schien sich in ein Spiel verwandelt zu haben.
»Jetzt heißt es wohl jeder gegen jeden«, rief Marco.
Chiarin, Pinon und die zwei anderen Alpini sahen ihn kurz verständnislos an; dann wandten sie wieder abwechselnd ihre Köpfe hin und her, mal zu den Sowjets, mal zu den Deutschen, als verfolgten sie ein Tennismatch.
Rückkehr mit dem Verrückten

Eine Frage, die ich dir nie stellen musste, lautet: Warum wolltest du überhaupt vom Krieg erzählen? Doch das ist kein Geheimnis. Du hast nur getan, was wir seit Menschengedenken tun.

Der Krieg als Urgrund jeglichen Erzählens: die *Ilias*, das *Mahābhārata*, das *Rolandslied* ... Oder im Mittelalter *Das Lied von der Heerfahrt Igors*, das sowohl an russischen als auch an ukrainischen Schulen als Grundstein der slawischen Literatur behandelt wird. Düstere Verse über die antike Schlacht von Isjum – vielleicht fand sie ja auf deinem Sonnenblumenfeld statt –, in denen schon das Echo kommender Schrecken anklingt: »Schwarz die Erde unter den Hufen, mit Knochen war sie besät und mit Blut begossen ...«

Nur von der Liebe erzählen wir mit derselben Besessenheit wie vom Krieg, und auch aus demselben Grund: weil wir nichts davon verstehen. Es ist derselbe vergebliche wie unbändige Impuls, einen Sinn zu finden für die sinnlosesten unserer Instinkte, Sex und Gewalt. Kriegsepen, Liebesromane: In ihnen beschreibt der Homo sapiens sapiens seinen Körper im Ausnahmezustand und schafft daraus Kultur.

Und nachdem die Zeugen der Schlacht gerade gesehen haben, wie Freund und Feind durchlöcherten Säcken gleich zu Boden fielen, erzählen sie, noch umwallt vom Gestank des Todes, von der rauschhaften Schlacht, von Ruhm und Ehre und vor allem von der Liebe für ihre Waffenbrüder. Und es spielt keine Rolle, ob man ihnen glaubt oder nicht, ob ihre Taten plausibel klingen oder nicht. Das ist nicht der Punkt. Der Punkt ist derselbe wie bei Liebesgeschichten: Worte zu finden für das, was der Körper nicht sagen kann. Die Abgründe des Körpers in Bedeutung umzuwandeln.

Die Fähigkeit zu dieser Verwandlung ist einzig und allein dem Menschen gegeben und zugegebenermaßen recht bizarr. Im Grunde genommen wissen wir, dass sie nicht funktioniert. Am Ende behält immer der Körper die Oberhand, nicht die Sprache. Doch genauso wissen wir, dass wir es immer wieder versuchen werden. Und wie du siehst, Papa, versuche auch ich es und schreibe über den Krieg – selbst ich, die ich nur weiß, dass ich nichts davon weiß.

Also stelle ich mir gar nicht erst die Frage, warum du *Rückkehr mit dem Verrückten* geschrieben hast, als du wieder zu Hause warst. Auch du hattest den Wunsch, von diesem schwarzen Loch zu reden, in dem jede Bedeutung verschwindet, von der Explosion körperlichen Leids, die jeder Krieg zur Folge hat. Das ist keiner der tausend Gründe, warum ich dich nicht verstehe, das nicht.

Wenn du noch hier wärst, Papa, würde ich dich wenn überhaupt fragen, *wann* du das Buch geschrieben hast.

Vor oder nach dem März 1945? Vor oder nach dem unfassbaren Artikel wenige Wochen vor der Befreiung? Oder vielleicht erst später, als eine Art Buße, um insbesondere dir selbst zu beweisen, dass du nicht mehr der von damals warst? Ganz sicher findet sich in deinem Buch kein Anklang mehr an das, was Massimo Rendina mit Faschismus als »Geisteshaltung« meinte. Keine Spur von Kampfeslust, Gewaltverherrlichung oder der Schönheit des Krieges. Das Einzige, was du dazu sagst, ist: *Auch das ist Krieg, hieß es immer, auch das ist Krieg: das Gefühl zu haben, in dir drin brüllte jemand schreckliche Wörter, die du nicht zu fassen bekommst.*

Wenn ich wüsste, wann du es geschrieben hast, könnte ich es vielleicht besser verstehen. Der Krieg in Russland, der größtenteils einer in der Ukraine war, hatte viele Zeugen, die sich verschiedenen Phasen zuordnen lassen. In welche Phase fiel dein Buch?

Gewiss nicht in die der speziell dafür entsandten Kriegsberichterstatter. Wenn Journalisten in einer Diktatur Protagonisten der Propaganda sind, gilt das für Kriegskorrespondenten gleich doppelt. Du hingegen warst keiner von ihnen: Den Presseausweis sollten sie dir in Italien erst später ausstellen – dann wieder abnehmen, dann wieder zurückgeben, alles Teil deiner ganz privaten Nachkriegssühnezeit. Du warst immer noch Offizier der Division Julia, ein dreiundzwanzigjähriger Leutnant (du lieber Himmel, erst dreiundzwanzig …), und hast Männer befehligt, deren Sohn du hättest sein können.

Und es stimmt, dass das faschistische Regime Italiens an keinen anderen Kriegsschauplatz mehr Journalisten entsandte als in den Osten, viel mehr als nach Libyen, wo das Königliche Heer zumindest theoretisch nichts Geringeres als das wiedererstandene Imperium in Afrika verteidigte. Doch dem Duce war sehr daran gelegen, dass vom epischen Kampf gegen die bolschewistische Hydra und dem Wirken römischer Zivilisation auf mehr oder minder barbarische Slawenvölker erzählt wurde. Und unter den vielen, sehr präzisen Anweisungen des Propagandaministeriums an die Zeitungsverleger, was zu schreiben erlaubt war und was nicht, stach die Zensur eines Ausdrucks besonders hervor: *Erfrierungen.*

Erst nach dem Waffenstillstand vom 8. September 1943 begann man endlich von Erfrierungen, Wundbrand und Amputationen zu reden, auch weil die vielen Kriegsheimkehrer nicht länger totzuschweigen waren, denen einzelne Fingerglieder, ganze Finger, Hände, Füße oder die Nase fehlten. Im Gegensatz zur Wehrmacht weigerte sich das Königliche Heer aufgrund einer besonderen, sehr italienischen Zurückhaltung, über eine weitere Verstümmelung Buch zu führen, die die Körper der Invasoren in der eisigen Steppe erlitten hatten: Erfrierungen an den Genitalien. Eine unsichtbare und schambesetzte Versehrtheit, die in den Berichten und Aussagen der Kriegszeugen ausgelassen wurde.

In der unmittelbaren Nachkriegszeit hatte die Erinnerungsliteratur die Aufgabe, die Ehre des italienischen Heeres zu retten. Das war nicht ganz einfach: Immerhin hatte das Heer an faschistischen Angriffsfeldzügen teilgenommen, die größtenteils in Niederlagen geendet hatten – ganz zu schweigen von dem peinlichen Detail, wer unser Verbündeter gewesen war. Also stellte man den Russlandfeldzug als einen Krieg dar, der von einem sanftmütigen Volk geführt worden war, das zwar tapfer, doch vom Pech verfolgt und außerdem mitsamt seiner ehrenhaften Militärführung von einem Mann verraten worden war, der die alleinige Verantwortung für das ganze Desaster trug: der tote Mussolini. Die Leiche des Duce hing bereits kopfüber am Piazzale Loreto in Mailand und wurde nicht nur bespuckt und mit Exkrementen und Flüchen beworfen, sondern bekam auch – und mit viel nachhaltigerer Wirkung – den ganzen schändlichen und faulig stinkenden Dreck aus zwanzig Jahren kollektiver italienischer Verantwortungslosigkeit zugeschoben.

Einen wichtigen Beitrag zu dieser Neuinterpretation der Geschichte leisteten die Militärseelsorger. Wie die Reporter hatten auch sie sich in sehr viel größerer Zahl als an allen anderen Fronten im Osten aufgehalten, als Folge der entschiedenen Zustimmung, mit der die katholische Kirche dem Angriff auf die UdSSR ihren Segen gegeben hatte: ein moderner Kreuzzug, um die vom gottlosen Kommunismus brutal unterdrückten Seelen zu erlösen, so erklärten es die Pfarrer ihren Schäfchen in der Sonntagspredigt. Dieser missionarische Impetus bereitete dem Königlichen Heer immer wieder Probleme: Die Begeisterung, mit der manche Seelsorger die unter der Besatzung lebende Bevölkerung zum Katholizismus bekehren wollten, verärgerte die orthodoxen Popen, die wiederum zu den verlässlichsten Kollaborateuren der Nationalsozialisten gehörten.

Auch in der unmittelbaren Nachkriegszeit führte der pastorale Elan, die Ereignisse an der Ostfront umzudeuten, zu allerlei schlimmen Schnitzern, um es mal freundlich auszudrücken. In den Kriegsmemoiren des Militärseelsorgers und späteren Bischofs von Novara, Aldo del Monte, die 1945 unter dem Titel *La Croce sui Girasoli* (»Das Kreuz über den Sonnenblumen«) veröffentlicht wurden, wird eine

Razzia unter ukrainischen Juden durch eine SS-Patrouille als die gerechte Rache für die Kreuzigung Christi geschildert. Später muss dann jemand festgestellt haben, dass es in der Welt nach Auschwitz geschicktere Methoden gab, die Ehre der Nation und auch die Evangelien zu verteidigen: In einer neueren Ausgabe des Buches von 1981 findet sich der Passus nicht mehr. Ein Schlüsselwort taucht allerdings weder in der ersten noch in der späteren Ausgabe auf, als stünde es in keinerlei Zusammenhang mit diesem Krieg, der von guten und menschenfreundlichen italienischen Soldaten geführt wurde, von einer sanftmütigen Herde von Schäfchen, deren Schäfer die Seelsorger wie Del Monte selbst waren: das Wort »Faschismus«.

In den Fünfziger- und Sechzigerjahren wurde eine Reihe von literarischen Meisterwerken über den weißen Tod an der Ostfront veröffentlicht: In den Titeln der Bücher von Mario Rigoni Stern, Nuto Revelli, Giulio Bedeschi und anderen tauchten die Worte »Schnee« und »Eis« auf, genau wie das Wort »kalt« im Titel deines Manuskripts vorkommt, das du schon in der Schublade liegen hattest. Auch deine Memoiren hätten zu dem kollektiven Narrativ beitragen können, das Italien sich über den Krieg in Russland zurechtlegte, der ja eigentlich größtenteils ein Krieg in der Ukraine gewesen war. Doch das geschah nicht.

In einem Lebenslauf aus dem Jahr 1957 listest du Schul- und Studienabschlüsse, Berufserfahrungen, die verschiedenen Zeitungen, für die du schon gearbeitet hattest, sowie die Länder auf, die du als Berichterstatter bereist hattest. Darunter steht dieser Eintrag:

1965: Lobende Erwähnung beim Premio Brancati für den unveröffentlichten Roman »Faceva freddo« (»Es war kalt«).

Du hingst also an dem Buch. Aber niemand wollte es veröffentlichen. Weitere fünfzehn Jahre vergehen, in denen du es vielleicht noch einmal überarbeitest, auf jeden Fall aber den Titel änderst. Als das Buch, nun unter dem Titel *Rückkehr mit dem Verrückten*, endlich einen Verleger findet, wird es in einer sehr niedrigen Auflage gedruckt.

Der Kreis deiner vielen Frauen – eine Mutter, eine Schwester, zwei Ehefrauen und vier lebende Töchter – stellte einen nicht unerheblichen Anteil deiner gesamten Leserschaft.

Am Ende war es doch so mit deinen Kriegsmemoiren, Papa: Du hast deinen liebevollen Blick auf die armen Menschen mit der Welt geteilt; du hast deine intimsten Gefühle nach außen gekehrt, hast deine Scheu und die verhassten Phrasen abgeworfen und mit verzweifelter Klarheit das ganze Ausmaß deiner Verwirrung dargelegt. Aber die Welt war nicht interessiert.

Und selbst ich, deine Tochter, die dir immer alles ins Gesicht gesagt und dir auch unbequeme Fragen nicht erspart hat, selbst ich habe dir nie gesagt, wie sehr es mich berührt hat, dich über dieses Buch noch einmal neu kennenzulernen.

Doch was ist ein Zeitzeuge, den niemand sieht?

In deinem Buch fragst du dich an einer Stelle sogar, wie es wohl wäre, sich selbst beim Kriegführen zuzusehen:

Wenn ein Mensch auf einen hohen Pfahl klettern würde und von dort oben in aller Seelenruhe auf die Welt herabschauen könnte, käme es ihm sicherlich albern vor, dass dieser verflixte Leutnant immer das Gegenteil von dem tut, was er eigentlich will, und sich letztlich so verhält, als würde er nichts kapieren, als wäre er ein rechter Dummkopf. Nun zum Beispiel war er auf dem Weg in den Tod, obwohl er überhaupt keine Lust hatte, zu sterben.

Während ich diese Zeilen schreibe, bin ich auf den Pfahl geklettert, ganz nach oben, und schaue in aller Seelenruhe auf meinen seligen Vater hinab, der sich häufig – das kann ich bestätigen – so verhielt, als würde er nichts kapieren, und den ich in seinen Widersprüchen wirklich komisch fand, aber ein Dummkopf? Nein, für einen Dummkopf habe ich ihn nie gehalten, und vor allem bin ich heilfroh, dass er keine Lust zu sterben hatte.

Und auch wenn ich dir das nicht mehr sagen kann, so kann ich es noch schreiben: Als ich dein Buch gelesen habe, Papa, da konnte ich dich sehen.

Im März 2022, wenige Tage nach Beginn des russischen Angriffskriegs, richtete der ukrainische Schriftsteller Andrej Kurkow auf Facebook einen Appell an seine Landsleute: »Liebe Kollegen-Freunde und Freunde-Freunde! Wann immer ihr in diesen schrecklichen

Zeiten die Möglichkeit und die Muße habt: Versucht Tagebuch zu schreiben, notiert eure Gedanken, haltet fest, was ihr seht, was euch selbst und den Menschen in eurer Umgebung passiert. Wir werden diese Zeugnisse in naher Zukunft dringend brauchen!«

In einem anderen Interview eineinhalb Jahre später versuchte Kurkow ein vorläufiges Resümee zu ziehen, welche Auswirkungen der Krieg auf sein Land und seine Kultur haben würde:

»Die ukrainischen Schriftsteller schreiben keine Romane mehr. Sie schreiben Gedichte, Zeitungsartikel, Tagebücher und Essays, aber keine Romane. Letztendlich wollen alle über den Krieg schreiben. Denn der Krieg ist so intensiv. So lebendig.«

Genau das tat auch Wiktorija Amelina, die ermordet wurde, als sie eine Pizza essen ging. Auch sie schrieb Gedichte, Zeitungsartikel, Tagebuch, Essays und Reportagen über den Krieg, aber keine Romane. Denn alles hat seine Zeit, es gibt eine Zeit, Zeugnis abzulegen, und eine Zeit, Geschichten zu erfinden.

Da ist aber noch eine andere Sache, Papa, über die ich mir den Kopf zerbreche: Mir ist noch nicht klar, was diese mörderisch-lebendige Intensität des Krieges mit mir zu tun hat. Ich sitze in meiner Wohnung, im Rücken Bücherregale und die Fotos meiner Kinder, und konsumiere auf Instagram, Twitter, Facebook, Threads, Telegram, YouTube, TikTok – und allen anderen gegenwärtigen und künftigen Sozialen Medien, deren rasante Entwicklung diese Liste bald schon obsolet machen wird – die Bilder und Videoaufnahmen von Drohnen, GoPros, Dash Cams und Satelliten, die zum ersten Mal in der Geschichte der Kriege direkt von denen kommen, die den Krieg selbst führen, erleben und erleiden, Reel für Reel, Selfie für Selfie, ohne die Vermittlung der Massenmedien wie noch im Irakkrieg.

Welche Verbindung besteht zwischen mir und dieser Flut an Bildern, die mich fast in Echtzeit an dem teilnehmen lassen, was an der Front eines der größten Konflikte zwischen verfeindeten Heeren seit dem Zweiten Weltkrieg passiert?

Und was würdest du von dem Video halten, Papa, das ich heute in meinem Feed gefunden habe, versehen mit dem Kommentar:

»Solche Videos schicken unsere Jungs von allen Frontabschnitten, sie können nichts sehen, können sich nicht auf den Beinen halten, alles ist weiß.« Die Aufnahme zeigt einen ukrainischen Soldaten, der sich mit ausgestrecktem Arm dabei filmt, wie er mühsam durchs Schneegestöber stapft. Sein Bart ist vereist, der Helm schneebedeckt, die Augen sind als Windschutz unter den mit Eisperlen besetzten Wimpern zusammengekniffen. Er sieht direkt ins Objektiv und sagt etwas, doch seine Worte sind nicht zu hören, nur das Tosen des Windes und der pausenlose Geschützdonner. Dann dreht er die Kamera, im unbestimmten Weiß tauchen wie japanische Schriftzeichen die schwarzen Linien kahler Bäume auf, dann zwei Soldaten, die sich gegen den Schneesturm stemmen und versuchen, einen alten Toyota auszugraben – ein Unterfangen, das zum Scheitern verurteilt scheint.

Wenn du noch leben würdest, Papa, könnten wir uns zusammen in deine Einzimmerwohnung mit Blick auf den Tiber setzen und uns dieses siebzehnminütige Video ansehen, zu dem auch folgende Bildunterschrift passen würde: *Marco war am Ende seiner Kräfte, konnte den Wind nicht mehr ertragen und seine Füße nicht mehr spüren* ..., oder viele andere Sätze aus dem Buch, das du über einen Krieg an dem gleichen Ort und in derselben Kälte geschrieben hast; nur mit dem Unterschied, dass deine Mutter Bianca keine Livebilder bekam, während sie in ihrer Küche über dem Bahnhof saß und sich fragte, ob du noch am Leben warst.

Ich kann mir beim besten Willen nicht vorstellen, welche Wirkung diese Bilder auf dich gehabt hätten.

Und auch nicht, wie du reagieren würdest, wenn du auf dem Computerbildschirm einer deiner Töchter oder Enkel die Drohnenaufnahmen von Panzern sehen würdest, solche wie der, aus dem zu deiner Überraschung eine Frau in der Uniform der Roten Armee auftauchte, und die dann in die Luft gesprengt werden – genau wie vor deinen Augen achtzig Jahre früher.

Diese Unmittelbarkeit ist mir unbegreiflich.

Heute habe ich unter einem der zahlreichen Videos folgenden Kommentar gelesen:

»Da haben wir gerade gesehen, wie zwei Menschen aus weniger als zehn Metern Entfernung mit einem Maschinengewehr erschossen werden. Tausende Kilometer von uns entfernt. Im Internet, das es vor vierzig Jahren noch nicht gab. Das ist alles so unglaublich!«

Oder einen anderen:

»Du lieber Himmel, ein Stellungskrieg im Jahr 2023. Was passiert da in unserem 21. Jahrhundert? Das sieht aus wie ein Schlachtfeld aus dem Ersten Weltkrieg, nur live und in Farbe.«

Wenn der Krieg eine alles umwälzende Katastrophe für denjenigen ist, der ihn hautnah erlebt, kann die Möglichkeit, ihm aus vielen tausend Kilometern Entfernung auf dem eigenen Computer beizuwohnen, einen zumindest schwindeln lassen. Die Folgen davon sind noch nicht abzusehen. Wie sieht wohl die *Ilias* der Zukunft aus, wenn die Menschen den Trojanischen Krieg vom Küchentisch aus live mitverfolgen, während sie mit ihrem Smartphone durch Videos scrollen?

Nimm zum Beispiel das Video, das ich im Oktober 2022 gesehen habe und das an einem sonnigen Herbsttag in einer kleinen Ortschaft in der Oblast von Charkiw gedreht wurde, das du Carcovo nanntest. Drei ukrainische Soldaten gehen eine Straße entlang – der vierte hat die Helmkamera auf, man sieht nur seine Füße und Hände, wenn er den Kopf hin und her dreht. Sie kommen an Häusern vorbei, die heftig unter dieser besonders boshaften Art von Entropie gelitten haben, die Putin in der Ukraine ausgelöst hat, es ist kaum zu glauben, dass man hier noch leben kann. Doch dann tauchen in einer halb aus den Angeln gehobenen Tür in einer verkohlten Mauer zwei alte Leute auf, Mann und Frau. Ihren Haaren und ihrer Haut ist anzusehen, dass das Wasser seit Monaten nur noch zum Trinken reichte, aus ihren Blicken spricht ein erstarrtes Misstrauen und gleichzeitig die Neugier, zu erfahren, was hier vor sich geht. Plötzlich öffnet sich der feindselige Blick der Frau in freudiger Überraschung, sie schlägt die Hand vor den Mund, um einen Schrei zu unterdrücken, weil sie endlich verstanden hat: Diese Soldaten sind keine Russen, sondern Ukrainer! Sie sagt ein paar Worte zu ihrem Mann, dessen Miene noch von Zweifel und vermutlich Hass verschlossen ist, während sie schon auf die Soldaten zuläuft, schließlich doch schreiend, einen von ihnen umarmt, einen anderen streichelt, wie schön ihr seid, sagt sie, wie schön, wie schön! Die Soldaten schieben ungelenk ihre sperrigen Maschinengewehre auf den Rücken, um sie besser umarmen zu können, einer stellt es wie eine Einkaufstasche neben sich ab. Die alte Dame möchte die Hände der Soldaten küssen, führt sie sich an Mund und Stirn, doch die Männer sind solche Respektbekundungen nicht gewohnt und genieren sich, sind aber auch sichtlich glücklich, lächeln, bis einer von ihnen erfährt, dass sie genauso heißt wie seine Großmutter, und sie noch fester mit seinen großen Bauern- oder Mechanikerpranken umfasst. Dann fragt die Frau, ob sie mal eines ihrer Telefone benutzen dürfe. In den russisch besetzten Gebieten sei jede Kontaktaufnahme mit der Ukraine untersagt, erklärt sie, und sie wolle ihre Tochter auf der anderen Seite der Front anrufen: Seit dem Tag der Invasion haben sie nichts mehr voneinander gehört, und sie will ihr sagen, dass sie, die Eltern, noch leben.

Nach dem Telefonat sagt die Frau: »Jetzt mache ich euch Reibekuchen«, doch die Männer lehnen dankend ab. »Wir haben noch viel zu tun.« Und ich aktualisiere die Seite, um das Video noch mal und noch mal zu sehen, und als ich einige Tage später die ukrainische Armee in Isjum einmarschieren sehe, denke ich an die Soldaten, die keine Zeit hatten für die sicherlich köstlichen Reibekuchen der alten Frau, zu viel hatten sie noch zu tun; zum Beispiel die Folterkeller nach den Gasmasken zu durchsuchen, die der »Elefanten«-Methode dienten.

Oder nimm das Video, das in einem Herbstwald gedreht wurde: Ein Trupp Soldaten mit langen Bärten unterhält sich in einer fremden Sprache – Tschetschenisch steht unter dem Video –, sie machen Selfies und Videos von sich, werfen sich vor dem Objektiv martialisch in Pose, zerbröseln lachend trockene Blätter über den Köpfen der Kameraden, führen sich wie Klassenclowns beim Ausflug auf, und fast kann man das feuchte Laub, die Bärte, die schlammigen Uniformen riechen; da plötzlich ein lautes Donnern, das Bild macht einen unerwarteten Satz, und ich zucke in meinem Sessel zusammen, ein paar Sekunden geht alles drunter und drüber, man hört Schreie, Stöhnen, man sieht ein Stück Bein, aus dem etwas Dickflüssiges quillt, und eine Art weißen zerbrochenen Stock, vermutlich ein Knochen, die Schreie werden immer gellender, und ich klicke das Video weg.

Dasselbe tue ich bei vielen anderen Videos, und genauso viele, die in den Sozialen Netzwerken mit einer Warnung vor sensiblen Inhalten versehen sind, klicke ich gar nicht erst an. Danke nein, ich muss keine zerfetzten Menschen sehen, ich weiß auch so, dass dieser Krieg eine einzige große Scheiße ist. Mir graut schon beim Lesen gewisser Kommentare von Leuten, die wie ich weit von der Ukraine und der Front entfernt sind, in ihren Wohnungen sitzen und sich darüber freuen, wenn aus anderen Menschen totes Fleisch gemacht wird.

So sind ein, zwei Jahre Krieg vergangen. Und auch das dritte geht nun vorüber.

Vorbei die Zeit, als russische Panzer auf den Straßen nach Kyjiw im Stau steckenblieben wie Berufspendler im Feierabendverkehr. Oder von ukrainischen Traktoren wie Pflüge aufgespießt und weggeschleppt wurden. Diese Bilder sahen wir sanften Fernsehzuschauer nur allzu gerne. Der Krieg nicht unbedingt als Witz, aber doch als Farce. Und zeigen nicht gerade wir Italiener der Welt seit Jahrhunderten, dass die beste Strategie, eine Katastrophe zu überleben – vom Krieg über die Liebe bis zur Armut –, diejenige ist, eine Komödie daraus zu machen? Auch wenn die Erzählung sich dabei natürlich nicht immer genau an die Fakten hält. Dieselbe Strategie, die es uns erlaubte, angesichts eines komplett zerstörten Landes zu behaupten, nein, wir haben den Krieg nicht verloren. Da kamen uns diese schlichten Traktoren gerade recht mit ihren dickköpfigen Landwirten am Steuer – diese Vorzeigemaschinen des Friedens, die den Weizen einsammeln –, die in den ersten Kriegswochen die Wracks der ausgebrannten Kampfpanzer abschleppten wie Autos aus einer Halteverbotszone.

Wenn der Krieg immer so spöttisch und sympathisch wäre, könnten wir ihn fast ertragen.

Dann haben wir militärische Fachausdrücke gelernt, zum Beispiel, was man unter einem Frontbogen versteht oder unter der Festsetzung feindlicher Truppen.

Als dann die amerikanischen HIMARS kamen und die russischen Munitionslager immer häufiger in die Luft flogen, haben wir gejubelt.

»So, jetzt kommt die Gegenoffensive!«

»Gewinnen jetzt die Ukrainer?«

Doch die ukrainische Gegenoffensive gelang nicht, und, wie wir heute wissen, auch deshalb nicht, weil wir als Westen nur einen Bruchteil der dafür notwendigen Waffen geliefert haben und die Russen nicht zurückgewichen sind.

»Gewinnen jetzt die Russen?«

Endlich soll jemand gewinnen.

Natürlich waren es die Ukrainer, die angegriffen wurden, und es täte uns auch leid, wenn sie verlieren würden, aber wenn tatsächlich die Russen gewönnen, was soll's, Hauptsache, der Krieg hört endlich auf, wie lange soll das denn noch so gehen?

Es ist wie ein Tennismatch, das zu lange dauert, die Übertragung verliert an Schwung und Spannung, die Zuschauer zu Hause haben keine Lust mehr. Seit Monaten schon wechseln sie die Sender zu anderen Gräueltaten, anderen Krisen, anderen beklagenswerten Opfern. Wenn ich jetzt über das Buch rede, an dem ich schreibe, höre ich immer häufiger wieder den alten Satz, vielleicht in ein wenig gewählteren Worten, aber im Grunde unverändert: »Hör bloß auf, Francesca, nicht schon wieder die blöde Ukraine!«

Papa, ich habe einen Verdacht.

Ich habe den Verdacht, dass diejenigen, die sich diese ganzen Bilder angesehen haben, mittlerweile überzeugt davon sind, dass sie selbst, also wir, die eigentlichen Zeugen des Krieges sind. Wir, für die der Krieg Spektakel, Nachrichtensendung, Unterhaltungsformat ist, eine TV-Serie, die wir uns zu Hause anschauen, um dann, wenn eine andere spannendere kommt – zum Beispiel eine, die in Nahost spielt –, einfach umzuschalten.

Oder sie sehen den Krieg wie ein Fußballspiel. Wer in der Pax Europaea groß geworden ist, für den nimmt die nationale Fußballliga den Platz ein, den über Jahrhunderte der Krieg hatte – auch sie hat ihre Helden, ihren Ruhm, ihre Triumphe, ihre Niederlagen und brüderlichen Gemeinschaftsrituale. Jetzt ist es offenbar wieder umgekehrt. Wenn man manchen Diskussionen über militärische Strategien und Taktiken an der ukrainischen Front lauscht und das von Leuten, die noch nie ein Gewehr in der Hand hatten, geschweige denn in einem Panzer saßen, fallen einem automatisch die vielen Stammtischtrainer ein, die am Wochenende über Spielzüge fachsimpeln.

Deine Generation ist dem Glanz dieses europäischen Friedens mit zusammengekniffenen Augen begegnet, musste immer wieder geblendet blinzeln, weil ihr aus der tiefsten Dunkelheit kamt. Doch wir, die wir immer in seiner Gegenwart gelebt haben und nichts anderes kennen, wie sollen wir begreifen, also wirklich begreifen, dass in einem totalen Krieg keine Meisterschaft auf dem Spiel steht und auch nicht der Klassenerhalt, sondern dass es nur die Alternative gibt zwischen Überleben und Vernichtung?

Das können wir nicht.

Deshalb ist mir dieser Verdacht gekommen: Viele von uns Europäern des Westens sehen auf unseren Bildschirmen die Totenfelder von Awdijiwka, die kariös aufragenden schwarzen Zähne der Wohnblöcke von Bachmut, das stinkende Wasser des in die Luft gesprengten Staudamms von Nowa Kachowka, wo Kühe treiben, Blindgänger, Industrieabfälle, Tierkadaver und Teekannen, und wenn wir das sehen, glauben wir insgeheim, das alles existiere nur für uns. Dass es den Krieg nicht gäbe, wenn wir nicht seine Zuschauer wären. So wie es ohne Zuschauer in den Stadien oder auf den Sendern mit den exklusiven Übertragungsrechten weder die Bundesliga oder die Serie A, noch die Champions League oder eine Weltmeisterschaft geben würde. Weshalb dieser Krieg enden müsste, sobald wir nicht mehr hinschauen – was folglich bedeutet, dass wir denen, die sich verteidigen, einfach keine Waffen mehr zu liefern brauchen, damit der Krieg endlich aufhört.

Und so sitzen wir in unseren Sesseln, in unseren wohlig-warmen Wohnungen, ausgeschlafen, satt und in frisch gewaschenen Kleidern, ohne dass die Ratten aus den Schützengräben unsere Stiefel annagen, ohne dass das Donnern der Artillerie jeden klaren Gedanken unmöglich macht, ohne ein Tourniquet um den Oberschenkel, um nicht zu verbluten, während die Stimmen der Kameraden immer schwächer werden; wir sitzen in unserem sicheren Westeuropa, der goldenen Insel des Wohlstands und Friedens, und verzweifeln voller Empathie an der Verkommenheit der Welt; ohne dass der Krieg je durch unsere Körper hindurchgegangen wäre, schreiben wir nachdenkliche, sorgenvolle Artikel, diskutieren über die Tastatur gebeugt über Flicknähte an Abrams-Panzern und bilden uns ein, die Zeugen dieses Live-Krieges – wie auch aller anderen Kriege, solange sie nicht vor unserer Haustür stattfinden – seien wir, wir, wir.

Doch das stimmt nicht. So funktioniert das nicht, auch nicht in Zeiten von Sozialen Netzwerken, Selfies und Reels – und du, Papa, weißt das tausendmal besser als ich.

Denn von der schönen und eleganten Stadt Mariupol ist nur ein Name geblieben, der für Grauen und Mitleid steht.

Und wir brauchen uns keine Illusionen zu machen über den Verbleib der vielen Kinder, die entführt, verschleppt und an Orte gebracht wurden, die weiter entfernt sind als Dersu Usalas Dorf oder Magadan, Kinder, die niemals zu ihren Familien zurückkehren werden – während ich das schreibe, ruht mein Blick auf den Fotos meiner eigenen Kinder – und deren Zahl ins Zehntausendfache geht.

Und die russischen Verluste in der Ukraine seit Beginn des Angriffskrieges sind drei, wenn nicht sogar vier Mal so hoch – *vier Mal*, Papa! – wie die, die die italienischen Truppen bei ihrer schlimmsten Niederlage im Zweiten Weltkrieg erleiden mussten, besser gesagt: in ihrer ganzen Geschichte, während des Feldzugs, der Russlandfeldzug genannt wurde, obwohl er größtenteils ein Ukrainefeldzug war, in deinem Krieg. Und die Verluste auf ukrainischer Seite sind im Verhältnis zur Gesamtbevölkerung nicht wesentlich geringer.

Und in jeder Waffenpause, die zwischen den Militärs ausgehandelt wurde, fahren die Kühllaster die Front ab, und beide Armeen nutzen die Waffenruhe, um die Leichen einzusammeln, die häufig genug nur noch Leichenteile und Knochen sind, und sie gegenseitig auszutauschen, damit jeder die eigenen Leute beerdigen kann. Auch das war mir neu: Wer das Niemandsland zwischen den Frontlinien betritt, erkennt sein Ziel nicht am Geschützfeuer oder an den zu schwarzen Gerippen verbrannten Bäumen, sondern am Gestank von verwesendem Fleisch.

Denn das bedeutet Stellungskrieg ebenfalls: Körper, die nicht anders sind als unsere Körper oder mein Körper, Körper, die Mütter, Väter, geliebte Menschen und Kinder haben, die vom Räderwerk der Geschichte zermalmt werden. Dir muss ich das ja nicht erklären, Papa: Die Wirklichkeit des Krieges ist immer und immer wieder die Wirklichkeit der Körper, durch die er hindurchgeht. Deshalb ist nur derjenige ein Zeuge des Krieges, der ihn am eigenen Leib erfahren hat.

Diejenigen, deren Körper aber niemals in Gefahr schwebten – wie zum Beispiel wir –, können niemals seine Zeugen sein. Wir können niemals Kriegszeugen sein. Wir sind nur die Zuschauer.

Wir Zuschauer haben auch das Video geteilt, in dem die Frau aus Henitschesk dem russischen Soldaten die Sonnenblumenkerne in die Hand drückt, damit aus seinen Taschen Blumen wachsen, wenn er tot ist. Wir haben es viral gehen lassen, dieses Video. Und haben unsere begeisterten Kommentare hinterlassen:

»Wie mutig!«

»Unglaublich!«

»Die hat's ihm aber gezeigt!«

An all der Zustimmung, all den Klicks, dem ganzen profitablen Traffic auf den Plattformen hat die Frau keinen einzigen Cent verdient. In den Monaten darauf, so erfuhr man später, haben die russischen Besatzer die Frau festgenommen und gefoltert – davon gibt es wiederum kein Video. Ihre Heimatstadt geriet hinter die Frontlinie, wurde Teil der besetzten Gebiete, die die Geopolitik-Experten Putin gerne im Tausch gegen Frieden überlassen würden, es lebe der Frieden, wen interessieren da schon die Leute, die dort leben, wen interessieren ihre Körper. Der Körper der Frau mit den Sonnenblumenkernen ist nun gezeichnet von Elend, von Schlägen. Um die notwendige medizinische Behandlung zu erhalten, musste sie die russische Staatsbürgerschaft annehmen, genau wie ihre Nachbarin, eine Diabetikerin, die ohne russischen Pass kein überlebensnotwendiges

Insulin mehr bekommen hätte. Jetzt träumt die Frau mit den Sonnenblumenkernen von dem Tag, an dem Henitschesk befreit wird, und den Soldaten, die sie befreien, wird sie keine Sonnenblumenkerne, sondern köstliche Reibekuchen schenken.

Und in Wiktorija Amelinas Kopf schließlich hat sich der Splitter einer Rakete gebohrt, die die Russen ferngesteuert auf das Lokal Pizza Ria abgefeuert haben. Ein paar Tage später wurde der Sarg mit ihrer Leiche durch die Stadt zum Staatsbegräbnis in die Kathedrale gefahren, und der Straßenverkehr öffnete eine Schneise für sie. Alle stiegen aus ihren Autos, knieten nieder und senkten die Köpfe.

Und ich weiß, Papa, auch du hättest dich verneigt vor Wiktorija Amelinas Tod, vor der Mutter, Dichterin, Schriftstellerin und Zeugin des Krieges.

Geschlecht

Es fällt nicht schwer, von mir zu reden oder von meinen Schwestern, Müttern oder Töchtern und so weiter, bis hin zu Nichten und Tanten, Großmüttern und Urgroßmüttern, und von ihren Lebzeiten, die hart und grausam waren oder glücklich. [...] Wir waren immer im Krieg, ob als Gerettete oder als Opfer. Denn auf die eine oder andere Art und Weise hat der Krieg uns nie verlassen.
Die sibirischen Frauen folgen der Sonne

Es wäre eine Verdrehung der Tatsachen, Papa, wenn man dich als Feministen bezeichnen würde. Du warst kein Feminist, insbesondere nicht deinen Ehefrauen gegenüber – obwohl man dazu sagen muss, dass auch die katholischen Väter meiner Freundinnen keine Vorbilder in Sachen Geschlechtergerechtigkeit waren, und die Kommunisten schon gar nicht.

Aber mich als Tochter hast du immer mit Respekt und Vertrauen behandelt, gerade in meiner Jugendzeit, als meine Freundinnen mehr und mehr unter den Verboten ihrer Eltern zu leiden hatten; deine einzige Auflage lautete, mir vor Entscheidungen immer die Frage zu stellen, ob ich wirklich nach meinen Wünschen und Bedürfnissen handelte. Ich erinnere mich noch gut an dein Gesicht, wenn wieder mal jemand wissen wollte, ob dir denn nicht »ein Stammhalter« fehle. »Ein *männlicher* Erbe?«, gabst du fast angewidert zurück. »Welcher Vater möchte denn freiwillig *Söhne* im Haus haben? Wie könnte man diesen wundervollen Töchtern so nutzlose und nervtötende Wesen vorziehen?«

Und das war nicht aufgesetzt. Du warst überzeugt davon, dass Frauen die bessere Hälfte der Menschheit seien, und schreibst das auch in deinen Büchern. Natürlich warst du zugleich ein Mann, der drei Jahre vor dem Marsch auf Rom und der Machtergreifung durch Mussolini zur Welt gekommen und dessen gesamte Schul- und Studienzeit in die Zeit des Faschismus gefallen war. Vom Feminismus und seinen Begrifflichkeiten hattest du keine Ahnung, davon warst du Lichtjahre entfernt. Nein, einen Feministen kann man dich nicht nennen – wenn überhaupt warst du ein »Frauenfreund«. Denn von einer Sache warst du fest überzeugt, gestützt durch eine ordentliche Portion Idealismus und die Naivität des Typs sanftmütiger Mann, der die Frauen liebt: Sollte es der Menschheit jemals gelingen, den gewaltvollen Kurs der Geschichte zu ändern, dann nur durch das Verdienst der Frauen.

Vergewaltigung war für dich daher das genaue Gegenteil dessen, was uns zu Menschen macht.

»Die Schönheit lag still in dem Sarg, schnell schlich ich näher, um sie zu vögeln./ Jetzt bist du dran, meine Schöne, ob du willst oder nicht.«

Dieses Lied der Punkband Krasnaja Plesen (»Roter Schimmel«) war Ende der Achtziger in der UdSSR sehr bekannt. Damals war Wladimir Wladimirowitsch Putin ein kleiner KGB-Agent, dem langsam die Haare ausfielen. Man hatte ihn an einen so irrelevanten Ort wie Dresden geschickt, um an der dortigen Universität Studenten zu rekrutieren, was sich kurz darauf durch den Fall der Mauer als überflüssig erwies. Doch Putin hat die Kunst der guten alten sowjetischen Agentenarbeit nie verlernt – wohlmeinende und häufig arglose junge Progressive manipulieren und zu sich ins Boot holen; das kommt ihm heute wieder zupass in einem Krieg, dessen entscheidende Schlachten, vielleicht mehr noch als in Awdijiwka und Bachmut, auf dem Feld der öffentlichen Meinung im Westen geschlagen werden.

Wenn ich an diese grauen Jahre Putins in der DDR denke, erinnere ich mich jedenfalls auch immer an diese so beliebten Songzeilen.

Der 7. Februar 2022 läutete das Ende einer Epoche ein, einer Epoche ohne Krieg; damals lachten wir noch über das Bild des absurd langen Tischs, den Putin aus Angst vor Ansteckung zwischen sich und seine Gäste im Kreml postiert hatte. Wir lachten über den französischen Präsidenten, so wie wir eine Woche später über den deutschen Bundeskanzler lachen würden, der auf dieselbe groteske Weise behandelt wurde. Während der anschließenden gemeinsamen Pressekonferenz hörte Putin der russischen Simultanübersetzung der Rede Emmanuel Macrons in selbstgefälligem Schweigen zu, ohne ihn eines Blickes zu würdigen, wie ein König gegenüber seinem Untertanen. Als dann er an der Reihe war, ließ Macron ihn keine Sekunde aus den Augen, sondern sah ihn fragend an, während er über Kopfhörer der französischen Übersetzung lauschte. Heute wissen wir, dass Putin zu diesem Zeitpunkt schon alle Vorbereitungen für die Invasion der Ukraine getroffen hatte, die er mindestens seit Sommer 2021 plante; doch in dem großen Saal mit seinem Boden aus glänzendem, höchstwahrscheinlich italienischem Marmor sagte er Worte wie *gemeinsames Interesse, Lösungssuche, Friedensbemühungen* und *internationale Partner.*

Mehrmals habe ich mir das Video dieser für Emmanuel Macron und damit für alle Europäer so demütigenden Pressekonferenz angeschaut. Zwei Jahre später erkennen wir das ungeheure Ausmaß unseres Irrtums, unserer Realitätsverweigerung und unseres scheinheiligen *business as usual* gegenüber einem Mann, der schon seit vierzehn Jahren den Krieg wollte, plante und führte – und dank uns weitgehend unbehelligt. Ich habe versucht, an Macrons Mienenspiel abzulesen, ob und wann er endlich begreift, dass er in eine Falle gelaufen ist, mitten hinein in eine öffentliche Zurschaustellung von Dominanz und Unterwerfung, in ein Ritual, das auf den visuellen Codes von Feudalgesellschaften oder Mafiaclans basiert und in dem mit theatralischen Gesten und dreisten Lügen operiert wird. Was Macron und der ganzen Welt siebzehn Tage später in aller Deutlichkeit vor Augen geführt werden sollte.

Ich bezweifle allerdings, dass Macron den Subtext des einen bizarren Satzes wahrnahm, den Putin in das konziliante Gerede des großen

Staatsmanns plötzlich einfließen ließ, indem er nach einer kurzen Erwähnung der Ukraine direkt in die Kamera blickte und sagte:

»*Jetzt bist du dran, meine Schöne, ob du willst oder nicht.*«

Ich würde auch nicht darauf wetten, dass der Dolmetscher diesen Satz ins Französische übersetzt hat. Er war ja weder an Macron noch an die anwesenden Journalisten und ihr westliches Publikum gerichtet. Er richtete sich an die russischen, vor allem die ukrainischen Zuschauer, die mit nachvollziehbarer Sorge die Pressekonferenz verfolgten. Denn dieser Satz konnte auch nur von Menschen aus jenen Ländern richtig gedeutet werden, in denen Krasnaja Plesen in den schönen Zeiten der UdSSR ihre Erfolge gefeiert hatte. Und die korrekte Übersetzung lautete dann:

»Russland wird kommen und dich mit Gewalt nehmen, Ukraine. Und das Brautgemach wird dein Sarg sein.«

Das Substantiv »Krieg« ist im Deutschen männlichen Geschlechts, im Italienischen wie auch im Russischen und Ukrainischen hingegen weiblich.

Welches Geschlecht hat der Krieg, Papa?

Was für eine Frage. Unsere Vorstellungswelt vom Krieg wird seit jeher von phallischen Bildern der Männlichkeit und Virilität dominiert, und das gilt erst recht für den Faschismus, in dessen Namen du in den Krieg gezogen bist. Der Krieg als Penetration des Körpers des Feindes – keine besonders raffinierte Metapher. Doch sowohl in deinem Krieg als auch in dem davor wurde der Feind an sich als männlich betrachtet, genau wie das eigene Heer. Nicht als weiblich. Wenn es also um Penetration ging, dann um jene, die gemäß den ungeschriebenen archaischen Gesetzen als erniedrigendste Form der Unterwerfung gilt, nämlich um die homosexuelle Penetration.

Natürlich gibt es Vergewaltigungen als Kriegswaffe, meistens – aber nicht nur – verübt an Frauen. Das seit Jahrtausenden angewandte Ritual der Unterwerfung des besiegten Feindes durch die Erniedrigung seiner Frauen, das Hinterlassen verbrannter Erde in einer Gemeinschaft, indem man sich an den Körper ihrer Frauen vergeht. Frauen werden zu Vehikeln einer Botschaft gemacht, die sich immer an die vermeintlichen Protagonisten der Geschichte richtet – an die Männer. Ein Beispiel: der Einmarsch der Roten Armee in Berlin im Mai 1945. Die sowjetischen Soldaten tobten sich tagelang an den Körpern von rund hunderttausend Frauen im Alter von acht bis achtzig aus – doch die eigentlichen Adressaten der Botschaft waren auch hier die besiegten Nationalsozialisten, die deutschen Männer.

Die Kriege zwischen Armeen in deinem 20. Jahrhundert sind in erster Linie Beziehungen zwischen Männern, in denen Frauen nur als Kollateralschäden vorkommen. Die verfeindeten Länder sind einander ebenbürtig wie zwei Boxer im Ring.

Und dann gibt es noch Kolonialkriege.

Über ein Thema haben du und ich nie gesprochen, Papa, und ich kann mir auch nicht vorstellen, dass wir es jemals getan hätten, dafür ist es zu schambesetzt: Bordelle. Ich weiß nicht, ob es dir selbst mitten im Krieg mit deiner Fähigkeit, beim anderen Geschlecht starkes und vor allem kostenloses Interesse an dir zu wecken, gelungen ist, dir Bordellbesuche zu sparen, vielleicht. Aber ich kann nicht ausschließen, dass du es gemacht hast wie die meisten jungen Männer deiner Generation, insbesondere wenn sie Soldaten waren. Vielleicht bist du also ebenfalls in Woroschilowgrad gewesen, das heute Luhansk heißt und seit 2014 in Hand der Russen ist, die aus der Stadt einen der traurigsten und gewalttätigsten Orte des Planeten gemacht haben. Viele Heimkehrer aus deinem Krieg in Russland, der in Wahrheit größtenteils ein Krieg in der Ukraine war, haben diesen Ort in fast liebevoller Erinnerung behalten, weil die italienischen Truppen dort Ruhe fanden, wie die amerikanischen Soldaten während des Vietnamkriegs in Bangkok. »Den Lunapark in der Etappe«, so nannten sie die Stadt. Dort gab es Kinos, Theater und Tanzsäle. Und vor allem viele Bordelle.

1935 hingegen warst du vermutlich noch zu jung für die Frauen. Daher weiß ich nicht, ob du mal die erotischen Fotos äthiopischer Mädchen zu Gesicht bekommen hast, die Mussolini in den ersten Monaten des Abessinienkriegs in den italienischen Freudenhäusern verteilen ließ, um den jungen Männern Lust darauf zu machen, als Freiwillige in den Krieg zu ziehen. Das Versprechen dieser Postkarten war eindeutig: Anders als mit den anständigen Mädchen zu Hause könnt ihr mit diesen lasziven, wilden Afrikanerinnen anstellen, was ihr wollt, und zwar nicht nur mit den Huren, sondern mit allen, die euch dort über den Weg laufen. Und das könnt ihr deshalb tun, weil diese Frauen nicht so sittsam sind wie die italienischen Mädchen, die jungfräulich in die Ehe eintreten müssen – nein, die sind *anders.*

Fünf Jahre später, als der Duce Frankreich den Krieg erklärte, wurden in den italienischen Bordellen keine Postkarten mit schönen Französinnen verteilt. Nie im Leben wäre Mussolini auf die Idee gekommen, seinen Soldaten, die in Ventimiglia an Bord der Schiffe gingen, den freien und unterschiedslosen Zugriff auf alle französischen Frauen zu erlauben, wie er es bei den Äthiopierinnen getan hatte. Natürlich, das waren junge Männer, die auch ins Bordell gehen würden; aber nicht zu den ehrbaren jungen Französinnen. Aus dem einfachen Grund, dass Frankreich zwar als Feind galt, aber zivilisatorisch mit Italien auf einer Stufe stand und daher als ebenbürtig angesehen wurde. Genau wie seine Frauen.

Und hierin besteht aus Sicht der Europäer des Westens der Unterschied zwischen den Kriegen verfeindeter Streitkräfte und Kolonialkriegen: Erstere sind Auseinandersetzungen gegnerischer Heere auf Augenhöhe, egal wie sehr sie sich hassen; Letztere richten sich gegen einen Unterlegenen, der anders ist als man selbst. Dem liegt eine kollektive Vorstellung zugrunde, die fünfhundert Jahre überdauert hat, eine Fantasie, in der andere Kontinente und Länder als exotische, geheimnisvolle, sinnliche Frauenkörper erscheinen, die in ihrer Schamlosigkeit vom weißen, zivilisationsbringenden Mann geradezu besessen werden wollen, vor allem aber anders sind als wir. Also nicht nur minderwertig – das sind Frauen in diesen patriarchalen Vorstellungswelten ohnehin –, sondern *anders* auf eine viel radikalere Art.

Putins Imperialismus in der Nachfolge des russischen Kolonialismus widerspricht in seiner Anlage, wie wir überrascht feststellen, komplett unserem westlichen Kolonialismus; und vielleicht ist das genau der Grund, warum wir Europäer uns so schwertun, ihn zu verstehen. In der *Russkij Mir* ist nicht Alterität, also die Andersartigkeit zwischen Herrscher und Beherrschten, die Grundlage des imperialen Gedankens, sondern das genaue Gegenteil: die erzwungene Eingliederung und Gleichmachung.

Du wirst nicht anders sein als ich, sondern ein und dasselbe.

Du wirst das Orwell'sche Haus des Russischen Friedens nie wieder verlassen.

Auch du wirst Russland sein, *ob du willst oder nicht.*

Doch die Ukraine sagt nein, sie ist nicht Russland, sie ist die Ukraine. Dass sie etwas anderes ist. Und dass sie, wenn überhaupt, zu Europa gehören möchte, vielen Dank.

Die Ukraine, die sich aus der todbringenden Umklammerung der *Russkij Mir* befreien will, ist kein exotisches Land, das nicht länger ausgebeutet werden möchte, so wie es bei den Versuchen der Befreiung von unserem Kolonialismus war; sie ist vielmehr wie eine Ehefrau, die sich aus jahrhundertelanger häuslicher Gewalt endlich befreien will. Das versucht sie seit der Geburt der europäischen Nationen, seit dem, was in Italien das *Risorgimento* genannt wird und zu einem eigenständigen italienischen Staat führte. Doch immer wenn der Mann sie mit gepackten Koffern auf der Türschwelle erwischt, schlägt er sie blutig. Lässt er sie hungern. Tötet er ihre klügsten Köpfe. Schickt er ihre Elite in die Kolyma.

Putin ist nur der Letzte in einer langen Reihe russischer Staatsführer, die in der Ukraine die treulose Gemahlin sehen, die dem ehelichen Dach entfliehen will. Sie muss nicht nur nach Hause zurückgeführt werden, man muss ihr auch ein für alle Mal klarmachen, es nie wieder zu versuchen – mit harter Hand. Und da die Ukraine dieses Mal kurz davor zu stehen schien, es zu schaffen, auf und davon zu sein, ist er einmarschiert.

Auch Belarus – Weißrussland, *Belaja Rossija* – ist ein Mitglied dieser unglückseligen Familie, die unter dem jahrhundertelangen

Missbrauch durch die *Russkij Mir* leidet. Keiner weiß so gut wie die belarussischen Frauen, dass es sich bei der Metapher der häuslichen Gewalt nicht nur um ein Bild im übertragenen Sinn handelt. Im Wahlkampf 2020 verwendete der belarussische Präsident Alexander Lukaschenko den Slogan: »Meine geliebte Frau lasse ich niemals gehen«. Diese Worte befinden sich in bedrohlichem Einklang mit der Liedzeile, die Putin zitierte, bevor er prügelnd auf die Ukraine losging. Als Antwort verwendeten die Oppositionsführerinnen – nicht zufällig alles Frauen – den Slogan, mit dem der belarussische Feminismus der häuslichen Gewalt den Kampf angesagt hat: »Wenn er dich schlägt, bring ihn ins Gefängnis«.

Leider hat es Belarus bislang nicht geschafft, aus dem Haus der Gewalt zu fliehen, und wird weiterhin von Lukaschenko missbraucht. Die Demokratiebewegung, die im August 2020 die öffentlichen Plätze von Minsk zum Leuchten brachte, ist längst unter Folter und Exil erloschen. Und es ist kein Zufall, dass die russischen Panzer im Februar 2022 ausgerechnet von hier aus in Richtung Ukraine rollten, um die Menschen dort daran zu erinnern, dass die *Russkij Mir* eine einzige glückliche Familie ist. Doch der kurze belarussische Frühling im Sommer 2020 hat auch semantisch Spuren hinterlassen: Die Sprache der häuslichen Gewalt, die bisher von tiefer Scham und Demütigung geprägt war, von verschlossenen Türen und einsamem Schrecken, hat eine feministische Aneignung und Umkehrung erfahren: Nun kündet sie von der Rebellion gegen die Gewalt des Regimes am gesamten Körper der Gesellschaft. Die belarussische Feministin Olga Shparaga drückt das so aus: »Die Revolution hat ein weibliches Gesicht«. Das hätte dir gefallen, Papa.

Leider wird die alte Unart, die Gebiete zwischen Wien und Moskau als irrelevante Überflugzone zu betrachten – »Was sollte uns Belarus schon lehren können? Nichts, genau wie die Ukraine.« –, von vielen Feministinnen meines Kontinents geteilt. Sie haben die Erfahrungen belarussischer Frauen nicht ernst genommen. Sie haben nicht zugehört, um von ihnen zu lernen, diesen Krieg zu lesen. Ich habe Aussagen gehört wie die, gerade sie als feministische Frauen lehnten den Krieg ab, jeden Krieg, auch wenn er dazu diene, einen feindlichen Überfall auf das eigene Land abzuwehren; und während sie hinter Regenbogenbannern durch Italiens schöne Straßen liefen, auf die nicht jeden Moment eine Kalibr, eine Kinschal oder eine Shahed herabfallen könnten, skandierten sie, dass sie gegen den Krieg seien, »denn Krieg wird auf den Körpern der Frauen ausgetragen«.

Bei diesen Slogans musste ich an dich denken, Papa. An dich, den man mit einundzwanzig Jahren gezwungen hatte, zu lernen, was Krieg ist, ob du wolltest oder nicht, und natürlich wolltest du nicht. Ich vermute, du hättest diese Slogans völlig sinnlos gefunden.

Natürlich stimmt es, dass viele Frauen aus Butscha und vielen, zu vielen anderen Orten in der Ukraine diese besondere Grausamkeit erleiden mussten, die schon die Frauen in Berlin, in Bosnien, im Kongo, in der Ciociaria und an vielen tausend anderen Kriegsschauplätzen erlitten. Doch wer diesen Slogan verwendet, dem würde ich gerne den leuchtenden Schriftzug zeigen, mit dem die Fassade der Bibliothek in Kyjiw angestrahlt wurde, »100K«, eine Zahl, die sich heute, im dritten Kriegsjahr, bereits vervierfacht hat. Diese Zahl weist auf Hunderttausende Körper hin, aber nicht von Frauen, sondern von Männern. Und ich stelle mir vor, wie du beim Anblick dieser Zahl sofort an die Körper deiner armen Alpini denken musst, die von Panzern zermalmt wurden; und an deinen Kameraden im Schützengraben, der eben noch ein Gesicht hatte, das ihm im nächsten Moment von einer Granate zerfetzt wurde; und an die Hände, Arme, Beine, Füße und Genitalien, die manche armen Alpini mit weniger Glück als du in der Steppe zurückgelassen haben, und an deinen Freund Paolo, der für immer von der Winternacht verschluckt wurde und nicht einmal im Leichensack nach Hause zurückgekehrt ist. Und ich stelle mir vor, wie du den Kopf schüttelst.

»Krieg wird auf den Körpern der Frauen ausgetragen.« Einen solchen Satz kann nur sagen, wer den Krieg als eine Art Naturkatastrophe betrachtet, die natürlich schlimmes Leid verursacht, aber eben wie ein Erdbeben oder ein Tornado: ein Unglück, bei dem es nur zivile Opfer gibt; und die sind ja gleichbedeutend mit Frauen und Kindern, wie wir es uns gerne einreden, weil es uns dann leichter fällt, Mitleid zu empfinden. Doch Krieg ist kein Naturphänomen. Auch dieser nicht, der wie viele andere Kriege von einem Mann angezettelt wurde, und in dem Fall kennen wir sogar dessen Namen. Weswegen Menschen, die tags zuvor einfache Zivilisten waren, eine Uniform anziehen und eine Waffe in die Hand nehmen mussten, um die Gärten ihrer Mütter zu verteidigen.

Jeden Tag werden in der Ukraine unter dem Geläut der Totenglocken Särge von Soldaten durch die Straßen getragen, betrauert von ihren Angehörigen. Zehntausende andere Männerkörper haben ihre Gliedmaßen, das Augenlicht, das Gehör oder die Gehirnfunktionen verloren. Ganz zu schweigen vom russischen Heer, wo die durchschnittliche Überlebenszeit an der Front in manchen Abteilungen, in denen vor allem ehemalige Häftlinge kämpfen, nur eine, maximal zwei Wochen beträgt. Was soll an der Weigerung, dieses Abschlachten von Männerkörpern zu betrauern, feministisch sein? So einen Satz kann nur aussprechen, wer nichts vom Krieg weiß und auch nichts wissen möchte.

Und überhaupt, Papa: Als ob Frauen im Krieg ausschließlich Opfer sein könnten. Als ob sie nicht in der Lage wären, gegen die Besatzer zu kämpfen.

Du wusstest das, denn du warst der Besatzer.

Ich war zwölf Jahre alt, als ich zwei wichtige Erfahrungen meines Lebens zum ersten Mal machte: Ich lief bei einer Demonstration für Frauenrechte mit, und ich las *Rückkehr mit dem Verrückten*. Eine Figur in deinem Buch beeindruckte mich damals besonders: die sowjetische Panzerführerin.

Von ihr erzählst du gegen Ende des Buches.

Du sitzt mit Chiarin, Pinon und ein paar anderen armen Alpini in einem Loch, das ihr euch in den Schnee gegraben habt.

Ihr rechnet mit dem Schlimmsten.

Auf dem winterlichen Hang mit den verdorrten Sonnenblumen liefern sich deutsche Panzer und sowjetische T-34 ein Gefecht. Wie die anderen Alpini, die sich auf gut Glück in kaum Schutz bietende Löcher geflüchtet haben, könnt ihr nur zuschauen und beten. Ein sowjetischer Panzer kommt direkt auf euch zu. Es fehlen nur noch zwanzig, dreißig Meter, dann wird er Hackfleisch aus euch machen. Aus dem Loch zu fliehen wäre allerdings noch gefährlicher. Das Herz klopft euch bis zum Hals, ihr seid wie erstarrt, manche flehen ihren Schöpfer um Erbarmen an. Du nicht – du hast nie an einen allmächtigen Gott geglaubt. Doch auch du bereitest dich aufs Sterben vor, mal wieder ohne die geringste Lust dazu.

Zwischen euch und dem T-34 liegen nur noch wenige Meter, als ein deutscher Panzer ihn abschießt. Gerade rechtzeitig. Aus dem Geschützturm des russischen Panzers fliegt ein verrenkter Körper, knallt auf das Metall und bleibt dort reglos liegen. Der sowjetische Panzer steht schon in Flammen, da klettert eine zweite Person aus dem Turm. Sie springt ab und rennt weg, kurz bevor der Panzer explodiert. Die Gestalt fasst sich an Augen und Ohren, wirkt desorientiert. Und als sie losläuft, rennt sie nicht in Richtung der Kameraden, sondern direkt auf euer Loch zu.

Und springt hinein.

Lugt über den Rand nach dem Panzer, in dem sich noch weitere Kameraden befinden: Das Fahrzeug brennt lichterloh.

Erst jetzt sieht euch die Gestalt. Zuckt zusammen.

Nimmt den Helm ab, und ihr könnt ihr Gesicht sehen.

»Das ist ja eine Frau!«, ruft Marco aus, also du.

»Hab ich mir schon gedacht«, sagt Pinon, der da noch nicht in die Nacht davongeschlichen ist. Er berührt die Panzerführerin an der Hüfte. Er tut das, schreibst du, *um sicherzugehen, dass sie eine Frau ist, aber ohne jede Anzüglichkeit, aus rein wissenschaftlichem Interesse.*

»Es ist wirklich eine Frau«, bestätigt er dann.

»Auch das noch«, ruft Unteroffizier Chiarin, der noch nicht den Verstand verloren hat, »das hat uns gerade noch gefehlt!«

Die Panzerführerin hat sonnenblumengelbe Haare und Augen so weiß wie Milch. Zwei riesige Tränen kullern ihr über die Wangen und verschwinden im Mantelkragen.

»Sie weint«, sagt ein Alpino.

»Sie weint, Herr Leutnant, sie weint«, sagt Chiarin.

»Sie weint«, sagt Marco, also du.

Plötzlich rückt die Panzerschlacht, die dort draußen mit ihren Flammen, Explosionen, dem Rauch und der Angst tobt wie ein unwirkliches Jahrmarktstreiben, in weite Ferne.

Die russischen und deutschen Panzer fuhren immer noch in gleicher Entfernung in den Bodenwellen hin und her. Doch der Leutnant und seine Leute waren so auf die Frau konzentriert, dass sie die Gefahr fast vergaßen, fast fröhlich waren; vergessen der kalte Schweiß, die schreckgeweiteten Augen, die Stoßgebete und die Verzweiflung, die in den anderen Löchern weiterhin herrschte.

Bis vor wenigen Minuten saß diese Frau am Steuer eines der Metallmonster, die dich und deine Alpini zerfetzen wollten. Nun ist sie der Mittelpunkt der Welt, vielleicht des ganzen Lebens. Und ihr seid *fast fröhlich.*

Auch heute gibt es Frauen im russischen Heer, doch sie werden nicht mehr an die Front geschickt. Zum Beispiel Ekaterina, Leutnant wie du, eine große junge Frau mit schönen Beinen und braunem Pony. Manchmal operiert sie vom Verteidigungsministerium in Moskau aus, manchmal ist sie beim Oberkommando der Kriegsflotte in Sankt Petersburg. Ihre Aufgabe: aus der Distanz die Raketenabwürfe der Lenkwaffensysteme Kalibr, Iskander und der Kh-101-Raketen befehligen. Ekaterina weiß, dass ihre Ziele die Wohnhäuser, Bahnhöfe, Pizzerien und Elektrizitätswerke in den ukrainischen Städten sind und mit ihnen auch Zivilisten wie die alten Eltern meiner Bekannten aus Charkiw getötet werden. Doch sie ist sehr gewissenhaft und möchte ihre Arbeit gut machen. Woher ich weiß, dass sie hübsch ist, mit braunen Haaren und schönen Beinen? Weil sie auf einem Gruppenfoto ihrer Truppe zu sehen ist. Alle tragen die Sommeruniform der russischen Armee mit kurzärmeligen Hemden, die Männer Hosen und die Frauen knielange Röcke. Hübsche offene Gesichter blicken in die Kamera, sie wirken intelligent und sehen aus, als würden sie ihren Beruf lieben, und insbesondere Ekaterina hat ein hübsches

Lächeln. Unter den rund zwanzig Personen sind außer ihr noch vier weitere Frauen.

Im ukrainischen Heer gibt es noch wesentlich mehr Frauen, ungefähr sechzigtausend, fünftausend von ihnen in Gefechtsbereitschaft an der Front. Im Gegensatz zu den Männern handelt es sich ausschließlich um Freiwillige. Sanitäterinnen, Arzthelferinnen, Drohnenpilotinnen, Kommandantinnen, Scharfschützen. Keine von ihnen würde sagen, dass es leicht ist, als Frau Soldatin zu sein, doch nicht aus den zahlreichen offensichtlichen Gründen. Das größte Problem sind die Uniformen: Bis vor wenigen Monaten hatten die ukrainischen Streitkräfte nicht die finanziellen Mittel, eigene Uniformen für Frauen anzufertigen. Insbesondere die schusssicheren Westen sind eine Qual, weil sie an der Brust reiben und zu Verletzungen führen. Man hofft, dass bald neue Modelle die Front erreichen. Fragt man die Frauen, warum sie zur Waffe gegriffen haben, antworten sie, dass sie es nicht für sich, sondern für jemand anderen getan haben – für einen Sohn, eine Tochter, einen Ehemann, eine Mutter und andere lebende oder tote Angehörige. Alle mit demselben Gedanken: Es gibt keine Alternative.

Viele von ihnen haben sich das Symbol der Amazonen tätowieren lassen, jener antiken Skythen-Kriegerinnen, die der Sonne folgend von Ost nach West ritten, das riesige Grasmeer durchquerten, das vom Altaigebirge bis in die Länder der Schwarzen Erde reicht. Die skythischen Frauen jagten und kämpften in der Steppe an der Seite der Männer, häufig auch als ihre Anführerinnen, wie ihre reichen Grabstätten belegen. Jahrzehntelang haben die Archäologen geglaubt, es handele sich bei ihnen um Männer, die komischerweise ein wenig kleiner geraten waren als die in den übrigen Gräbern und ein merkwürdig geformtes Becken hatten. Es konnten ja schlecht Frauen sein, diese Krieger, die mit so reichen Grabbeigaben und zahlreichen Insignien des Kriegs und der Macht bestattet worden waren. Doch es war so. Damit die Archäologen sich bereiterklärten, diese Möglichkeit in ihre Betrachtungen miteinzubeziehen, musste allerdings erst eine DNA-Analyse kommen, die das belegte.

»Wenn eine Rakete auf dein Haus gerichtet ist, spielt es keine Rolle, ob du ein Mann, eine Frau oder ein Kind bist«, habe ich eine ukrainische Soldatin einmal in einem Interview sagen hören. Sie heißt Jewgenija und ist eine äußerst treffsichere Scharfschützin. Dann hat sie hinzugefügt:

»Der Krieg hat kein Geschlecht.«

Schlaf

»Irgendwas Neues?«
»Ich habe geschlafen.«
Rückkehr mit dem Verrückten

Ein weiterer Angriff auf den Körper, den wir Kriegszuschauer nicht am eigenen Leib erfahren müssen, ist der Schlafentzug. Du erzählst in deinem Buch davon, die Heimkehrer erzählen davon, an den geröteten, trockenen Augen der Soldaten erkennt man ihn: Das Leben an der Front bedeutet nicht nur Kälte, Angst und den Tod von Freunden, es hält noch eine andere Qual bereit – nicht schlafen zu können.

Ich erinnere mich gut an deine Fähigkeit, auch während der turbulentesten Familientreffen wegzunicken, ein kurzes, aber tiefes Schläfchen. Wenn du zum Mittagessen zu Hause warst – was aufgrund deiner komplizierten Lebensverhältnisse selten vorkam –, machtest du es dir anschließend immer in deinem Sessel bequem und trugst einer deiner Töchter auf, dich in einer Viertelstunde zu wecken. Das dazugehörige Ritual sah vor, dass wir dir mit einem feuchten Handtuch leicht über die Stirn streichen und dich leise ansprechen sollten. Dann schlugst du die Augen auf, blicktest dich verschlafen und traumversunken um und warst zu unserer Verwunderung innerhalb weniger Sekunden wieder voll bei dir.

»Zoll«, hast du dann immer gesagt und dir mit dem Finger auf die Wange getippt, damit wir dir einen Kuss gaben. Erst nachdem wir unseren Wegezoll entrichtet hatten, warst du bereit, dich aus dem Sessel zu erheben. Und bei keiner anderen Gelegenheit zeigte sich ähnlich deutlich die für dich typische Paradoxie deiner Physis, diese Mischung aus Unbeholfenheit und Attraktivität.

Ich könnte schwören, dass du dir deine Kunst des Nickerchens im Krieg antrainiert hast. Als notwendige Überlebensstrategie. Wie viele Male ist in *Rückkehr mit dem Verrückten* vom Schlaf die Rede, von Schlafmangel, vom schmerzhaften Bedürfnis zu schlafen, von der Qual des unterbrochenen Schlafs und der Qual der Schlaflosigkeit. Und wie oft beschreibst du den Schlaf deiner armen Alpini und ihre Erschöpfung, die sie in den unmöglichsten Positionen, in den unpassendsten Momenten, inmitten einer aus den Fugen geratenen, lärmenden Welt einschlafen lässt, sobald sich die Möglichkeit bietet.

Nein, im Krieg wird nicht geschlafen. Und so berichten auch die Ukrainer heute einhellig, dass ihnen der Schlaf geraubt wird, diese Grundbedingung von Wohlbefinden und Gesundheit. Nicht nur in den Schützengräben unter dem Donnern der Artillerie, sondern auch in den bombardierten Städten.

In diesen Monaten wurde kein Ort härter getroffen als Charkiw, die zerstörte Stadt, in der dein Buch endet, in der ein Kind stirbt und Unteroffizier Chiarin den Verstand verliert. Du und die anderen Italiener nanntet sie Carcovo, doch in deinem Buch erwähnst du ihren Namen nicht. Mehrmals fragt dein Alter Ego Marco: »Wie heißt denn diese Stadt?« Doch er bekommt keine Antwort, weil es sinnlos erscheint, einem schwarzen Trümmerhaufen einen Namen zu geben.

Heute ist Charkiw noch nicht ganz der infernalischen Entropie zum Opfer gefallen wie zu deiner Zeit – nur Mariupol –, auch wenn Putin das gerne hätte. Charkiw steht für alles, was er hasst: Eine breite Mehrheit der Bevölkerung spricht Russisch, hat sich aber dessen ungeachtet der Invasion widersetzt; die Stadt ist ein wichtiges Zentrum von ukrainischer Wissenschaft, Forschung und Kultur. Er ist auch nicht der Erste, der sie in die Knie zwingen will. Denn hier steht, wie erwähnt, auch das Gebäude namens Slowo, *Wort*, in dem Stalin zuerst die Protagonisten der kulturellen Renaissance« der neuen Ukraine versammelte, um sie dann zu vernichten und in den Massengräbern vor den Toren der Stadt zu verscharren. Und es ist auch kein Zufall, dass Charkiw und seine Oblast das Epizentrum des Holodomor bildeten.

Ein paar Jahrzehnte lang schien die Situation endlich eine andere zu sein. Bis wenige Tage vor der Invasion kamen die Menschen aus der russischen Nachbarstadt Belgorod über die Grenze nach Charkiw zum Shoppen, weil es hier ein größeres und preislich attraktiveres Angebot an westlichen und ukrainischen Produkten gab. Im Februar 2022 indes, als von der Militärbasis der Stadt Belgorod die Raketen auf Charkiw abgeschossen wurden, standen dieselben Menschen applaudierend auf den Dächern ihrer Häuser und prosteten sich vor den Bildern der getroffenen Wohnhäuser jenseits der Grenze zu – obwohl dort Leute wohnten, die wenige Tage zuvor noch gute Bekannte gewesen waren, manche vielleicht sogar Freunde oder Verwandte. Denn auch das ist dieser Angriffskrieg: ein Flammenwerfer, der gewachsene Beziehungen zwischen Nachbarn innerhalb kürzester Zeit in Schutt und Asche legt, genau wie es in den Neunzigerjahren im ehemaligen Jugoslawien geschah.

Ich behaupte nicht, dass ich das verstehe, Papa. Und ich konnte niemanden aus Belgorod bitten, es mir zu erklären. Ich vermute allerdings, es hängt damit zusammen, dass der Bürgermeister und die kommunalen Behörden von Charkiw im Februar 2022 einen engmaschigen Widerstand organisierten, der sich aus Heeresstreitkräften, aber ebenso aus der ukrainischen Territorialverteidigung und vielen tausend zivilen Freiwilligen zusammensetzte und der die russischen Panzerfahrzeuge daran hinderte, in die Stadt einzufahren. Obwohl sie russischsprachig waren, verweigerten sie sich der Umarmung durch die Heilige Mutter Russland.

Diese demütigende Schlappe zu Beginn des Krieges hat Putin nicht vergessen. Und bekanntermaßen hasst er nichts mehr als Verräter.

Zweieinhalb Jahre später wird Charkiw, das du Carcovo nanntest, wieder fast täglich bombardiert. Die Elektrizitätswerke stehen unter ständigem Beschuss, ebenso ergeht es der übrigen Infrastruktur. Ziel ist es, die Zivilbevölkerung Kälte und Dunkelheit auszusetzen, das Alltagsleben unmöglich zu machen, Krankenhäuser zur Einstellung des Betriebs zu zwingen. Mit jedem Tag steigt die Zahl der Toten und Verletzten.

Die Russen sind zur Taktik des *Double Tap* übergegangen: Sie werfen eine Bombe, machen eine Pause, in der die Rettungskräfte kommen, und werfen dann die zweite Bombe, wenn sie eingetroffen sind.

Der Unterricht in Charkiw findet heute in U-Bahn-Tunneln statt, um die Schüler vor den Bomben zu schützen, aber auch, damit sie weiter in die Schule gehen und miteinander spielen können. Kinder, die das Einmaleins unter der Erde lernen, um nicht zu sterben – was Tante Maria Teresa wohl davon gehalten hätte? Doch unsere Nachrichtensendungen berichten nicht mehr darüber. Wir Zuschauer im Westen haben genug davon. Doch ob wir hinschauen oder nicht, die Raketen regnen weiter auf die Ukraine herab.

In den Nachrichten sieht man das nicht, aber in einer Stadt, die ständig bombardiert wird, ist es unmöglich, Schlaf zu finden.

Die App auf den Mobiltelefonen, die Alarm schlägt und die Menschen warnen soll, unverzüglich die Schutzräume aufzusuchen, klingelt fast jeden Tag, zu jeder Uhrzeit, besonders oft aber in der Nacht.

Viele Einwohner Charkiws haben die App inzwischen ausgeschaltet, und wenn eine Rakete auf ihr Bett fällt, dann ist das eben so. Derselbe Fatalismus, der deine armen Alpini quasi mitten im Kampfgetümmel einschlafen ließ – irgendwann braucht der Körper nur noch Ruhe.

Es ist schwer, der absoluten Schlechtigkeit ins Gesicht zu sehen. Man senkt automatisch den Blick. Es mag leichter zu ertragen sein, ihr den metaphysischen Namen des Bösen zu geben, um nicht an der Menschheit zu verzweifeln. Es gibt das vulgäre Böse, die Massengräber und Folterkeller. Doch es gibt auch das dem Anschein nach weniger absolut Böse – wie das Gesicht von Andrej Lugowoj, der in Russland zum Helden erklärt wurde, weil er 2006 an der Vergiftung des Dissidenten Alexander Litwinenko mit Polonium beteiligt war, und der heute Abgeordneter der Duma ist, und der nun im russischen Staatsfernsehen verkündet:

»*Charkiw muss von Strom und Gas abgeschnitten und unbewohnbar gemacht werden.*«

Die Schlechtigkeit gegenüber einem ganzen Volk als Staatsräson.

Nicht nur indem man Körpern Gewalt antut und sie quält, was schon zuhauf geschieht, sondern auch in weniger sichtbaren Formen. Indem man beispielsweise die Zivilbevölkerung einer ganzen Stadt tage-, monate- und jahrelang einer Praktik unterzieht, die an Orten wie Guantánamo oder in dem arktischen Gefängnis, wo Alexej Nawalny ermordet wurde, gang und gäbe ist, einer hocheffizienten Methode, mit der man Menschen ohne viel Kraftaufwand zermürbt: indem man sie am Schlafen hindert.

Der Schlafentzug als eine Form der kollektiven Folter. Auch so wird die treulose Ukraine von der *Russkij Mir* bestraft.

V ENTSCHEIDUNGEN

Pinon

Gefangen, sich einfach gefangen nehmen lassen! Der Gedanke war ihm wie von selbst gekommen, zusammen mit zehn anderen. Doch erstens wäre es dumm, und außerdem ... Nun, er fand kein Wort für dieses Gefühl, denn Ehre traf es nur ungenügend und klang fast abschätzig, doch es war etwas Ähnliches, und es war stark. Vielleicht, dachte er, vielleicht sind wir alle Gefangene dieses Gefühls, das ich nicht benennen kann. Vielleicht sind wir alle krank davon.
Rückkehr mit dem Verrückten

Wenn du jetzt hier wärst, Papa, würde ich dir bestimmte Videos gar nicht zeigen. Zum Beispiel die Videos, auf denen russische Soldaten mit ihren Telefonen filmen, was sie den ukrainischen Gefangenen antun, und weniger noch die von den Massenexekutionen. Ich würde dir nicht die Übersetzung des Telefongesprächs vorlesen – und genauso wenig werde ich sie hier transkribieren –, in dem ein russischer Soldat seiner Mutter erzählt, was er alles mit einem gefangenen *chochol* angestellt habe, bis die Mutter auflegt, weil sie noch einkaufen muss. Wenn du noch am Leben wärst, würde ich nicht mit dir über die ukrainischen Gefangenen reden, die hinter dem neuen undurchdringlichen Eisernen Vorhang verschwunden sind, keiner weiß, ob sie noch leben, sie sind den Blicken des Roten Kreuzes entzogen; denn wenn ich mir vorzustellen versuche, was sie in diesem Moment erleiden müssen, wird mir schwarz vor Augen, und von den Soldatinnen wollen wir gar nicht erst reden. Und wenn es mir schon so geht, wie muss es sich dann für die anfühlen, die zu Hause auf sie warten?

Wer weiß, was aus deinem Obergefreiten Pinon geworden ist – vorausgesetzt, es hat ihn gegeben –, nachdem er sich in Richtung der feindlichen Linien aufgemacht hatte. Wer weiß, ob er sofort getötet oder ob er gefangen genommen wurde, ob er aufgrund der Strapazen schon bei der Überführung in ein Arbeitslager starb oder ob es ihm vielleicht doch gelungen ist, als Überläufer auf der Seite des ehemaligen Feindes zu kämpfen.

Wer weiß, wie viel Zeit verging, nachdem die Steppe ihn sich *einverleibt* hatte, wie du in deinem Buch schreibst, bis seiner Frau die Meldung zugestellt wurde, er sei verschollen, was sie zur Witwe erklärte und endlich in den Genuss der Entschädigung für Angehörige von Gefallenen kommen ließ. Oder ob er später doch noch heimkehrte, als der Krieg schon mehr als fünf Jahre vorbei war und niemand mehr mit ihm rechnete, als seine Frau vielleicht neu verheiratet war und er wie ein junger Lazarus aus dem Jenseits des Gulag dem Leben zurückgegeben wurde. Doch das glaube ich nicht. Dieses Wunder erlebte nur eine Handvoll Männer. Alle übrigen Verschollenen verschwanden in der unerträglichsten Leere von allen, der ohne Datum und Ort. Menschen, von denen man nicht einmal weiß, ob sie in der Schlacht gefallen sind oder in der Gefangenschaft ums Leben kamen.

Am 16. Februar 1943, kurz nach der katastrophalen Niederlage der ARMIR, wandte sich der Komintern-Funktionär Vincenzo Bianco in einem Brief an den damals im Moskauer Exil lebenden Palmiro Togliatti und bat ihn, sich bei Stalin für die zigtausend armen Italiener einzusetzen, die in Kriegsgefangenschaft geraten waren: Noch vor ihrer Ankunft in Sibirien starben die Gefangenen wie die Fliegen in den namenlosen Übergangslagern der Steppe. Togliatti lehnte ab. Erst zwei Jahre später, nach Kriegsende, als bereits Zehntausende an Kälte, Hunger, Misshandlung oder Krankheiten krepiert waren, sollte er Stalin bitten, die Überlebenden nach Italien zurückzuschicken. Doch im Februar 1943, kurz nachdem Togliatti von Moskau aus die von den nazifaschistischen Invasoren angerichteten Verwüstungen gesehen hatte, die vielen Millionen getöteten Zivilisten, Verwundeten und Kriegsversehrten und den weit verbreiteten Erschöpfungstod, da empfand er wohl keine Nachsicht für die Truppen der Achsenmächte, auch nicht für die italienischen. In einem langen Brief legte er Bianco die Gründe dar, warum er nicht eingegriffen hatte:

»Das italienische Volk wurde durch die imperialistische und verbrecherische Ideologie des Faschismus vergiftet, zwar nicht in demselben Ausmaß wie das deutsche Volk, aber doch in einem beträchtlichen. Das Gift hat die Bauern und die Arbeiter durchdrungen, ganz zu schweigen von den Kleinbürgern und den Intellektuellen, kurz: das ganze Volk. Der Umstand, dass Mussolinis Krieg und vor allem der Feldzug gegen Russland nun für Abertausende von Familien in einer Tragödie und begleitet von persönlicher Trauer endet, ist selbst das beste und wirksamste aller Gegenmittel. Je mehr sich in der Bevölkerung die Überzeugung durchsetzt, dass die Invasion anderer Länder immer auch Zerstörung und Tod für das eigene Land bedeutet, Zerstörung und Tod für jeden einzelnen Bürger, umso besser ist es für die Zukunft Italiens. [...] In den objektiven Härten, die für viele das Ende bedeuten können, kann ich nichts anderes erkennen als den konkreten Ausdruck jener Gerechtigkeit, die der alte Hegel als aller Geschichte immanent betrachtete.«

Also stelle ich mir eine Parallelwelt vor, in der weder ich noch eine deiner anderen Töchter je auf die Welt gekommen wären. In der die Verschollenenmeldung auch deine Mutter erreicht hätte, die demnach niemals meine Großmutter geworden wäre und die niemals erfahren hätte, ob du im weißen Meer der Steppe versunken bist oder ob die Zwangsarbeit im fernen unbekannten Sibirien, vielleicht gar in Magadan, dich umgebracht hat. Eine Parallelwelt, in der also – gemäß Palmiro Togliattis Großer Historischer Synthese, die genauso abstrakt und bizarr war wie deine Vorträge im Auto auf dem Weg zur Schule, für die Lebenswirklichkeit und das Schicksal vieler Menschen aber ungleich schwerer wog –, in der eine Bianca, geborene Rizzatello, verheiratete Melandri hätte verstehen müssen, dass der Verlust ihres jüngsten Sohnes das Beste »für die Zukunft Italiens« war.

Was soll ich sagen, Papa?

Weißt du, dieser Brief von Togliatti, der kälter ist als eine Dezembernacht am *groooßen* Bogen des Don, erinnert mich daran, wie heute manchmal über die russischen Soldaten an der Front zur Ukraine geredet wird, die sich für wenige Meter Geländegewinn verschlingen lassen wie Wellen von Plankton, das gegen die Barten eines Wals gespült wird – jenes Tieres, für das es laut Bulgakow im Ukrainischen kein Wort gibt (was im Übrigen nicht stimmt, wie ich später herausgefunden habe). Wenn die Hoffnung geäußert wird, diese Selbstopferung möge der russischen Gesellschaft zu verstehen geben, »dass die Invasion anderer Länder immer auch Zerstörung und Tod für das eigene Land bedeutet«. Dass die ungeheuerliche menschliche Katastrophe, der Tod von Hunderttausenden von Soldaten aus allen Republiken der Russischen Föderation, vor allem aber aus den entlegensten, »das beste und wirksamste aller Gegenmittel« gegen Putins Regime sei. Dass ein Feldzug, der »für Abertausende von Familien in einer Tragödie und begleitet von persönlicher Trauer endet«, sich positiv auf die demokratische Entwicklung Russlands auswirken werde. Ich weiß nicht, Papa, was du davon gehalten hättest, immerhin teiltest du mit Togliatti nicht nur die Vorliebe für die Großen Abrisse der Menschheitsgeschichte, sondern auch für jene »Gerechtigkeit, die der alte Hegel als aller Geschichte immanent betrachtete«. Ich muss dir gestehen, ich kann diese immanente, idealistische Gerechtigkeit schwerlich erkennen, weder in der Politik noch in der Geschichte. Ich habe es immer mehr mit der ungleich konkreteren, wenn auch unvollkommeneren Gerechtigkeit des von Menschen geschaffenen Rechtsstaats gehalten. Vor allem aber kann ich mich an keinen einzigen Fall erinnern, wo das Talionsprinzip »Auge um Auge« einen dauerhaften sozialen Fortschritt oder einen Zuwachs an Demokratie gebracht hätte.

Togliattis Brief wurde im Februar 1992 in einer italienischen Zeitschrift veröffentlicht. Historiker hatten ihn erst kurz zuvor in den Archiven gefunden, die nach der Auflösung der UdSSR bis zur autoritären Wende Putins eine Zeitlang zugänglich waren und unter anderem viele Dokumente über das tragische Schicksal der italienischen Kriegsgefangenen zutage förderten. Die Publikation löste einen heftigen Streit aus: Die Rechte instrumentalisierte den Brief, um der Linken plumpen Alt-Kommunismus vorzuwerfen, und die Linke warf der Rechten Instrumentalisierung und plumpen Antikommunismus vor. Dann folgten Richtigstellungen und neue gegenseitige Vorwürfe, kurzum: die altbekannte Masche, mit der Italien seit jeher einer ehrlichen Debatte über sich und seine Vergangenheit aus dem Weg geht: mit sehr viel unnützem Lärm. Entsprechend lange wurde also diskutiert, warum man den Brief überhaupt diskutiere, und dann diskutierte man noch über die Diskussion über die Frage, warum man den Brief diskutiere. Doch über seinen eigentlichen Inhalt diskutierte man wenig bis gar nicht.

Du warst 1992 dreiundsiebzig Jahre alt, sahst aber zwanzig Jahre jünger aus, du hattest noch dein dichtes, tiefschwarzes Haar und spieltest jedes Wochenende gewohnt schlecht Tennis; der Nebel, der dich vor deinem *Weitergehen* viele Jahre lang einhüllen sollte, hatte dich uns noch nicht entführt. Auch über Togliattis berüchtigten Brief über die Gefangenen deines Krieges habe ich nie mit dir gesprochen, doch dafür gibt es eine gute Entschuldigung: In jenem Winter reiste ich durch eine Steppe, nur viertausend Kilometer östlich von »deiner« Steppe – gemessen an den eurasischen Dimensionen also fast nah –, wo echte Wölfe heulten. Ich kann daher nur spekulieren, wie du reagiert hättest: Ich sehe dich vor mir, in der Hand die Zeitschrift mit dem Abdruck des Briefes, du liest ihn und verfolgst abgestoßen die anschließende Debatte, ohne dich dazu zu äußern, du hast keine Lust, über Kommunismus und Antikommunismus zu diskutieren, am liebsten würdest du weinen beim Gedanken an Pinon – immer vorausgesetzt, es hat ihn gegeben – und an all die anderen armen Alpini, die du hast sterben sehen oder, besser gesagt, die sich das eisige Weiß *einverleibt* hatte. Denn in deinem Innern schlepptest du damals seit fünfzig Jahren diese granitschwere Überzeugung mit dir herum: Es ist allein einem glücklichen Zufall zu verdanken, dass du keiner von ihnen warst.

Um diesen glücklichen Zufall herum hast du ein Leben lang deine Erzählungen von den Walenki und dem vorgetäuschten Wolfsgeheul gestrickt, und nur selten, beispielsweise bei der Lektüre von Togliattis Brief, hat er sich dir ganz nackt und unmittelbar präsentiert. Doch so bloß und aller Geschichten entkleidet ist die Beliebigkeit des Zufalls, die dich überleben ließ, eine schwarze Sonne.

Man kann nicht lange hineinschauen, ohne zu erblinden.

Doch es gibt ein anderes Video, das ich dir gerne zeigen würde, weil es mich an Pinon erinnert.

Es stammt von einer Drohne, die zehn, zwanzig Meter über dem Boden starr in der Luft hängt. Ein russischer Soldat schaut hoch und blickt sie an, als wäre sie ein Mensch. Mit Gesten gibt er ihr zu verstehen, dass er sich ergeben möchte. Die Drohne wirft etwas ab. Vielleicht Sprengstoff, müssen wir also gleich live mitansehen, wie der Mann zerfetzt wird? Nein, es ist ein Behälter, der die notwendigen Anweisungen enthält, wie man sich den ukrainischen Streitkräften ergeben kann. Der Soldat hebt ihn auf, öffnet ihn, liest den Zettel und nickt – »Ich habe verstanden« –, schaut noch einmal hoch und fährt sich mit der Handkante über den Hals: »Wenn meine Leute mich erwischen, bin ich tot.« Die Drohne mit der Kamera schwenkt hin und her, als wolle sie den Kopf schütteln – »Wir möchten nicht, dass du stirbst« –, und dreht sich dann in die Richtung, in die der Russe fliehen soll; jetzt ist die Drohne kein Kopf mehr, sondern ein Finger, der den Weg weist. Der russische Soldat nickt wieder, sieht sich flüchtig und – so vermutet man – verängstigt um, klettert aus dem Schützengraben, rennt so schnell er kann durchs Niemandsland, weicht dabei immer wieder irgendwelchen Hindernissen aus, die wegen der geringen Bildauflösung nicht zu erkennen sind und bei denen es sich, wie ich aus anderen Videos weiß, um Leichen in unterschiedlichen Stadien der Verwesung handelt. Erde spritzt auf unter dem wilden Lauf des Deserteurs – offenbar haben die ehemaligen Kameraden seine Flucht bemerkt –, und der Vergleich mit einem Videospiel liegt auf der Hand, aber nein, es ist alles echt, alles live. Der Soldat folgt der Drohne weiter wie ein Entenküken seiner Mutter, bis er hinter einem Hügel Deckung findet und sich auf die Knie fallen lässt. Mit der Stirn berührt er den Boden wie ein Schiffbrüchiger, der endlich wieder an Land ist. Dann streift er die Waffen ab, wirft sie weit weg, zieht sogar seinen Helm aus, legt wieder den Kopf auf die Erde und ergibt sich mit ausgebreiteten Armen. Von hinter dem Hügel tauchen zwei ukrainische Soldaten auf und bringen ihn hinter die Linien.

Ach, Papa, wie schön wäre es, wenn Pinon dasselbe Glück gehabt hätte, als er sich der Roten Armee ergab.

Wahrscheinlich ist es nicht.

Stalin schickte selbst die eigenen Soldaten, die aus der Kriegsgefangenschaft freikamen, in den Gulag, weil sie vom Feindkontakt korrumpiert waren. Deshalb bezweifle ich, dass der italienische Obergefreite – immer vorausgesetzt, es hat ihn gegeben – für seine Abtrünnigkeit eine menschlichere Behandlung erfahren hat.

Pinons Geschichte spielt wie fast der ganze Roman *Rückkehr mit dem Verrückten* in einer einzigen eisigen Winternacht. Du und deine armen Alpini habt nach Tagen voller Kampf, Tod und *elendig brennender Häuser* in einer Isba Schutz gefunden, es ist einer dieser Momente, in denen die Soldaten ein wenig zur Ruhe kommen und durch Kleinigkeiten daran erinnert werden, dass es jenseits des Krieges noch andere Dinge gibt, was ihn umso unerträglicher macht.

Pinon will unter vier Augen mit dir reden. In der Isba könnten alle mithören bei dem, was er dir zu sagen hat, deshalb möchte er mit dir hinausgehen.

Draußen herrscht Eiseskälte, deine Füße tauen gerade erst wieder auf, du bist todmüde und willst eigentlich nur schlafen. *»Können wir nicht auch hier reden«*, fragst du oder, besser gesagt, *wendest du schwach ein.* Doch er insistiert, also gehst du wohl oder übel mit ihm hinaus.

Jetzt seid ihr allein.

Nach kurzem Zögern sagt Pinon: *»Herr Leutnant, ich will nicht mehr kämpfen.«*

Wann immer euch in einer Isba Zuflucht gewährt wird, ist Pinon derjenige, den du am nächsten Morgen auf dem Strohsack der Bäuerin wiederfindest. Und wenn ihr in Erinnerungen an die Heimat schwelgt, ist er derjenige, der bis ins letzte Detail die Vorzüge der Mädchen aus seinem Dorf beschreiben kann. Derjenige, der alle anzüglichen Lieder kennt und euch damit zum Lachen bringt, auch dich, wenngleich du es nicht immer zeigen kannst; du bist der einzige Offizier dort, obwohl du halb so jung bist wie viele deiner armen Alpini, das übrige Heer ist verschwunden, vielleicht existiert es gar nicht mehr. Und nun steht dieser Pinon vor dir und sagt, er wolle nicht mehr kämpfen.

»Und was willst du tun?« Er sah Pinon scharf an. Er suchte eine Antwort auf die Frage, die er sich selbst oft genug gestellt hatte. »Was willst du tun?«, wiederholte er.

»Ich will nicht mehr«, erwiderte der Obergefreite, »ich will nicht mehr kämpfen.«

Dann packt Pinon dich am Arm und sagt:

»Heute Nacht laufe ich zu den Partisanen über.«

Dir verschlägt es die Sprache.

Dabei hatte Pinon dir ein paar Tage zuvor deutlich gesagt, auf welcher Seite er stand.

»Wenn wir nach Italien zurückkehren, Herr Leutnant, müssen wir die Revolution machen.«

Doch du hattest das als Ausdruck seines unerschütterlichen Optimismus gewertet, mit dem er alle bei Laune hielt und um den du in den letzten Tagen gefürchtet hattest:

»Gut!«, hattest du gedacht. *»Immerhin hofft er noch, nach Hause zu kommen.«*

Doch jetzt ist es anders.

Pinon spricht nicht von den Entscheidungen, die er später in Italien fällen wird. Er spricht von den Entscheidungen, die hier und jetzt zu fällen sind.

Du beginnst, hektisch auf ihn einzureden. Du sagst, das könne er nicht machen, er solle sich nichts von den Leuten in den Isbas einreden lassen, von dem hübschen Mädchen etwa, das ihm Milch zu trinken gegeben habe; natürlich wollten diese Leute, dass die Italiener desertieren, und wie er sich das überhaupt vorstelle, auf die eigenen Kameraden zu schießen?

»Das ist ja immer noch Krieg«, sagst du zu ihm, *»ein anderer Krieg zwar, aber immer noch Krieg.«*

Pinons Antwort zieht dir den Boden unter den Füßen weg:

»Ich hatte gehofft, dass Sie mitkommen, Herr Leutnant.«

Du musst zugeben, Papa, dieser Dialog ist nicht besonders glaubwürdig. Ein Obergefreiter, der seinem Leutnant verkündet, dass er desertieren wird? Und ihn auffordert, sich ihm anzuschließen?

Weiter hinten schreibst du selbst, wie unrealistisch dieser Dialog sei. Und suchst nach einer Erklärung: »*Das ist Vertrauen. Vertrauen in mich*«, sagst du dir ungläubig. Und natürlich ist dieses Vertrauen, das Pinon in seinen direkten Vorgesetzten setzt, in einen blutjungen Leutnant, der noch nie Sympathien für die Kommunisten bekundet hat, eher im Gegenteil, ist dieses Vertrauen, dass er ihn nicht denunzieren, einsperren oder erschießen lassen wird, ist dieses totale und lebensgefährliche Vertrauen völlig unwahrscheinlich.

Andererseits wusstest du nur zu gut, dass die Wahrheit manchmal unwahrscheinlicher ist als die Fiktion. Und du hast es in einigen besonders heiklen Situationen deines Lebens meisterhaft verstanden, dir dieses Paradox zunutze zu machen, indem du so fantastische, absurde und wahnwitzige Lügenmärchen erzählt hast, dass deiner Umgebung nichts anderes übrigblieb, als dir zu glauben – und sei es nur, um selbst das Gesicht zu wahren. Daher frage ich mich nun, ob du in der Figur des Pinon nicht vielleicht dasselbe Prinzip angewandt hast, nur umgekehrt. Ob du mit dieser erfundenen und unglaublichen Geschichte vielleicht nur eine andere geheime, aber wahre Geschichte verschleiern wolltest – so wahr, wie es unwahrscheinliche Geschichten häufig sind.

Wie zum Beispiel die Geschichte von Max.

Max

»Und dann«, setzte Pinon hinzu, »machen wir die Revolution.« – »Machen *sie* die Revolution«, korrigierte ihn Chiarin, »sie, nicht wir.«
Rückkehr mit dem Verrückten

Massimo Rendina traf ich zum ersten Mal bei den Feierlichkeiten zum 25. April, dem Jahrestag der Befreiung Italiens vom Nazifaschismus 1945. Dass sich an diesem 25. April auch jener Tag jährte, an dem er dich gerettet hatte, wusste ich damals noch nicht. Du warst noch am Leben, wenngleich nicht mehr lange, und niemand hatte mir gesagt, dass ihr euch kanntet, du schon gar nicht. Ich wusste über ihn nur das, was alle wussten: Er war ein bekannter Journalist, ehemals Comandante der Garibaldi-Brigaden, nun Vizepräsident der ANPI, der Nationalen Vereinigung der Italienischen Partisanen.

Wir standen vor einem Gebäude im Zentrum von Rom, das während des Krieges einer Gruppe von Faschisten als Hauptquartier gedient hatte, die dafür bekannt gewesen waren, Gefangene zu foltern. An diesem 25. April wollten wir hier eine Gedenktafel zu Ehren der Frauen und Männer einweihen, die in dem Haus ermordet worden waren. Die Eigentümergemeinschaft hatte es abgelehnt, die Tafel direkt an der Fassade anzubringen, weil das angeblich die Ästhetik des Eingangsbereichs ruiniert hätte. Also wurde sie in den Bürgersteig eingelassen, der nicht in privater, sondern kommunaler Hand war.

Es war ein sonniger Tag, Massimo Rendina war trotz seines hohen Alters – er war nur ein Jahr jünger als du – eine große, stattliche Erscheinung. Noch so ein Exemplar deines beinahe unsterblichen

Menschenschlags, den nicht mal ein Weltkrieg kleinkriegt, schoss es mir damals durch den Kopf. Er trug ein Halstuch in den Farben der italienischen Trikolore, das dem abgewetzten Tüchlein ähnelte, das auch du vor vielen, vielen Jahren um den Hals getragen hattest.

Als ich Massimo zum zweiten Mal traf, warst du schon tot.

Ich war mit ihm zum Interview verabredet, weil der Protagonist des Romans, an dem ich gerade schrieb, eurer Generation angehörte und ich euch besser verstehen wollte. Eine Generation von Italienern, die ins Erwachsenenalter und in den Krieg eingetreten war, ohne etwas anderes zu kennen als den Faschismus. Ich nannte euch *Fascist Natives*, analog zu den hundert Jahre später geborenen *Digital Natives*. Vor allem aber wollte ich ihn zu dir befragen. Denn ich hatte herausgefunden, dass ihr in jenen Jahren um das Kriegsende, über die mir niemand etwas erzählen wollte, miteinander zu tun gehabt hattet.

Massimo war dreiundneunzig Jahre alt und gesundheitlich angeschlagen – kein Jahr später sollte auch er *weitergehen*. Dennoch stand er mir einen Nachmittag lang Rede und Antwort und sprach mit großer Weitsicht, Humor und Mitgefühl. Er redete nicht nur über dich, sondern auch über Togliatti und die *Assemblea Costituente*, die Verfassunggebende Versammlung nach dem Krieg, über Aldo Moro und Papst Johannes Paul II. Als ich jetzt noch einmal in dem Notizbuch blätterte, in das ich mir beim Zuhören Stichpunkte gemacht hatte, stieß ich auf zwei Bemerkungen: *ein wahrer Humanist* und *große Klarheit darüber, was richtig und was falsch ist*. Ich nehme an, dass er kurz zuvor noch mal dein Buch gelesen hatte.

Und so erzählte mir Massimo die folgende Geschichte. Sie spielt in Turin, und sie besteht aus drei Kapiteln plus einem Nachspiel.

Erstes Kapitel, letztes Kriegsjahr.

Italien ist zweigeteilt. Die Alliierten arbeiten sich langsam von Sizilien aus die Halbinsel hinauf; im Norden halten die Nationalsozialisten noch schützend ihre Hand über Mussolinis Marionettenregierung, die Repubblica Sociale Italiana oder Republik von Salò. Massimo Rendina arbeitet für die *Gazzetta del Popolo*, das Sprachrohr des Regimes. Neben Berichten über den Kriegsverlauf, Turiner Lokalnachrichten und Brillantine-Werbung werden auf der Titelseite jeden Tag die Bekanntmachungen des deutschen Propagandaministers Joseph Goebbels abgedruckt.

Massimo ist allerdings schon bei der Resistenza. Sein Kampfname, unter dem ihn die anderen Partisanen kennen, zeugt nicht gerade von großem Einfallsreichtum – Max, der Journalist. Er hat einen regulären Eintrag im Presseregister, das Mussolini, der früher selbst Journalist gewesen war, nicht lange nach seiner Machtergreifung hatte einrichten lassen. Aus Gründen der Tarnung schwingt er in der Redaktion häufig linientreue Reden. Der Verleger hat ihm die *Cronaca Nera,* also die Polizeimeldungen, anvertraut, sodass er einen Vorwand hat, täglich im Polizeipräsidium ein und aus zu gehen. Und während er dort Raubüberfälle und Verbrechen aus Leidenschaft recherchiert, sammelt er für seine Genossen wertvolle Informationen: ob sich etwa ein Kollaborateur eingeschleust hat oder die Schwarzen Brigaden eine Razzia planen.

Du befindest dich derweil nicht im Sanatorium, wie es eine Version über deine letzten Kriegsjahre behauptet. Besser gesagt: nicht mehr: Du kamst zwar versehrt vom Rückzug aus Russland zurück, der größtenteils ein Rückzug aus der Ukraine war. Doch du wurdest sofort wieder an die nächste Front geschickt, nach Jugoslawien, wo du in das Chaos nach dem 8. September geraten bist. Irgendwie hast du es dann nach Italien zurückgeschafft – in den Kleidern des Mannes einer Frau, die später an einem Laternenmast hing –, und nun sitzt auch du in dieser Zeitungsredaktion. Auch du hast einen Eintrag im Presseregister. Aber für dich ist das keine Tarnung, du bist kein Partisan. Du bist ausschließlich das, wonach du aussiehst: ein Redakteur beim Sprachrohr des faschistischen Regimes, das mit der nationalsozialistischen Besatzungsmacht verbündet ist. Und im Unterschied zu Massimo Rendina ergehst du dich nie in großen Treueschwüren zum Duce. Du hast das nicht nötig, denn du musst ja nichts verbergen oder beweisen.

»Ich hätte nicht sagen können, was er wirklich dachte«, hat Massimo mir über dich erzählt, und vielleicht ging es nicht nur ihm so. Du bist wortkarg und verschlossen. Aber die Zeiten sind ja für niemanden Anlass zur Fröhlichkeit.

Eines Tages stehst du von deinem Schreibtisch auf und gehst hinüber zu dem eines Kollegen – zu dem von Massimo. Die Büromöbel damals sind noch aus massivem Holz, vielleicht aus einem schönen Walnussholz. Aus irgendeinem Grund ziehst du eine der Schubladen an seinem Schreibtisch auf. Was suchst du? Vielleicht ein neues Farbband für die Schreibmaschine oder einen Stapel Papier oder eine Büroklammer?

Stattdessen findest du eine Pistole.

Max, der Journalist, wird sicher seine Gründe gehabt haben, eine Pistole in die Redaktion mitzunehmen. Trotzdem rufe ich an dieser Stelle der Geschichte immer erschrocken aus: Massimo, um Himmels willen, du musst doch besser aufpassen! Was nutzen dir alle faschistischen Treuebekundungen, wenn du dann mit einer Waffe der Resistenza im Büro erwischt wirst!

Massimo sieht, dass du die Pistole gesehen hast.

Und du siehst, dass er gesehen hat, dass du die Pistole gesehen hast.

Du schaust dich um, ob noch jemand anderes gesehen hat, dass du die Pistole gesehen hast.

Nein. Niemand hat etwas gemerkt. Eine glückliche Fügung will es, dass ihr allein im Büro seid: Der Verleger sitzt mit zwei Kollegen im Nebenzimmer.

Max wägt hektisch seine Möglichkeiten ab: Wenn er sofort wegrennt, noch bevor du Alarm schlägst – schafft er es dann, zu fliehen? Er könnte es schaffen, überlegt er, wenn er den Mantel am Kleiderständer hängen lässt.

Doch du schlägst nicht Alarm.

Rufst nicht den Verleger herbei.

Sagst nichts, auch nicht zu ihm.

Vielleicht schaust du ihn kurz an, keine Ahnung – in Massimos Erzählung bleibt das unklar. Ich stelle mir eher vor, dass du seinem Blick ausweichst. Ihn nicht anzusehen, während er dich ansieht, wie du die Pistole ansiehst, macht es dir leichter, zu tun, was du tust.

Nämlich nichts.

Du schiebst die Schublade von Massimos Schreibtisch wieder zu.

Kehrst an deinen Schreibtisch zurück.

Und machst dich wortlos wieder an die Arbeit.

Das zweite Kapitel der Geschichte spielt am 23. März 1945.

Massimo Rendina kämpft nicht länger mit Stift und Papier gegen den Nazifaschismus, sondern mit dem Gewehr. An dem Tag, als du seine Pistole gefunden und nicht den Verleger alarmiert hast, konnte er in aller Seelenruhe die Redaktion verlassen, ohne Verdacht zu erregen oder eingesperrt zu werden. Doch seine Tarnung ist dahin. Du hast ihn nicht denunziert und hast es offensichtlich auch nicht vor. Dennoch kann er nicht das Schicksal des ganzen klandestinen Netzwerks allein in die Hände eines *anständigen Faschisten* legen. Also ist aus Max, dem Journalisten, seit einigen Monaten Comandante Max von den Garibaldi-Brigaden geworden.

Die Zeitungen finden nur selten ihren Weg bis hinauf in die Berge, doch wann immer er eine Ausgabe der *Gazzetta del Popolo* in die Hände bekommt, liest Massimo sie. Das Blatt ist immer noch eine wertvolle Informationsquelle, was das sterbende Regime und den Kriegsverlauf betrifft; auch Bekanntmachungen und Propaganda liefern reichlich Material, wenn man sie zu deuten weiß. Ein Marsmensch allerdings, der nichts von dem großen Weltenbrand wüsste, der seit fünf Jahren auf dem Planeten wütet, würde angesichts der Schlagzeilen nicht ahnen, dass es bis zur Befreiung Italiens nur noch einen Monat dauern wird und bis zur deutschen Kapitulation wenige Wochen mehr.

»Gegenangriffe deutscher Fallschirmjäger vertreiben Anglo-Kanadier aus Lingen.«

»Zahlreiche bolschewistische Angriffe an der March und an den südöstlichen Hängen der Weißen Karpaten abgewehrt.«

»Die Wehrmacht ergreift im Sektor Komáron die Initiative.«

»Rheinquerung bei Worms von deutschen Truppen vereitelt.«

Selbst aus den Schlagzeilen der *Gazzetta del Popolo* lässt sich erahnen, wie die Dinge wirklich liegen.

»Heer und Volksmiliz haben Wien im Osten und Westen abgeriegelt.« Bekanntlich wird die Volksmiliz erst dann eingesetzt, wenn die regulären Streitkräfte kurz vor der Auflösung stehen.

»An der Adria gelang es den Briten unter großem Materialeinsatz, einen kleinen Brückenkopf zwischen der Lagune von Comacchio und dem Reno zu errichten. Er wurde eingekreist.« Hier sind die Schlüsselworte *großer Materialeinsatz* – was übersetzt so viel heißt wie: Die Alliierten walzen bei ihrem Vormarsch alles nieder.

Ich sehe Comandante Max vor mir, wie er vor einer Berghütte auf einem Stein sitzt oder in einem Stall oder unter einer Treppe, in den Händen die aufgeschlagene *Gazzetta*, die die Partisanenkuriere ihm besorgt haben. Er verschlingt jede Zeile, voller Sehnsucht nach dem Turiner Alltag, der ihm ferner und kostbarer erscheint denn je, nachdem die Leute, die er bekämpft, ihm diesen Alltag mit ihren Säuberungen und Hinrichtungen genommen haben. Andächtig, als seien es Bibelverse, liest er die täglichen Mitteilungen zu den Lebensmittelrationen: »Ab heute wird Maismehl statt Weizenmehl ausgegeben.« Die Reklame für Besteck, Zahnpasta und Latrinentöpfe: »Sprung in der Schüssel durch Kälte oder Luftangriff? Die Klosettschüssel A. Canterio aus emailliertem Metall – patentiert für die Ewigkeit!« Die Standesamtlichen Mitteilungen, denn auch im Krieg werden Ehen geschlossen. Das Programm der Lichtspielhäuser, denn nie ist der Wunsch größer als im Krieg, der Welt für ein paar Stunden zu entfliehen: Im Cinema Corso läuft *Lac aux dames* von Marc Allégret, im Vittoria glänzen die Geschwister Eduardo, Peppino und Titina De Filippo in *Non mi muovo!*.

Doch an jenem 23. März 1945 lässt Max in meiner Vorstellung die Zeitung sinken, nachdem er den dreispaltigen Artikel auf der Titelseite gelesen hat. Die Überschrift lautet: »Eine italienische Lösung«, und der Autor ist sein ehemaliger Kollege Franco Melandri – du. Normalerweise tauchst du als Redakteur nie mit Namen unter den Artikeln auf, und ausgerechnet jetzt, wo das Kriegsende kurz bevorsteht, die Deutschen hinter die Alpen zurückgedrängt werden, die Alliierten auf Mailand und Turin vorrücken und Mussolini in Kürze – und keinesfalls zu früh – auf den Müllhaufen der Geschichte geworfen werden wird, ausgerechnet jetzt hast du dich entschieden, einen mit Namen gezeichneten Artikel zu veröffentlichen. Mehr noch, einen Artikel, in dem du erklärst, dass der einzige Weg, wie Italien seine Würde, seine Einheit und sein Glück zurückerlangen könne, der Faschismus sei, dessen Gründung sich an diesem Tag zum sechsundzwanzigsten Mal jährt.

»Was hast du dir nur dabei gedacht, Franco?«, muss Max sich gefragt haben, vielleicht hat er es unter Kopfschütteln vor sich hingemurmelt.

Zumindest ist es das, Papa, was ich mich gefragt habe, nachdem ich dein absurdes, aus der Zeit gefallenes Plädoyer für den Faschismus gelesen hatte.

Was hast du dir nur dabei gedacht, Papa?

Du hättest doch weiter die Füße stillhalten können, dort beim Sprachrohr der Repubblica Sociale, du hättest auf große Lobeshymnen für den Faschismus verzichten können wie bisher auch, nicht namentlich zeichnen, sondern weiter still deine anonyme Redaktionsarbeit machen und abwarten können, dass die Nacht vorübergeht, die Alliierten kommen, die Deutschen fliehen, dass der Alptraum für Turin, Italien, die Welt und für deine Mutter endet, die am Ufer der Adria darauf wartet, mit dir das Ende des dritten oder vierten Krieges seit ihrer Geburt zu feiern.

Aber nein.

Was hast du dir nur dabei gedacht, ausgerechnet an diesem Tag Ende März 1945, so einen Artikel zu schreiben?

Max faltet die Zeitung wieder zusammen, ohne nachzusehen, welcher Film heute im Vittoria läuft. Er kann nicht aufhören, an seinen Kollegen zu denken – nicht an seinen Freund, befreundet wart ihr nie –, diesen wortkargen und verschlossenen Kerl, bei dem er nie wirklich wusste, was er dachte, der aber sein Vertrauen gewonnen hat, weil er ihn nicht denunzierte, was er jetzt noch viel weniger begreifen kann. Was denkt sich dieser Franco nur, einen solchen Artikel mit seinem Namen zu versehen, während im Land schon bald die öffentlichen und privaten Rachefeldzüge beginnen werden, die den Zusammenbruch jedes Regimes begleiten, egal ob sie gerecht oder grausam sind, ob sakrosankt oder beschämend – warum, warum nur hat er sich so exponiert?

Eines begreift er allerdings sofort: Nach dieser so unüberlegten, so erstaunlich unvorsichtigen und zugleich so wenig opportunistischen Lobrede auf den Faschismus, versehen mit der Unterschrift *Franco Melandri* als Zielscheibe für die Scharfschützen, wirst du bald einen Retter brauchen.

Und wirklich kommt er am 25. April 1945 nach Turin, um dich zu retten. Und das ist das dritte Kapitel der Geschichte.

An jenem Tag tanzte Mama mit ihren Freundinnen auf den Straßen der Stadt.

»Unsere gesamten Zwanziger hatten wir zitternd in dunklen Kellern gesessen«, schilderte sie immer die Befreiung, »und an diesem Tag sahen wir endlich die Sonne wieder.«

Du hast damals nicht mit Mama zusammen getanzt, nicht nur, weil ihr euch noch nicht kanntet. Auf den Plätzen wurden Faschisten zusammengetrieben und gelyncht, und manchmal geschah das auch Leuten, die nur vielleicht Faschisten waren, aber in jedem Fall von mindestens einem Menschen gehasst wurden. Und du, der du ein Faschist warst, wenn auch ein *anständiger*, du hattest dich versteckt.

»Ich habe mir Sorgen um Franco gemacht«, sagte Massimo, als er mir eure Geschichte erzählte.

Also zieht Max los und sucht nach dir.

Zu Hause bist du nicht. Ich weiß nicht wie, aber am Ende findet er dich. Du hattest – was weder ihn noch mich siebzig Jahre später überrascht – bei einer jungen Frau Unterschlupf gefunden.

Du und Max, ihr geht zusammen nach draußen.

Bevor du über die Türschwelle trittst, nimmt Max sein Partisanentuch ab und knotet es dir um den Hals.

Dann legt er seinen Arm um deine Schulter.

So verbunden führt er dich durch ganz Turin, zeigt dich allen Genossen, damit dich jeder sehen kann. Und allen, denen ihr begegnet, sagt er mit dem Finger auf dich deutend:

»Franco gehört zu mir.«

Zwiebel

Bald ist der Krieg zu Ende, aber noch nicht. Du kannst nicht so leben, als sei er schon vorbei.
An Annas Hand

Die Geschichte von Comandante Max war die letzte deiner Überlebensgeschichten und auch die letzte, von der ich erfahren habe. Und natürlich die abenteuerlichste. Hätte nicht er selbst sie mir erzählt, hätte ich sie für eine deiner Legenden gehalten, in die du die schwerer verdaulichen Lebenserfahrungen gerne verpackt hast.

Die Geschichte von Max hatte noch ein Nachspiel.

Denn Massimo bewahrte dich nicht nur vor den spontanen Säuberungsaktionen, die im Chaos jener ersten Nachkriegstage zwischen Jubelstürmen, Lynchjustiz, Freudentänzen und persönlicher Vergeltung an der Tagesordnung waren. Er rettete dich auch vor der politischen Säuberung, mithilfe derer Italien eine Zeitlang nicht sehr erfolgreich versuchte, die Rückkehr von Faschisten in Machtpositionen zu verhindern.

Wie alle Mitarbeiter der *Gazzetta del Popolo* warst auch du aus dem Presseregister gestrichen worden. Als Strafe irgendwie widersinnig: Das neue antifaschistische Italien verbannte dich aus dem Verband, den der Ex-Journalist Mussolini zur Kontrolle seiner früheren Kollegen geschaffen hatte. Ohne regulären Eintrag im Register durftest du dir deinen Lebensunterhalt nicht mehr mit dem Schreiben verdienen, und etwas anderes konntest du nicht. Arbeitslos, mittellos und zu stolz, um in die Romagna zurückzukehren und deinen Vater, den

Stationsvorsteher, um Hilfe zu bitten, hast du dich auf den Turiner Straßenmarkt Balòn gestellt, um Autoreifen zu verkaufen. Und genau dort entdeckte dich Mama: groß, blauäugig, ohne die geringste Sachkenntnis von Autoreifen und viel zu gutaussehend, als dass es empfehlenswert gewesen wäre, sich in dich zu verlieben. Und obwohl sie sofort anfing, sich viele unterschiedliche Gedanken über dich zu machen, fragte sich meine zukünftige Mutter offenbar keine Sekunde lang, was ein intelligenter Mann mit Studienabschluss wie du dort vor einem Stapel Autoreifen tat. Zumindest wollte sie mir das siebzig Jahre später weismachen.

Ihr wart beide allein, hattet kein Geld, kein Zuhause und keine Familie, die euch unterstützte; alles, was ihr hattet, waren die durchgestandenen Schrecken und die Trümmer. Überall nur Trümmer. Und niederschmetternder als die kaputten Häuser war der Einsturz des prunksüchtigen Lügengebäudes, mit dem der Faschismus seine Brutalität verborgen hatte. Damals habt ihr euch geschworen, die Dinge pragmatisch anzugehen und auf Sentimentalitäten und Pathos zu verzichten; abgeschmackte Abstraktheiten wie das Wort Liebe zu vermeiden; und vor allem nie bei den verhassten Phrasen Zuflucht zu suchen. Anders gesagt, ihr habt euch auf eine zwanglose Beziehung geeinigt, ohne zu hohe Erwartungen und viel Tamtam, aber durchaus mit Würze. Eure Bezeichnung dafür lautete: »es mit der Zwiebel halten«.

Ich vermute, dass Mama ein bisschen mehr Tamtam durchaus recht gewesen wäre. Und dass ihr außer Zwiebeln hin und wieder auch eine Rose gefallen hätte. Nachdem große Liebesschwüre durch dieses Abkommen ausgeschlossen waren, entstand zwischen euch immerhin eine private Wiedererkennungsmelodie: ein kurzer Pfiff mit einer besonderen Tonfolge, um euch in einer Menschenmenge wiederzufinden oder euch bei einer Verabredung bereits aus der Ferne anzukündigen. Ihr konntet beide sehr gut pfeifen, Mama noch besser als du, sodass eure Melodie unverwechselbar wurde.

Die Tonfolge überdauerte die Jahre, übertrug sich von euch als Paar auf die Familie. Bis sie zwanzig Jahre später schließlich auch mich als eure jüngste Tochter erreichte. Wenn ich mich im Supermarkt verirrte oder in den Anblick eines Ameisenhügels abseits des

Wanderweges versank, musste ich nur der vertrauten Melodie folgen, um dich oder Mama zu finden.

Als ihr euch den Pfiff ausgedacht habt, wart ihr ein junges Paar, traumatisiert und körperlich extrem voneinander angezogen. So fiel eure Wahl auf ein Motiv aus dem vierten Satz von Dvořáks Symphonie *Aus der Neuen Welt* – »Allegro con fuoco«! Die Melodie war eure Art, den Wunsch auszudrücken, der eine ganze Generation junger Leute umtrieb, die der weltumspannenden Katastrophe entronnen waren: die Vergangenheit ruhen lassen und nur nach vorn schauen in die Neue Welt der Zukunft.

Doch währenddessen schriebst du hinter Mamas Rücken – zumindest behauptet sie das – Briefe an die *Commissione di epurazione*, die für die Entfaschisierung zuständige Kommission.

»*Meiner Person, dem Journalisten Franco Melandri, ehemaliges Mitglied des Journalistenverbandes der Provinz Turin, wurde mitgeteilt, die Löschung seines Namens aus dem Presseregister rechtfertige sich durch den Vorwurf, in anonym veröffentlichten Kommentaren die Hinrichtung von Partisanen verherrlicht zu haben.*

Der Unterzeichnende, geboren 1919, war bei Ausrufung der Republik von Salò gerade aus drei Jahren Kriegsdienst zurückgekehrt, in denen er als Teil der Division Julia an den Fronten in Griechenland, Russland und Slowenien gekämpft hatte. Er muss eingestehen, treuen Glaubens und bewusst diesen Weg gewählt zu haben: sich den Faschisten angeschlossen, für die Gazzetta del Popolo *gearbeitet und dabei auch Artikel politischen Inhalts verfasst zu haben. Doch es entspricht absolut nicht der Wahrheit, dass der Unterzeichnende in anonymen Kommentaren die Erschießung von Partisanen verherrlicht habe, und er fordert jeden auf, der das behauptet, Beweise vorzulegen. Der Unterzeichnende vertraut darauf, dass die hohe Kommission ihm, der persönlich für den Krieg bezahlt und in seiner Jugend niemals aufwieglerisch gehandelt hat, keine Taten zur Last legen wird, die er nicht begangen hat, und ihm dadurch die Möglichkeit nehmen wird, frei seinem Beruf nachzugehen […]*«

Besonders beeindruckend finde ich an dem Brief deinen unterwürfigen und gleichzeitig trotzigen Tonfall: »er fordert jeden auf, der das behauptet, Beweise vorzulegen«. Ich kann mir genau vorstellen, Papa, wie du dich aufregst bei dem Gedanken, du könntest des Aufrufs zu Gewalt und Mord angeklagt werden. Wie sehr es dich im tiefsten Innern getroffen hat, dass andere so über dich denken könnten, nach all der Gewalt und dem Morden, die du erlebt hattest und denen du so angeekelt, überwältigt und müde entgangen warst – vor allem müde –, mit anderen Worten, nachdem du »persönlich für den Krieg bezahlt« hattest.

Kurz: In diesem Brief erkenne ich dich wieder.

Und ich glaube dir.

Was ich dir hingegen nicht glaube, Papa, ist der Satz, mit dem du 1958, als du in New York gelebt hast, in einem Lebenslauf die Ereignisse zu Kriegsende rekonstruierst:

»Zurück in der Redaktion der ›Gazzetta del Popolo‹ wird er aufgrund eines Artikels, in dem er den Bürgerkrieg in Italien barbarisch nennt, zunächst von den Faschisten verhaftet – und anschließend von den Partisanen aufgrund desselben Artikels.«

Nur damit wir uns richtig verstehen: Ich bin überzeugt davon, dass du das Abschlachten um dich herum für barbarisch hieltst, das ja. Aber ich glaube Max mehr als dir und weiß deshalb, dass du – glücklicherweise – von keiner Seite verhaftet wurdest. Außerdem lese ich in diesen Zeilen deinen Sinn für die Großen Symmetrien heraus, für die Elegante Äquivalenz und die Präzise Gesetzte Pointe: Zuerst verhaften dich die einen, dann verhaften dich die anderen, zuerst wirst du hier verfolgt, dann wirst du da verfolgt, alles im perfekten Rhythmus eines Stummfilm-Gags mit dir als dem Buster Keaton der Gedankenfreiheit.

Nein, Papa, das klingt zu schön, um wahr zu sein.

Als ich diese Zeilen las, musste ich an ein Gespräch mit einem Kollegen aus meiner Zeit als Drehbuchautorin für Film und Fernsehen denken. Wir hatten uns gegenseitig unsere Familiengeschichten erzählt und festgestellt, dass uns eine grundlegende Gemeinsamkeit verband: Wir hatten beide liebevolle Väter, die in ihren Geschichten gern das Prinzip der Faktentreue vernachlässigten. Wir waren daher zu dem Schluss gekommen, dass sowohl mein Kollege als auch ich prädestiniert waren für den Beruf der Drehbauchautoren beziehungsweise bei dieser Tätigkeit einen großen Vorteil hatten, weil wir drei fundamentale Voraussetzungen mitbrachten: die Liebe zur Literatur und zum Kino, ein feines Gespür für Dialoge und einen großen Märchenerzähler als Vater.

Deshalb glaube ich dir diesen Satz nicht, Papa, den du zehn Jahre nach Kriegsende geschrieben hast, nicht ein Wort davon. Er ist nicht so einfach und konkret wie die Zwiebel, eher das genaue Gegenteil und sicher unterhaltsamer; die Skizze eines Slapstick-Drehbuchs, in dem die Dramaturgie allerdings ein bisschen zu gut aufgeht. Und ich erkenne darin deinen Versuch, das Gefühlschaos und die Besorgnis, die du angesichts der eingestürzten Ideale deiner Jugend empfinden musstest, etwas in den Griff zu bekommen.

Jedenfalls rettete dich auch dieses Mal Massimo Rendina. Als Max, der Journalist wurde der ehemalige Partisan als Zeuge vor die Kommission berufen, um zu deinen Gunsten auszusagen. Und er schilderte dich als *anständig*, ließ aber wohlweislich das Wort mit F weg. Er erklärte, du seist keineswegs bei der *Gazzetta del Popolo* geblieben, weil du an die toten Ideale der Republik von Salò geglaubt hättest, sondern aus strategischen Gründen. Als Beweis führte er an, dass du ihn nicht verraten hattest, als du die Möglichkeit dazu gehabt hättest.

Der erste Teil der Erklärung war eine wohlmeinende Ungenauigkeit. Es entsprach indes der Wahrheit, dass du ihn nicht verraten hattest, bevor er sich zu den Partisanen abgesetzt hatte – genauso wenig wie Pinon, der vielleicht wirklich Massimos Alter Ego war.

Massimo Rendina ist ein ruhmreicher Partisanen-Kommandeur, ein Held der Resistenza. Dass er zu deinen Gunsten aussagt, hat viel Gewicht. Du bekommst deinen Presseausweis zurück, wirst wieder von der schwarzen Liste genommen, du bist rehabilitiert. Du musst keine Autoreifen mehr verkaufen, sondern verdienst dir deinen Lebensunterhalt wieder mit den dir vertrauteren Worten.

Eine Frage aber stelle ich mir immer noch, Papa: Wie konntest du Ende März 1945 bloß diesen Artikel schreiben? Hast du denn nicht gesehen, was um dich herum los war? Mord und Totschlag, Razzien, Hinrichtungen, Deportationen – aus den Nationalsozialisten, früher mit euch im Verbrechen vereint, waren die todbringenden Herren Italiens geworden. Es war der Faschismus, der Italien in dieses Chaos, in diesen Moloch aus Gewalt und Verzweiflung geführt hatte. Und vom Faschismus musste das Land nun befreit werden – was zu unserem Glück auch keinen Monat später geschah.

Doch dein Artikel beginnt so:

»Streitsucht bringt die Feinde des Faschismus dazu, die Machtergreifung durch jene Generation, die aus dem letzten Krieg hervorgegangen ist, zu einem reaktionären Akt zu erklären, und folglich hoffen sie darauf, dass eine Volksrevolution den Faschismus zu Fall bringen und ihm ein Ende bereiten möge: Streitsucht bringt unsere Feinde zu dieser schweren Anschuldigung, um – im Namen eines logischen und allgemein anerkannten Strebens nach Erneuerung der italienischen Politik – die eigene politische Nachsicht gegenüber dem Überdruss an einem langen, bitteren und mörderischen Krieg zu rechtfertigen. Das mag aus menschlicher Sicht verständlich sein, doch Überdruss und Friedenssehnsucht waren noch nie eine substanzielle Grundlage für Volksrevolutionen: Deshalb ist es vonnöten, sich keineswegs von dieser leeren und sterilen Streitsucht täuschen zu lassen, sondern Gegenwart, Vergangenheit und Zukunft zu verstehen und den Blick fest auf das einzig wichtige Ziel zu richten, das über allem steht und das da lautet: Rückkehr zur Einheit und Freiheit Italiens […]«

Ich muss gestehen, Papa, dass ich das nicht recht begreife. Was meinst du mit »Streitsucht der Feinde des Faschismus«? Ist es streitsüchtig, ein kurz vor dem Kollaps stehendes und deshalb umso erbarmungsloseres Regime zu bekämpfen? Und was bedeutet »politische Nachsicht gegenüber dem Überdruss an einem langen, bitteren und mörderischen Krieg«? Doch mehr noch als der Inhalt deiner Sätze verwirrt mich ihr Stil: abstrakt, salbadernd, geschraubt, blutleer. Das genaue Gegenteil des so konkreten, menschlichen Tonfalls voller lebendiger, warmherziger Details, mit dem du in *Rückkehr mit dem Verrückten* erzählst. Der Stil des Artikels kennt keine Fakten, kein Gefühl, keine Körper. Keine Zwiebel.

Der Artikel scheint einer Welt der rein intellektuellen Spekulation zu entspringen, in der die Zeit und vor allem die Realität nicht wirklich eine Rolle spielen. Einem Paradies, in dem allein die abstrakten Großen Ideen herrschen. Einem Universum, in dem sich in einem einzigen langen Satz sechsundzwanzig Jahre überspringen lassen, die Zeit vom 23. März 1919, dem Gründungsdatum der *Fasci*, der Italienischen Kampfbünde, bis zu deren Jahrestag in den letzten Monaten einer weltweiten Apokalypse – und die Dunkelheit dazwischen wird einfach ignoriert.

Als hättest du diese Dunkelheit nicht selbst durchschritten.

Du, der in Griechenland war, in Russland, das größtenteils die Ukraine war, monatelang versehrt im Sanatorium gelegen hat, auch wenn du im Gegensatz zu vielen anderen armen Alpini noch alle Gliedmaßen hattest; du, der, kaum dass er wieder halbwegs auf den Beinen war, sich ein drittes Mal an der Front wiederfand, wo du von deinem König und deinen Generälen verlassen wurdest. Und trotz alledem schreibst du anschließend einen Zeitungsartikel – opak, erhaben, quasi-metaphysisch, aufgeladen mit abstrakten Begriffen, völlig entkoppelt von der Welt aus Bomben, Razzien und Erschießungen, die dich umgibt – und vertrittst darin folgende These: Der Faschismus, der echte und ursprüngliche, ist noch immer der Königsweg zur Rettung Italiens.

Was hast du dir nur dabei gedacht, Papa?

Es ist ungefähr zehn Jahre her, dass ich diesen Artikel zum ersten Mal gelesen habe, im Lesesaal der Zeitschriftensammlung der Nationalbibliothek in Rom. Massimo hatte mir kurz zuvor von einem Artikel erzählt, den du noch vor Kriegsende geschrieben hattest, ohne mir das genaue Datum nennen zu können. Also bestellte ich alle Ausgaben der *Gazzetta del Popolo* des Jahres 1945, vom 1. Januar bis zum 26. April, als die Publikation nach dem Sturz des Regimes für eine Weile eingestellt wurde.

Die Zeitungen aus dem 20. Jahrhundert waren noch nicht digitalisiert, und der Bibliotheksmitarbeiter händigte mir einen Mikrofilm aus. Ich verbrachte viel Zeit damit, die schwere Filmrolle durchzusehen, jede neue Seite begleitet von dem gleichförmig klackenden Geräusch wie beim Umstellen einer Eisenbahnweiche – bis ich endlich zur Ausgabe vom 23. März 1945 kam. Und dort auf der Titelseite, neben einer Spalte mit den direkt aus Berlin eingetroffenen offiziellen Bekanntmachungen der deutschen Regierung, stand ein langer Artikel, der mit *Franco Melandri* unterschrieben war.

Der Bildschirm meines Geräts war von den anderen Plätzen aus nicht einsehbar und die Auflösung des Mikrofilms so körnig, dass sogar ich, die direkt davorsaß, Schwierigkeiten beim Lesen hatte. Dennoch schoss mir sofort die Schamesröte ins Gesicht.

Vor meinem inneren Auge sah ich das Schreckensbild, wie die junge Frau an dem Lesegerät neben mir oder der nette Bibliotheksangestellte, der mir mit den Mikrofilmen geholfen hatte, oder vielleicht die Dame dort, die gerade mit einem Stapel Bücher unter dem Arm hereingekommen war, oder irgendwer sonst im Lesesaal der Nationalbibliothek in Rom sehen könnte, was ich sah. Ich weiß noch, wie ich instinktiv nach dem Hebel griff, um den Film weiter zur nächsten und übernächsten Seite zu drehen, egal zu welcher, solange niemand diese eine Seite lesen könnte.

Die Seite, auf der der Name meines Vaters direkt neben dem von Joseph Goebbels stand.

Seit jenem Tag sind zehn Jahre vergangen. Zehn Jahre, in denen ich mich immer wieder gefragt habe, welche Verbindung es zwischen dem Menschen gibt, der diesen Artikel geschrieben hat, und dem, den ich als meinen Vater kennengelernt habe. Mir kommt es vor, als wäre der Artikel von einem Menschen aus einer anderen, weit entfernten Zivilisation geschrieben worden, wo andere Gepflogenheiten und Denkweisen herrschten, die mir fremder sind als die eines Steinzeitjägers; doch dieser Mensch warst du. Jahrelang habe ich erfolglos versucht, die beiden Personen miteinander zu versöhnen. Jahrelang habe ich mich gefragt, was in aller Welt hast du dir nur dabei gedacht?

Dann ist Russland in die Ukraine einmarschiert.

Natürlich ist das nicht der erste Krieg auf unserem Kontinent seit deinem, die Menschen in Srebrenica, Pristina und Sarajevo wissen es nur zu gut. Doch es ist der erste Krieg, der in seinem Ausmaß und seinen möglichen Konsequenzen mit deinem vergleichbar ist. Mit ihm wurde eine Schwelle übertreten, hinter der es kein Zurück gibt, hinein in eine Welt, von der wir noch nichts wissen, weder im Guten noch im Schlechten, nur dass sie ganz sicher nicht mehr sein wird wie die zuvor. Und konfrontiert mit dem beängstigenden Blick auf diese neue Welt und insbesondere auf das Ende der alten Welt, beobachte ich in vielen Städten im friedlichen Europa des Westens Verhaltensweisen, die mich an dich und die Zeit denken lassen, als du den Artikel geschrieben hast. Nicht, dass ich dich jetzt endlich verstehen würde – nein, das wird mir wahrscheinlich nie gelingen. Doch da ist etwas in den Reaktionen der Menschen, worin ich dich wiedererkenne. Oder, besser gesagt, worin ich deinen Artikel wiedererkenne.

Ich erkenne darin den Mechanismus, sich der Realität zu verweigern, weil sie nicht mehr mit den – ideologischen – Grundüberzeugungen zu vereinen ist, auf denen das eigene Selbstbild beruht. Ich erkenne darin die Flucht in die Abstraktion, mit der man sich vor den Granatsplittern dieser neuen Realität schützt wie mit einer schusssicheren Weste. Kurzum: Ich erkenne die Strategie der Mapuche.

VI BLICKE

Mapuche

Diese Wohltat, uns bei jedem Wetter, ob Wind, Regen oder Sonnenschein, mit Einbruch der Dunkelheit bei den Kindern verkriechen zu können, beruhte auf der Unkenntnis der Welt, unseres eigenen Landes und auch unserer Stadt. Denn damals hatten die Menschen noch das große Privileg oder Glück oder wie immer ich es nennen soll, nicht zu wissen, was ihre Zeitgenossen an anderen Orten der Erde taten, was sie dachten und was sie gerade erlitten.
An Annas Hand

Vielleicht ist die Geschichte der Mapuche auch nur ein Lügenmärchen von Heimkehrern, genau wie die Legende der Hühner von Kalitwa. Eine hübsche, wenngleich unwahrscheinliche und ungenaue Geschichte, die man gerne weitererzählt und die dann später in die große Erzählung von der Neuen Welt eingeflossen ist – nicht die, deren Geburtswehen wir gerade erleben, nein: die ›originale‹ Neue Welt. Die, die nach fünfhundert Jahren der Verwerfungen und Grausamkeiten sogar in unserer familiären Erkennungsmelodie anklingt.

Wie dem auch sei, die Geschichte geht so:

Die Mapuche lebten in dem Teil der Erde, den wir heute Feuerland nennen. Sie lebten dort seit Jahrtausenden, zwischen den ausladenden, hüttenartigen Baumwipfeln der Araukarien und den Winden, die den Raum auf übersinnliche Weise krümmen wie in deiner Steppe. Eines Tages tauchten am Horizont fünf fantastische Riesen aus Tuch und Holz auf, die stumm über das weite Blau flogen. Es waren die Schiffe Magellans. Als sie vor ihren Augen in die Bucht einliefen, konnten die Mapuche sie gar nicht übersehen – sie waren ja nicht blind. Doch nichts von dem, was die Mapuche über die Welt wussten, was sie selbst erfahren oder ihre Vorfahren ihnen überliefert hatten und worin ihr Leben als Individuen oder Gemeinschaft bestand, vermochte dem, was sie sahen, einen Sinn zu geben. Ihre Augen nahmen die fünf Segelschiffe wahr, aber nicht ihr Verstand: Es war ein Bild außerhalb alles Möglichen, also existierte es nicht.

Der Legende nach kehrten die Mapuche diesem unbegreiflichen Anblick den Rücken zu und setzten ihr Tagwerk fort.

Ich habe den Eindruck, Papa, dass es vielen Europäern des Westens mit dem neuen Krieg in der Ukraine genauso geht wie den Mapuche mit den Segelschiffen. Sie können ihn mit ihrem Wissen über die Welt und insbesondere dem über sich selbst nur schwerlich in Einklang bringen. Und so kehren ihm viele den Rücken zu und reden sich ein, es gebe ihn nicht.

Dabei sollte es doch ganz einfach sein. Da ist ein Land, das unter Missachtung des internationalen Rechts in ein anderes Land einmarschiert ist. Dieses Land lässt Raketen und Bomben auf die Wohnhäuser des anderen Landes regnen. Dieses Land deportiert Tausende Bürger des anderen Landes, plündert Museen, foltert und tötet und wirft die Menschen des anderen Landes in Massengräber, klaut ihre Waschmaschinen, kotet auf ihre Betten und verschleppt ihre Kinder. Was ist daran so schwer zu begreifen? Eigentlich sollte es ganz einfach sein zu entscheiden, auf wessen Seite man steht. Vor allem für uns Europäer des Westens, die wir so gerne auf der richtigen Seite stehen, solange es uns keine Mühe kostet. Nein, das sollte nicht kompliziert sein.

Doch es gibt viele, die sich einreden, es sei noch alles wie früher, als es reichte, einfach gegen den Krieg zu sein, als es genügte, ihn abzulehnen, damit er schon aufhören wird. Sicher, wir haben bereits einige andere Kriege im Fernsehen mitverfolgt, und das Schicksal ihrer Opfer geht uns auch wirklich nahe. Ja, ihr Schicksal zerreißt uns gebührend das Herz, und wir fordern zu Recht, dass Schluss sein muss mit dem Blutvergießen. Doch all diese Kriege finden anderswo statt, und unser Mitgefühl für dieses Anderswo führte nie dazu, dass wir uns selbst hätten hinterfragen müssen.

Dieser Krieg ist anders. Würden wir wirklich hinschauen, müssten wir uns eingestehen, dass viele der Schablonen, die wir zur Deutung der Welt benutzt haben, gelinde gesagt unvollständig waren. Das Selbstbild vieler Menschen gleicht einer Kletterpflanze, die sich um einen halb abgestorbenen Baumstamm rankt. Nun ist es aber so, dass die Ranke, sollte der Stamm brechen, in eine andere Richtung weiterwachsen kann. Und wer es einmal probiert hat, der weiß: Es ist nicht unmöglich, seine Meinung zu ändern, es bringt einen nicht um. Es ist nicht unmöglich zu versuchen, offen zu sein für andere Sichtweisen auf die europäische Geschichte, die einem bis dahin fremd waren, zum Beispiel für die Perspektive der Ukrainer, der Belarussen oder der Esten. Es kann sogar sehr befreiend sein. Doch viele Menschen klammern sich nur noch entschlossener an das wurmstichige, alte Holz. Als sei die schlichte und aufklärerische Mühe, überkommene Überzeugungen zu hinterfragen, schlimmer als die Aussicht auf den Tod.

Die einen schreien also laut »Wir wollen keinen Krieg!« und halten das für einen sinnvollen Beitrag zum Frieden. Die anderen ziehen ihr Selbstverständnis ganz aus der Opposition gegen die dummen und brutalen Kriege der aus ihrer Sicht einzigen üblen, nach Hegemonie strebenden Imperialmacht der Welt: den USA.

Doch da gibt es ein Problem.

In der Ukraine waren es nicht die USA, die einen dummen und brutalen Krieg begonnen haben.

Das war jemand anderes.

Doch was tun, wenn die Voraussetzungen, die jahrzehntelang das eigene Selbstbild geprägt haben, nicht mehr mit der Realität übereinstimmen?

»Im Kampf zwischen Dir und der Welt sekundiere der Welt«, schrieb Kafka. Sekundieren bedeutet, bei einem Duell als Sekundant zu fungieren, und mit diesem einen Wort evoziert dein Namensvetter Franz hier eine surreale, ja groteske Szene: Zwei in dicke Mäntel gehüllte Duellanten stehen sich in der diesigen Morgendämmerung gegenüber, um den jeweils anderen zu erschießen – du und die Welt. Mit weisem Spott fordert Kafka uns auf, auch noch in die Rolle einer dritten Person zu schlüpfen, die weniger dumm und ruhmsüchtig ist und erkennt, wie lächerlich und absurd es ist, die Welt zum Duell zu fordern. Und er rät, dass wir uns der Welt als Verbündeter anbieten.

Doch diesem Vorschlag, Papa, möchten viele nicht folgen, sie wollen keiner Realität »sekundieren«, in der die Toten in der Ukraine keine Opfer der Hegemonialmacht USA sind, sondern Russlands. Einer Realität, in der alle Städte dasselbe Schicksal erleiden würden wie Butscha, Mariupol und Isjum, wenn die Ukraine keine Waffen zu ihrer Verteidigung mehr hätte. Mit dieser Realität duellieren sich heute viele Europäer des Westens, die ein seit Jahrzehnten unverändertes Selbstverständnis pflegen: Sie sind pazifistisch, antiimperialistisch und allen voran antiamerikanisch.

Diesem Selbstbild sind sie gnadenlos treu, verteidigen es um jeden Preis. Und wenn das bedeuten sollte, sich den Gegnern der Realität anzuschließen, kann man es immer noch machen wie die Mapuche.

So kommt es, dass viele brillante Köpfe meines Landes es seit Beginn des Krieges – und der geht nun schon ins dritte Jahr – in all ihren scharfzüngigen, fast täglichen Kommentaren nicht geschafft haben, auch nur einen Satz über das ganze Ausmaß der Zerstörung und des Schmerzes zu äußern, in keinem Zeitungsartikel, keinem Beitrag in den Sozialen Netzwerken und in keiner Podiumsdiskussion. Nie haben sie Russland zu einem Waffenstillstand aufgefordert. Auch persönliche Gespräche blähen sich auf durch ein schwer verdauliches Schweigen. Beim Abendessen unterhält man sich nur noch über das, was im engsten Familienkreis geschieht, über nichts darüber hinaus. Zwei Freundinnen, die seit Jahrzehnten dieselben politischen Ansichten teilten, tauschen sich nicht mehr über das Weltgeschehen aus, um nur nicht zu streiten. Andere Freundschaften zerbrechen an dem Gefühl, in miteinander nicht mehr vereinbaren moralischen Universen zu leben.

Doch diese Stille nähert sich uns von ganz anderen Orten, die ungleich riesiger sind als unsere kleinen Leben. Genau wie der Wind, der bei geöffneten Fenstern durchs Haus fegt und Dinge durcheinanderbringt – Zettel werden vom Schreibtisch geweht, Staubmäuse aufgepustet, ein Fensterladen schlägt zu; dieser Wind aber kommt von draußen, er ist nicht in unseren Häusern entstanden. Das Schweigen und die Auslassungen kommen von weit her. Aus zeitlichen Zusammenhängen, die weit größer sind als die hektischen kurzatmigen Zyklen aus Livetickern und Nachrichtensendungen.

Fünf Monate nach Beginn des von Putin befohlenen Angriffskrieges gegen die Ukraine erschien in einer der wichtigsten italienischen Tageszeitungen ein langer Artikel. Der Verfasser war ein ausgewiesener Experte in einem sehr komplexen Fach. Seine Sachbücher habe ich engen Freunden und auch meiner Mutter geschenkt, die fasziniert war von der sperrigen Materie, aber nichts davon verstand. Es handelt sich also um einen sehr intelligenten Mann, und dir, Papa, hat Intelligenz ja immer imponiert.

In dem Artikel jedenfalls ließ er sich über den Imperialismus der USA aus, über deren Heuchelei und deren Doppelstandards in internationalen Krisen. Mit einem Großteil seiner Aussagen war und bin ich völlig einverstanden. Doch sein Thema war nicht etwa der Jahrestag des unglückseligen Einmarschs in den Irak oder des blamablen Truppenabzugs aus Afghanistan, bei dem die zivilen Helfer einfach in den Händen der Taliban zurückgelassen wurden, es ging auch nicht um das Desinteresse des Westens an der Verfolgung der Rohingya oder den Krieg im Sudan oder um eine der vielen anderen Tragödien, denen der Westen keine besondere strategische Bedeutung beimisst. Es war auch kein Artikel über die Atombomben auf Hiroshima und Nagasaki und die dahinterstehende zweifelhafte moralische Haltung, keiner über den Vietnamkrieg oder die von der CIA ausgebildeten Todesschwadronen in Mittelamerika. Sein Thema war also weder die jüngere Geschichte noch die Außenpolitik der USA oder des Westens allgemein. Sein Thema war die Invasion der Ukraine. Und ein Leser, der wie in manchen Filmen gerade erst aus dem Koma erwacht wäre und nichts über das aktuelle Weltgeschehen gewusst hätte, wäre mit Sicherheit zu dem Schluss gekommen, dass der brutale Angriffskrieg gegen die Ukraine von niemand anderem befohlen worden wäre als von der nach Weltherrschaft strebenden militärischen Supermacht USA.

Der Artikel erschien wenige Monate, nachdem man in den Folterkellern von Butscha die Körper gefunden hatte, denen man nicht nur an den herausgerissenen Augen ansah, dass sie durch die Hände von Putins Soldaten gegangen waren. Doch dass der Autor des Artikels von diesen Verbrechen wusste, lässt sich nur aus einem Halbsatz herauslesen, in dem er sich über die Art und Weise beschwert, wie die Medien von diesen Verbrechen berichtet hatten:

»Die russische Brutalität [...] wird wiederholt und reißerisch zur Schau gestellt.«

Weitere Hinweise darauf, was in diesem Moment auf dem Land, in den Städten und auf den Straßen geschah, was den Einwohnern der Ukraine angetan wurde? Fehlanzeige.

Dieser Experte für ein sehr komplexes Fachgebiet hatte keinen beschränkteren Zugang als ich zu Informationen aus der Ukraine. Und obwohl er die Meldungen über die Gewalt, die Putins Russland an den Körpern der ukrainischen Männer, Frauen, Greise und Kinder verübten, gelesen, gesehen und gehört haben musste und obwohl er lange genug darüber nachgedacht hatte, um einen Meinungsartikel zu verfassen und ihn einer großen italienischen Zeitung anzubieten, war das vorherrschende, nach Ausdruck strebende Gefühl dieses hochintelligenten Manns nicht etwa Erschrecken, Wut oder Empörung, ja nicht einmal stumme Bestürzung. Nein. Ihm lag nicht daran, die Brutalität anzuprangern, sondern vielmehr die »wiederholte und reißerische« Art der Zurschaustellung in den Medien – den bösen westlichen Medien. An der oben genannten Grausamkeit störte ihn also nur die Art, wie von ihr erzählt wurde. Oder, um es mit deinen Worten zu sagen, die »Streitsucht«, die der Berichterstattung zugrunde liege.

Papa, ich will offen sein: Als ich diesen Artikel las, hatte ich das Gefühl, vom Rand unserer Gegenwart in die moralischen Abgründe deines 20. Jahrhunderts zu blicken. Ich sah den Widerschein eines schwarzen Lichts, von dem ich niemals gedacht hätte, dass es jemals wieder aufblitzen würde – hier und jetzt.

Jahrelang haben wir angesichts der Gräuel deines Jahrhunderts ausgerufen: »Wie war das möglich?« Erst jetzt wird mir klar, welches Privileg es war, sich diese Frage stellen zu dürfen. Welch glücklicher Ignoranz sie entspringt. Heute sehe ich diese düstere Möglichkeit erneut aufkeimen, und ich erkenne sie nicht in dem, was gesagt wird, sondern in dem, was verschwiegen wird. So zum Beispiel im Schweigen des Sozialisten Édouard Herriot, der vor neunzig Jahren auf Besuch in der UdSSR war, als der Holodomor wütete und die abgemagerten Leichen der Hungertoten auf den Bürgersteigen von Charkiw sicher nicht zu übersehen waren, und der nach seiner Rückkehr nach Frankreich verkündete, die Ukraine sei »ein blühender Garten«.

Heute keimt diese Möglichkeit in dem Schweigen von belesenen, hochgebildeten Menschen, die es nicht schaffen, auch nur ein Wort des Erschreckens über das Schicksal von Mariupol zu verlieren.

Es ist das gleiche Schweigen wie das mancher Feministinnen aus meinem Teil der Welt, dem engagierten Westen, die Demonstrationen gegen geschlechtsspezifische Gewalt organisieren – *richtig so*, denke ich, denn ich gehe auf solche Demonstrationen, seit ich zwölf bin. Diese Feministinnen erklären, die grausamste Form geschlechtsspezifischer Gewalt sei die Kriegsvergewaltigung – *richtig so*, denke ich, denn die Vergewaltigung als Kriegswaffe ist für jemanden wie mich, die einen Frauenkörper hat wie die meisten Opfer dieser Taten, eine unerträgliche Vorstellung. Aber dann verschweigen diese Feministinnen bei ihren Bekundungen schwesterlicher Solidarität mit allen verletzten Körpern die israelischen Frauen, die erst einen Monat zuvor – im Oktober 2023 – auf grausamste Weise vergewaltigt und getötet wurden beim größten Pogrom gegen Juden seit dem Ende des Holocausts.

Es ist das Schweigen wie jenes der hochrangigen Politikerin eines europäischen Landes, die in einer leidenschaftlichen Rede auf die vielen Brandherde und das Leid unserer Gegenwart hinweist, die unser Mitgefühl verdienten, und zuerst die Opfer des brutalen russischen Angriffskrieges gegen die Ukraine nennt – *richtig so*, denke ich –, dann die Opfer des 7. Oktober und der von der Hamas entführten Geiseln – *richtig so*, denke ich – und ihre Liste damit beschließt; die hochrangige Politikerin geht zu anderen Themen über, als sei die Apokalypse aus Leid und Tod, die in genau diesem Moment und schon seit Monaten die Bewohner des Gazastreifens heimsucht, nicht der Rede wert.

Es ist das Schweigen wie jenes, das hinter einer Ethik steht, die obszöne Vergleiche – »In Gaza sterben an einem Tag genauso viele Kinder wie in der Ukraine in zwei Jahren« *(Da haben die Ukrainer aber wirklich Glück)* – und nicht minder obszöne Berechnungen anstellt: Wie viele tote Palästinenser wiegen wie viele tote Israelis auf? Wie viele Syrer? Wie viele Rohingya? Wie viele Sudanesen? Wie viele junge iranische Frauen, die in den Kellern der Kasernen missbraucht werden, weil sie gegen das Regime protestiert haben, und wie viele ihrer erhängten Altersgenossinnen? Obszön ist das, Papa, obszöne Rechenspielchen, die nur jemand anstellen kann, dessen Haus noch nie niedergebrannt wurde, der noch nie gezwungen wurde, zuzuschauen, wenn eine Gruppe von Soldaten seine Frau vergewaltigt, der noch nie mit bloßen Händen in Trümmern gegraben hat, während die Hilferufe eines Sohnes darunter immer schwächer werden. Obszön ist das, obszöne Rechenspielchen von Leuten, die das Privileg genießen, noch nie am eigenen Leib erfahren zu haben, was Menschen in Kriegen angetan wird, und es hoffentlich, das wünsche ich ihnen und mir, auch nie erfahren müssen, von Leuten, die auf die höchste und heiligste Wahrheit spucken, die einzige Wahrheit, die in unserem armseligen Leben auf Erden zählt und die allein uns zu Menschen macht, die Wahrheit, die dich Unteroffizier Chiarin gelehrt hat: dass der Tod eines einzigen Kindes ausreicht, um den Verstand zu verlieren.

Und nach all den obszönen Rechenspielchen, nach den obszönen Auslassungen und den obszönen Vergleichen ist die Frage »Wie war das möglich?« gar nicht mehr so schwer zu beantworten. Die Abzweigung, die zu einer solchen *Möglichkeit* führt, ist wieder in Sichtweite gerückt. Aber wie gerät man auf diesen verfluchten Weg? In diesen Tagen des neuerlichen großen Sterbens wird uns vorgeführt, dass es gar nicht so schwer ist. Die Formel ist immer dieselbe: Man beginnt damit, Unterschiede zu machen zwischen dem Leid von Körpern, die unsere Empathie, unseren Beistand, unsere Solidarität und Entrüstung verdienen, und dem Leid derer, die nicht zählen und nicht einmal der Erwähnung wert sind.

Und wenn sie dann doch mal jemand erwähnt, dann angeblich nur aus Gründen der »wiederholten und reißerisch zur Schau gestellten« Propaganda.

Auf der Titelseite der *Gazzetta del Popolo* vom 23. März 1945 steht dein Name, Papa, genau neben dem von Joseph Goebbels – einem der vehementesten Propagandisten der brutalsten Variante jener Hierarchisierung von Körpern und Leid. Auch deshalb, nicht nur wegen des Inhalts, kommt mir dein Artikel so leer, trostlos und blasiert vor. Abstrakte Hiebe in deinem Duell mit der Welt, die dein Selbstbild in Schutt und Asche gelegt hat.

Doch es gibt in dem Artikel einen Satz, in dem ich dich wiedererkenne. Einen einzigen:

»Der Krieg hat das öffentliche und private Leben Italiens auf die schiefe Ebene des Werteverfalls gebracht, und jeder sucht nun nach einem Fixpunkt, einer Überzeugung, an der er sich festhalten kann und die nicht unter der Last seiner Qual nachgibt.«

Und darin erkenne ich nicht nur dich, Papa, sondern auch viele meiner Altersgenossen in der westlichen Welt. Sie suchen ebenfalls »nach einem Fixpunkt«, nach »einer Überzeugung«, an der sie sich festhalten können, um ihr bedrohtes Selbstbild zu beschützen.

Natürlich ist das, was wir Europäer des Westens derzeit erleben – zumindest bislang –, etwas ganz anderes. Und im Vergleich zu manchen Aussagen von dir wirkt es fast wie eine Parodie. Wenn du zum Beispiel von der »politischen Nachsicht gegenüber dem Überdruss an einem langen, bitteren und mörderischen Krieg« sprichst, und gleich darauf erneut davon, wie dieser »Überdruss« zu einer »Friedenssehnsucht« führt. Damit beschreibst du die Erschöpfung, die du und der ganze Planet damals, nach fünf Jahren globaler Katastrophe, empfanden. Heutzutage steht der Begriff »Kriegsmüdigkeit« allerdings für den geradezu karikaturesken Narzissmus von uns Europäern des Westens, demgemäß – lach nicht, Papa – nicht die Ukrainer kriegsmüde sind, sondern wir, die Zuschauer.

Doch ähnlich, wie du es in deinem Artikel getan hast, sehe ich viele Menschen, die Zuflucht in den Großen Abstraktionen suchen: Geopolitik, Strategisches Gleichgewicht, Frieden. Sie bilden sich ein, aus dreißigtausend Metern Höhe über den Krieg – und über das, was sonst auf der Welt passiert – reden zu können, als würde ein Restaurantkritiker über Speisen urteilen, die er nie selbst probiert hat, weil er sie nur über die Bilder eines in der Stratosphäre schwebenden Satelliten sieht. Sie reden über die Welt ohne auch nur den Schatten eines lebensechten Details, genau wie du in deinem Artikel; was zählt, sind nur die Großen Ideen. Doch die Ursachen für das, was den Menschen geschieht, liegen im Detail; Freud und Leid der Menschen hängen an Details. In den Details liegt der Fehler, aber auch die Wahrheit.

Rückkehr mit dem Verrückten ist voller Details.

Ich habe das Buch noch einmal an der Stelle aufgeschlagen, als Pinon dir sagt, dass er zu den Partisanen überlaufen wird und dich fragt, ob du nicht mitkommen willst.

Nun weiß ich nicht, ob du mit dieser Szene ausdrücken wolltest, dass es dir leidtut und du es bereust, dich nicht auf die Seite von Comandante Max geschlagen zu haben, um den gerechten Krieg gegen den Nazifaschismus zu führen. Doch die »Last der Qual«, die dir das Wissen bereitete, dass im selben Moment, als du mit einem völlig unzeitgemäßen Artikel die Gründung der faschistischen Kampfbünde gefeiert hast, andere Männer deines Alters wie Massimo Rendina für die Befreiung aller kämpften, also auch für deine – diese Last, das weiß ich, hast du wirklich gespürt.

Und ich weiß das, weil du es geschrieben hast.

»Ich kann mich nicht so gut ausdrücken«, sagt Pinon zu Marco, also dir, als er erklären möchte, warum er zur Roten Armee überlaufen will. *»Aber ich glaube einfach, dass es richtig ist.«*

Und du siehst dich selbst, diesmal nicht aus der Höhe deines berühmten Pfahls herab, sondern aus der dumpfen Tiefe einer schmerzhaften Einsicht:

»Und dann dachte er voller Angst, dass er selbst sich zwar immer gut auszudrücken wusste, aber im Grunde niemals genau wusste, was richtig war.«

Immer wieder muss ich dieses Geständnis lesen, Papa, und es schnürt mir die Kehle zu.

Liegt hier der Schlüssel, um dich zu verstehen?

Ich weiß es nicht. Und vielleicht ist Verstehen auch nicht immer das Wichtigste im Leben.

Eins jedoch will ich dir sagen, und nicht etwa, um damit deine Schuld oder deine Verantwortung zu schmälern – schließlich bin ich nur deine Tochter, nicht dein Richter oder der Anwalt der Verteidigung. Ich will dir nur erzählen, was hier im Europa des Westens geschieht, angesichts eines brutalen Angriffskrieges: Es gibt viele Leute, die sich gut, die sich sehr gut auszudrücken wissen, doch offenbar nicht in der Lage sind, zu unterscheiden, was richtig und was falsch ist.

Einige von ihnen schlagen aus dieser offensichtlichen Unfähigkeit sogar Kapital, in Form von Sichtbarkeit, Meinungsführerschaft oder Bekanntheitsgrad.

Wer weiß, ob sie nicht eines Tages, wenn die Scheinwerfer wieder ausgehen und sie genau wie du von der Großen Geschichte mit dem Ausmaß ihres Irrtums konfrontiert werden, vielleicht nicht genau deine Qual, aber zumindest doch ein wenig Besorgnis empfinden werden.

Heldentum

»Morgen«, sagte der Oberst, »müssen wir die Frontlinie so verteidigen wie heute.« Marco hielt den Blick gesenkt, weil er nicht sagen konnte, was er dachte. »Mit demselben Heldenmut«, fuhr der Oberst fort, »mit dem ihr sie heute verteidigt habt.« Als Marco dieses Wort hörte, verzog er unwillkürlich das Gesicht.
Rückkehr mit dem Verrückten

DAS VERTEIDIGUNGSMINISTERIUM

Die Tapferkeitsmedaille in Silber, dotiert mit dem Ehrensold von 12 000 Lire jährlich, wird verliehen: dem Leutnant des Alpini-Bataillons Vicenza, Melandri Franco, Sohn von Raoul, Rovigo, Jahrgang 1919.

Als Beobachtungsoffizier des Alpini-Bataillons, der sich schon bei früheren Aktionen ausgezeichnet hatte, obwohl in prekärer körperlicher Verfassung aufgrund von Erfrierungen, lehnte er es ab, die Frontlinie zu verlassen. Während eines heftigen feindlichen Angriffs, der zu einer Einkesselung des Kommandos durch Panzer führte, und in Ermangelung jeglicher Verstärkung, erklärte er sich bereit, zu einer anderen Abteilung durchzustoßen und sie zum Gegenangriff zu führen. Unter heftigem Beschuss und die Gefahr verachtend durchbrach er die feindlichen Linien und brachte die gefährliche Mission zu Ende. Dieserart trug er entscheidend zum erfolgreichen Abschluss eines siegreichen Kampftages bei.

Wegkreuzung von Selenyj (russische Front), 31. Dezember 1942

Kurzum, Papa: Die Silbermedaille wurde dir nicht für den Triumph der Menschlichkeit verliehen, deine armen Alpini nach Hause gebracht zu haben.

Sondern für dein Heldentum in der Schlacht.

Was hat diese Begründung der Urkunde mit dir zu tun?

Mit dir und deiner so sanftmütigen Art?

Mit dir und deinen linkischen, schlaksigen Bewegungen, wegen denen du trotz jahrzehntelangem Training immer ein schlechter Tennisspieler warst und ein noch schlechterer Skiläufer?

Mit dir und deinen ständig wechselnden, idiosynkratrischen Ängsten, dem Gegenteil von Kühnheit?

Ich habe dich doch als einen Menschen kennengelernt, dessen Risikowahrnehmung zwischen fast unvernünftigem Leichtsinn und irrationalen Phobien schwankte, insbesondere wenn es um das für dich höchste Gut im Leben ging: das Glück deiner Töchter, das ihre Namen verlangten. Du hast nie mit der Wimper gezuckt, wenn ich auf Tannen so hoch wie dreistöckige Häuser kletterte, und auch nicht, als ich herunterfiel und mir den Arm brach, nicht einmal, als ich mit Gipsverband wieder hinaufkletterte. Doch wehe, ich kam in die Garage, während du dabei warst, das Auto für die langen Sommerferien zu packen: »Raus hier, sofort raus hier«, hast du immer gerufen, um mich vor den Expandern zu schützen, mit denen du das Gepäck auf dem Dach festschnürtest, wahre Mordwerkzeuge, die mir ins Gesicht schnellen und mir das Augenlicht hätten rauben können.

Als ich dann zum ersten Mal zu einer meiner vielen eigenen Reisen aufbrach und dir nicht sagen konnte, wann ich zurück sein würde, fragte man dich, ob du dir keine Sorgen um mich machen würdest; und du hast dann in deiner leicht prophetischen, oft aber auch erstaunlich treffsicheren Art geantwortet, dass du mich kaum bitten könntest, nicht zu fahren, denn das sei, als würde man »einen Fluss bitten, nicht hinabzufließen«. Stattdessen hast du eine meiner Schwestern einmal völlig ironiefrei gewarnt: »Pass bloß auf, wenn du den Aufzug nimmst.« Und als dieselbe Schwester ihre Führerscheinprüfung ablegte, warst du derart besorgt, sie könnte einen

Unfall bauen – mit tödlichem Ausgang selbstverständlich –, dass du an dem Tag nicht zur Arbeit gegangen, sondern im Auto hinter ihr hergefahren bist – im Zickzack, damit sie dich nicht im Rückspiegel sah –, dabei mehrere Beinah-Unfälle verursacht und viele Kraftausdrücke der römischen Autofahrer auf dich gezogen hast, bis deine Tochter nach bestandener Prüfung endlich anhielt und du ihr fast hintendrauf gefahren wärst.

Ja, du trugst wirklich ein merkwürdiges, unentwirrbares Knäuel aus Angst und Waghalsigkeit mit dir herum.

Und bestimmt hätte ich nie damit gerechnet, dass einmal jemand diesen Ausdruck auf dich anwenden würde: »die Gefahr verachtend«.

Entschuldige, Papa, aber da muss ich fast lachen.

Was hast du mit dieser hochtrabenden Formulierung zu tun? Mit dieser Verherrlichung einer so altmodischen, archaischen Vorstellung von Ruhm, die mir völlig fremd ist?

Das Einzige, was ich verstehe, ist »in prekärer körperlicher Verfassung aufgrund von Erfrierungen«. Ja, so sehe ich dich vor mir, nicht als Held und Krieger, sondern hinkend mit Schuhwerk, »das ein Verbrechen war«, mit kalten Füßen und auch sonst völlig durchgefroren und müde.

Dann überlege ich, dass du zwar in jedem Lebenslauf auf die Silbermedaille hingewiesen hast, weil du so stolz auf sie warst, uns aber nie erzählt hast, wofür sie dir eigentlich verliehen wurde. Und wenn wir als Töchter der Pax Europaea, die vom Krieg nichts wissen, unsere eigenen humanistisch geprägten Fantasien darauf projizierten und annahmen, du hättest sie erhalten, weil du dein Kommando zurück nach Hause geführt hast, dann war das nur möglich, weil du es zugelassen hast.

Tatsächlich kam die ruhmreiche Geschichte, wie es dir gelang, »zu einer anderen Abteilung durchzustoßen« und deine Alpini »zum Gegenangriff zu führen«, nicht in deinen Kriegserzählungen vor, und bei aller Fabulierlust hatte ich Formulierungen wie »siegreicher Kampftag« nie im Leben aus deinem Munde gehört. Auch in deinem Buch erwähnst du deinen Heldenmut nicht, und ebenso wenig die hitzige Schlacht in der Nacht vom 29. auf den 30. September in

Selenyj Jar, wo dein Bataillon Vicenza komplett von der Roten Armee eingekesselt wurde und du dir »die Gefahr verachtend« deine Silbermedaille verdient hast.

Du erzählst nur, wie zuwider dir der Krieg war.

Dies ist deine Beschreibung der Schlacht, die dir die Medaille einbrachte:

Die Panzer überrollten die Alpini buchstäblich, sie überrollten auch eine 4,7-cm-Panzerabwehrkanone, die bis zuletzt sinnlos ihre Geschosse abfeuerte, sie zermalmten alles zu einer unförmigen Masse aus Gliedmaßen und Metall.

Ich kann mir denken, dass es dir lieber war, wenn die Medaille mit der Rettung deiner Alpini in Verbindung gebracht wurde als mit diesem Haufen aus Leichenteilen und Schrott – erst recht vonseiten deiner Töchter. Doch für diese Abmilderung der Erinnerungen musstest du denselben Preis zahlen wie alle Kriegsheimkehrer: Das Bild von Leichenteilen und Schrott blieb in deinem Kopf zurück, und da du es mit niemandem teilen konntest, musstest du es ganz alleine ansehen.

Nicht allein warst du hingegen mit der Art, das Gesicht zu verziehen, wenn das Wort »Heldentum« fiel.

Der eitrige, verlogene Pomp des untergegangenen Faschismus hatte alles mit den verhassten Phrasen ummantelt, selbst das, was wichtig und authentisch gewesen war; der Faschismus hatte nicht nur das Land in Schutt und Asche gelegt, sondern auch die italienische Sprache mit seiner übelriechenden Plörre vergiftet. Worte wie *Ehre* beispielsweise, die dich in einem Krieg, dessen Idiotie du klar erkannt hattest, die Stellung halten ließ. Oder *Vaterland* und *Patriot*, die durch den Dreck eines aggressiven suprematistischen Nationalismus gezogen worden waren. Und natürlich das *Heldentum*, mehr noch der *Held* an sich, ganz zu schweigen von *Ruhm*: All diesen Worten haftete der Beigeschmack erlogener Großartigkeit an, von statuenhafter, militaristischer Pose, die man entweder für lächerlich, bedrohlich oder schlicht antiquiert halten konnte. Spätestens als sich noch ein weiteres Wort hinzugesellte, das in zwei Weltkriegen dazu missbraucht worden war, unschuldige Menschen davon zu überzeugen, sich freiwillig auf die Schlachtbank zu legen – der *Opfermut* –, fingen diese Worte an, eine Meile gegen den Wind nach Betrug zu stinken.

So erreichten diese Worte meine und die nachfolgenden Generationen wie verdächtige Pakete eines Absenders, der uns schon allzu oft betrogen hat und dem man zu Recht nicht mehr über den Weg traut. Die einzige Art von Heldentum, die wir weiterhin anerkennen, ist individueller Art, besonders wenn dabei die Stereotypen scheinbar auf den Kopf gestellt, in Wirklichkeit aber verstärkt werden, weil man sie als Ausnahme präsentiert: »Mittelloser Flüchtling springt ins Meer, rettet die Tochter eines Mailänder Industriellen und lehnt Belohnung ab.«

Tatsächlich basiert ja nicht nur das italienische Risorgimento im 19. Jahrhundert auf der positiven Auslegung der Begriffe *Vaterland*, *Heldentum* und *Ehre* – nämlich: Mut und Verantwortungsbewusstsein im Dienst der gemeinsamen Sache –, sondern ebenso unsere auf dem Antifaschismus gegründete Republik. Der Beitrag der Resistenza bestand weniger darin, uns vom Nazifaschismus zu befreien – das taten die Heere der Alliierten –, sondern darin, den Italienern ein Fünkchen *Ehre* zurückzugeben. So definierte ein Gesetz des neuen befreiten Italiens vom August 1945 jeden als »Patrioten«, »der aktiv am Befreiungskampf teilgenommen oder zu ihm beigetragen hatte«, und als »kämpfende Patrioten« all jene, die »als Organisatoren oder fester Bestandteil von Gruppen effektiv an Kampfeinsätzen und Sabotageakten beteiligt waren: alle, die mit Taten von herausragendem Mut zum Befreiungskrieg beigetragen hatten« – mit anderen Worten, die Partisanen.

Max und die anderen jungen Männer und Frauen, die zum Gewehr gegriffen und die Pest des Totalitarismus aus unserem Land vertrieben und mit »Taten von herausragendem Mut« seine *Ehre* wiederhergestellt hatten, waren also die ersten *Helden* des neuen *Vaterlandes*, des antifaschistischen Italiens.

Allerdings waren sie auch die letzten.

Denn die Worte waren nicht mehr dieselben. Wir konnten ihnen die positive Bedeutung nicht wieder zurückgeben. Vielleicht haben wir es auch gar nicht versucht. Zu viel eitriges Gift hatten zwanzig

Jahre Faschismus versprüht; zu widerlich war der Krieg gewesen – dein Krieg –, den dieser Faschismus provoziert hatte.

Und da stehen wir nun in unserem Teil der Welt, der mit seiner totalen militärischen Übermacht ein Vierteljahrhundert lang sinnlose Kriege geführt hat gegen ungleich ärmere und kaputtere Länder als unsere – Afghanistan, Irak – und aus den Begriffen Heldentum und Ehre einen lächerlichen Abklatsch ihrer selbst gemacht hat, ja schlimmer noch: peinliche Worthülsen aus schwülstigen, reaktionären Hollywood-Monumentalfilmen. Der Teil der Welt, der siegreich aus deinem Krieg hervorgegangen ist und zu dem – zum Glück! – auch wir Italiener gehören, hat in den letzten fünfundzwanzig Jahren eine ganze Reihe von verlogenen und betrügerischen Endloskriegen losgetreten, die nichts als Chaos und Zerstörung hinterlassen haben. Gegen den erklärten Willen der Bevölkerung: Millionenfach gingen die Leute gegen *unsere* falschen Kriege auf die Straße und riefen »Not in my name«, tausendfach hissten wir die Pace-Fahnen auf unseren Balkonen – meine ist schon so verblichen, dass ihre Farben kaum mehr zu erkennen sind. Alles vergeblich. Kriege aus dubiosen Gründen, Verrat am Willen der Bevölkerung, immense Geldflüsse, die wenig oder nichts Gutes bewirkten, der Begriff eines »gerechten Krieges«, der zum Fluch wird: All das hat zur Aushöhlung der Demokratie geführt, nicht zu ihrer Verbreitung.

Nicht nur deine Generation ist mit Symptomen posttraumatischer Belastungsstörungen aus Faschismus und Krieg hervorgegangen, auch manche Wörter von damals. Achtzig Jahre nach den dunkelsten Zeiten deines Jahrhunderts leidet ein Teil des italienischen Wortschatzes immer noch unter PTBS, darunter die Begriffe *Vaterland, Heldentum, Opfermut, Ruhm* und *Ehre.*

Und genauso ergeht es im weiteren Sinne auch allem, was mit Uniformen, Streitkräften und Waffeneinsatz durch Nationalstaaten zu tun hat. Jahrzehntelang haben wir so getan, als sei das Militär keine republikanische Institution. Und haben uns mit der Scham der schönen Seelen immer vornehm und peinlich berührt weggedreht, wenn es hieß, die Armee sei ein notwendiger Bestandteil unserer und jeder anderen Nation. Und während wir alle die ersten Worte von Artikel

11 unserer wunderbaren Verfassung auswendig kennen – »Italien lehnt den Krieg ab« –, scheint Artikel 52 allgemein in Vergessenheit geraten zu sein. Dort wird das an sich schon sperrige »Vaterland« mit der noch schwerer verdaulichen »heiligen Pflicht« zusammengebracht: »Die Verteidigung des Vaterlandes ist heilige Pflicht des Staatsbürgers.«

Im Februar 2022 hat Russland dann die Ukraine überfallen. Und die ukrainischen Bürger waren dazu aufgerufen, ihre heilige Pflicht zu erfüllen.

Wolodymyr Selenskyj, der unbeliebte und vielleicht auch mittelmäßige Präsident, ist nicht vor dem Angreifer geflohen, der es sich zum obersten Ziel gesetzt hatte, ihn und seine Familie zu töten. Während ein gutes Dutzend Mörderbanden auf ihn angesetzt waren und durch Kyjiws Straßen streiften, blieb er, wo er war. Wenn Heldentum bedeutet, die eigene Sicherheit für ein höheres Ziel und für andere Menschen aufs Spiel zu setzen, war der ukrainische Präsident objektiv betrachtet ein Held. Und dieses Heldentum hat den Verlauf der russischen Invasion objektiv verändert. Hätte Selenskyj die Fluchtmöglichkeit ergriffen, die der amerikanische Präsident Joe Biden ihm bot, und außerhalb des Landes eine ukrainische Exilregierung gebildet, hätte er seine Mitbürger alleingelassen, wäre alles anders gekommen. Es hätte wohl nicht nur mehr Massaker wie das in Butscha gegeben, die ganze Ukraine hätte sich wohl in ein einziges großes Butscha verwandelt.

Es mag nach einer deiner pathetischen Abstraktionen klingen, ist aber eine einfache Feststellung: Im Februar 2022 hat die Entscheidung eines einzelnen Menschen den Lauf der Geschichte verändert. Das ist ein seltenes Phänomen, ein sehr seltenes, das nur unter besonders schwerwiegenden Umständen zu beobachten ist – in Momenten auf Messers Schneide, wenn es um Leben und Tod geht, was wir Europäer des Westens seit achtzig Jahren nicht mehr erlebt haben. Uns ist das Phänomen daher fremd und unverständlich. Und daher tun sich viele auch so schwer, heldenhafte Taten als solche zu erkennen.

Sie halten es für Theater, für Propaganda, als könne es nicht echt sein. Doch manchmal tritt das Phänomen wirklich auf. Der mittelmäßige Selenskyj, der mit seiner Regierung heldenhaft in Kyjiw geblieben ist, hat es der Ukraine ermöglicht, als Nation Widerstand zu leisten, als Staat, als Armee und als Gesellschaft.

Putins Verdikt, mit dem er das Land überfallen hat – die Ukraine ist Russland, daher existiert sie nicht –, wurde vom ukrainischen Widerstand unwiderruflich und definitiv Lügen gestraft. Auf die gleiche Weise, wie das italienische Risorgimento zeigte, dass die Aussage des österreichischen Staatskanzlers Fürst Metternich falsch war, Italien sei nur »ein geografischer Begriff«. Wir Europäer des Westens hatten uns so von der russischen Hegemonialerzählung einwickeln lassen, dass wir es kaum begreifen konnten, doch die Ukrainer haben es uns im Februar 2022 ein für alle Mal vor Augen geführt: Die Ukraine existiert, der ukrainische Staat existiert, seine Institutionen existieren – wenngleich mit den Schwierigkeiten und Unzulänglichkeiten einer sehr jungen Demokratie, die jahrhundertelang schlecht regiert wurde und das komplette Gegenteil eines Rechtsstaats war. Vor allem aber existiert die ukrainische Zivilgesellschaft, die ihren Willen deutlich macht. Und dieser Wille besteht darin, ihr Land zu verteidigen, trotz der Flut aus Leid und Gewalt, die die Ukraine überschwemmt.

Mit anderen Worten: In der Ukraine ist das Gegenteil dessen eingetreten, was im Irak oder in Afghanistan geschah. Das berühmte Wort vom *nation building*, das wir so gerne im Munde geführt haben und das *failed states* oder Staaten hervorbrachte, die noch schlimmer waren als die zuvor: Im Falle der Ukraine hat es sich bewahrheitet, man könnte sagen, dank Putins Hilfe.

Die Verteidigung ihrer Nation verlangt den Ukrainern ungeheure Opfer ab. Und hier kommt ein weiteres traumabehaftetes Wort ins Spiel: *Nationalismus*. Bei vielen von uns ruft der Begriff »ukrainischer Nationalismus« eine Abwehrreaktion hervor, die indes kaum auftrat, wenn es um die Kämpfe für Unabhängigkeit und Selbstbestimmung der Völker ging, die sich im vergangenen Jahrhundert vom westlichen Kolonialismus befreiten. Warum?

Es liegt schlicht daran, dass wir Europäer des Westens keine Ahnung vom ukrainischen Nationalismus haben. In unseren Geschichtsbüchern am Gymnasium stand keine Zeile über die komplizierten Verstrickungen eines Landes, das mit einem Teil zu Österreich-Ungarn gehörte, mit einem anderen zum Russischen Reich und mit noch einem anderen zu Polen. Ein einziger Name ist uns zu Ohren gekommen, Bandera, den die russische Propaganda nicht zufällig schon seit langem benutzt, um alle Unabhängigkeitsbestrebungen der Ukraine als philonazistisch zu diffamieren. Und es stimmt, Stepan Bandera war mit den Nazis verbündet. Es gibt auch keinen Zweifel daran, dass die Pogrome gegen Juden und Polen die grausamste Seite des ukrainischen Nationalismus hervorkehrten. Aber: Wir wissen nur davon und von nichts anderem. Wir wissen zum Beispiel nichts über Milena Rudnyzka, die nicht nur Nationalistin, sondern auch Feministin, Sozialistin und Aktivistin der Vereinigung Ukrainischer Frauen war und als Gesandte den Auftrag hatte, die Aufmerksamkeit des Völkerbunds auf den Holodomor zu lenken; der Völkerbund allerdings kam zu dem Schluss, dass es sich dabei um eine interne Angelegenheit der Sowjetunion handele, mit dem der Rest der Welt sich nicht beschäftigen müsse. Wir Italiener wissen nicht, dass der ukrainische Nationalismus von den Schriften unseres Vordenkers Giuseppe Mazzini inspiriert ist und man Galizien den »ukrainischen Piemont« nannte, von dem die nationale Vereinigung ausgehen sollte, so wie die italienische von Turin ausgegangen war. Wir wissen das nicht, deshalb können wir auch nicht staunen über die historische Versöhnung zwischen zwei Völkern, den Polen und den Ukrainern, die sich sehr lange gegenseitig ermordet haben; heute werden die Nachfahren der Ukrainer, die in den 1940er Jahren Tausende Einwohner Wolhyniens und Galiziens getötet haben, von den polnischen Nachfahren der Opfer jener Massaker als Flüchtlinge aufgenommen. Wir messen dem Umstand kein Gewicht zu, dass die Frontsoldaten, die sich heute den Kopf rasieren und nur eine Haarsträhne übriglassen, um an den *chochol* der Kosaken zu erinnern, die damals Juden an ihren Genitalien aufhängten, zum Großteil für einen jüdischen Präsidenten gestimmt haben, dessen Familie bei den

Pogromen ihrer Vorfahren fast vollständig ausgelöscht wurde. Und ebenso wenig dem Umstand, dass der Verteidigungsminister, dessen Familie beim sogenannten »Exodus« der Krimtataren vertrieben und größtenteils umgebracht wurde, muslimisch ist. Und weil wir das alles nicht wissen, bleiben wir desinteressiert an diesem merkwürdigen ukrainischen Nationalismus, der so viele unterschiedliche Menschen vereint: Juden, Muslime, Kosaken, Ukrainisch- und Russischsprachige und andere mehr; dessen Anhänger davon träumen, darum bitten und flehen, auf einen Gutteil nationaler Selbstbestimmung verzichten zu dürfen, um der Europäischen Union beizutreten; und im Übrigen sitzt im ukrainischen Parlament keine einzige neofaschistische Partei, was ja bekanntlich nicht für alle großen europäischen Nationen zutrifft.

Und da wir nichts davon wissen, fragen wir uns auch nicht, wie viele unserer stereotypen Vorstellungen von der Ukraine womöglich genau jener Informationsquelle entstammen, deren ganzes Interesse darin liegt, die Ukraine als ein einziges Nazi-Nest darzustellen, das ausgehoben werden muss – *Denazifikazija!* So wiederholen wir abwehrend: »Naja, aber die Ukrainer sind ja auch Nationalisten.« Ich weiß nicht, wie oft ich diesen Satz gehört habe, aus dem Mund von Bürgern Italiens, einem Land, das unsere Vorfahren vor über hundertfünfzig Jahren geeint und in die Unabhängigkeit geführt haben. Ich stelle mir dann jedes Mal einen Sohn aus reichem Hause vor, dessen Familie seit Generationen Häuser, Geschäfte und Grundstücke besitzt, der aber seine Abschlussarbeit über Antonio Gramsci, den Mitbegründer der Kommunistischen Partei Italiens, geschrieben hat und deshalb den Wunsch eines Arbeiterkinds nach einem Eigenheim als »kleinbürgerlich« abtut.

Im Gegensatz zu uns Zuschauern wissen die Ukrainer ganz genau, worin die Alternative zu ihrem Kampf für ein eigenes Haus bestünde: Sie müssten in das andere Haus zurückkehren, aus dem sie eben erst geflohen sind, zurück in die *Russkij Mir*, wo sie Missbrauch und Gewalt erwarten. Die ukrainische Gesellschaft erlebt gerade einen tragischen, aber historisch einmaligen Moment, wie es vielleicht das Risorgimento für Italien war – jedoch plus Resistenza, plus Schützengräben von Verdun, plus Luftschlacht um England, plus die Großmütter von der Plaza de Mayo, die in Buenos Aires die Kinder der *desaparecidos* zurückfordern, plus Starlink, plus Drohnen, plus Live-Videos von den Schlachtfeldern, plus eine schier unerträgliche Menge an Schmerz. Deshalb rufen sie *Slawa Ukrajini*, Ruhm der Ukraine. Und antworten mit *Herojam Slawa*, Ruhm den Helden.

Vaterland, Nation, Opfermut, Heldentum und sogar Ruhm – im Europa des Westens schämt man sich für solche Worte, sie klingen nicht differenziert, nicht fortschrittlich genug. Die Ukraine aber braucht diese Worte. Sie geben der Sinnlosigkeit aus Gewalt und Zerstörung einen Sinn. Sie sind das Antidot gegen eine Aggression, deren Ende nicht in Sicht ist. Sie geben dem Preis, den die Ukrainer für ihre Freiheit bezahlen müssen, eine Bedeutung.

In der Ukraine sind die Begriffe Vaterland, Nation, Ehre, Opfermut, Heldentum und auch Ruhm nicht veraltet. Dort sind es junge Worte, sie künden von Zukunft und Demokratie. In ihnen wohnt die Hoffnung, dass irgendwann der Tag kommen wird, an dem alle Menschen auf den Straßen tanzen, trunken vor Frieden, Gerechtigkeit und Freiheit, so wie es Mama mit ihren Freundinnen an jenem 25. April vor achtzig Jahren tat.

Wir hingegen stehen hier, mit unseren vom Trauma belasteten Worten, an denen der Geruch des Alters haftet, eine alternde, zusehends desillusioniertere Bevölkerung, und wir sind weniger müde vom Krieg als von uns selbst. Wir halten jeden Enthusiasmus für naiv, und erst recht jeden Zukunftsglauben, wir sind es gewohnt, immer auf der richtigen Seite zu stehen, ohne einen Preis dafür zahlen zu müssen. Wir haben unsere demokratischen Institutionen, die so strapazierfähig sind, dass wir das Recht – ja sogar die Pflicht – fühlen, sie bei jeder erstbesten Gelegenheit schlechtzumachen. In der Ukraine setzt ein ganzes Land sein Leben aufs Spiel, um die eigene Freiheit zu wahren. Das ist für uns Italiener nicht gerade einfach zu verstehen.

Viel besser verstehen wir da die Deserteure, die Kriegsdienstverweigerer, all jene, die angesichts der Mobilmachung abtauchen. In der Ukraine gibt es sie genauso wie in jedem Land, wo Krieg herrscht.

Für sie haben wir sehr viel Verständnis. Sieh mal, Papa: Wären wir nicht im Europa des Westens, sondern in der Ukraine auf die Welt gekommen, dann würde jetzt dein Enkel, mein Sohn, eingezogen. »Was Krieg bedeutet, kann man erst verstehen, wenn man einen Sohn hat, der an vorderster Front kämpft«, schreibt in den Sozialen Medien eine Frau aus Lwiw. Deshalb hoffe ich, dass ich niemals gezwungen sein werde, den Krieg so zu verstehen, wie es Bianca musste. Einen Blick in eine Zukunft zu werfen, in der mein Sohn in den Krieg zieht, das schaffe ich nur aus dem Augenwinkel, dann muss ich sofort den Blick abwenden, so unerträglich ist mir das.

Ja, ich kann die Deserteure verstehen, sehr gut sogar.

Aber ich war auch überrascht, dass die italienischen Nachrichten in den ersten Kriegstagen nicht nur viele Frauen interviewten, die mit ihren Kindern an den Grenzübergängen warteten – wir Europäer des Westens sind sehr gut darin, Mitleid mit den unschuldigen Opfern zu empfinden –, sondern auch viele Männer, die das Land verlassen wollten, um nicht an die Front zu müssen. Und diese Männer wurden nicht nur völlig zu Recht als zutiefst erschrockene Menschen dargestellt, erschüttert von einer riesigen Angst, die ich genauso empfinden würde, sondern auch als Vorbilder. Umgekehrt habe ich kein einziges Interview mit einem oder einer der zahlreichen Männer und Frauen gesehen, die sich aus Liebe zum »Vaterland« wenige Stunden nach Beginn des Überfalls vor den Rekrutierungsbüros einfanden. Und es waren viele, Papa, viel mehr als die Deserteure. Über die ein Frontsoldat, der schon über achtzehn Monate im Einsatz war, das abschließende Urteil fällte: »Die können wir hier ohnehin nicht gebrauchen.«

Dabei haben einst auch in Italien junge Menschen zum Gewehr gegriffen und gegen einen Invasor gekämpft. Heute spürt niemand mehr die unbändige Liebe, die Comandante Max von den Garibaldi-Brigaden und seine Kameraden – ganz normale, durchaus mittelmäßige Menschen – zu Helden machte. Die Erinnerung an sie jedoch haben wir in einem goldbesetzten, staubbedeckten Schmuckkästchen weggeschlossen. Geblieben sind nur die Phrasen, die leider nicht allen verhasst sind. Doch was bringt es, uns als stolze Antifaschisten zu fühlen und *Bella Ciao* zu singen, aber dann einen lupenreinen Faschisten wie Putin nicht zu erkennen, wenn er direkt vor uns steht?

Nein, Papa, ich wundere mich nicht, dass wir so verärgert sind. Man bewundert nicht gerne den Mut der anderen. Und kann dieser Selenskyj bitte endlich seinen blöden tarngrünen Pullover ablegen und sich was Ordentliches anziehen?

Ach, diese verdammten Ukrainer!

Die alle Nationalisten sind, das heißt, keine Lust haben, in das von Gewalt geprägte Haus der *Russkij Mir* zurückzukehren.

Die gegen den Imperialismus, gegen den Kolonialismus, gegen den Militarismus und einige -ismen mehr kämpfen, mit denen wir uns nicht auskennen und gegen die wir bei unseren zahllosen Protestmärschen der letzten Jahrzehnte nie demonstriert haben.

Die ihre Freiheit und ihre Demokratie mit der Waffe in der Hand verteidigen, schlimmer noch, in den Uniformen einer ganz normalen Armee.

Die nicht irgendeinen Frieden wollen, nein, er soll bitte auch noch gerecht sein, und dabei merken sie gar nicht, dass sie damit unseren Frieden stören.

Sagen wir es ruhig in aller Offenheit: Für die Desillusionierten, die Wohlbehüteten und die Müden gibt es nichts Irritierenderes als Helden.

Leider

> Manche von uns hatten ihr Überleben mit Schweigen bezahlt. Sie sprachen nicht und überließen es den anderen, Schrei auf Schrei zu türmen, wie beim Bau eines hohen Gebäudes, dem jedoch das Fundament fehlte; denn Schreie allein, ohne besonnenes Sprechen, bilden keinen festen Kitt und überdauern nicht die vergehende Zeit.
> *An Annas Hand*

Du hast sogar einen eigenen Gedenktag bekommen, Papa.

Im April 2022 votierte das italienische Parlament für einen Tag des Nationalen Gedenkens an den Opfermut der italienischen Gebirgsjäger und legte ihn auf den 26. Januar, den Jahrestag der Schlacht von Nikolajewka.

Auch du warst am 26. Januar 1943 in Nikolajewka. Ich sollte mich also freuen.

Ich sollte mich freuen, dass nun ein Gedenktag deinen aufopferungsvollen Taten und denen deiner armen Alpini gewidmet ist, die du so gern hattest und die dich so gern hatten, dass sie dir dein Haus unter dem Langkofel quasi kostenlos gebaut haben. Ich sollte mich freuen, denn immer wenn ich *Rückkehr mit dem Verrückten* lese, bin ich froh, die Tochter eines Mannes zu sein, der auch im Krieg seinen Blick für das Zarte und Sanfte nicht verloren hat. Ich sollte mich freuen, weil du wie ein Wolf für mich geheult hast, als ich klein war. Und auch weil die Alpini mit ihrer Feder am Hut, von Nikita Chruschtschow als »Hühner« bezeichnet, viele Jahrzehnte später für dich im Chor sangen, als du *weitergegangen* warst in die ewige Kälte, wo auch ein Paar Walenki die Füße nicht mehr wärmen kann.

Ich sollte mich also freuen über diesen Tag des Nationalen Gedenkens an deine Alpini.

Doch ich tue es nicht.

Etwas mehr als zwei Monate vor dem Tag, an dem das Gesetz im italienischen Parlament zur Abstimmung kam, hatten sich die Raupenräder der Panzer erneut durch die Schwarze Erde gegraben, genau wie damals die ARMIR – inklusive dir. Dennoch billigte das Parlament im April 2022 ein Gesetz, dessen Artikel 1 so lautet:

»Die Republik bestimmt den 26. Januar eines jeden Jahres zum Tag des Nationalen Gedenkens an den Opfermut der italienischen Gebirgsjäger, um die Erinnerung an das Heldentum des Armeekorps der Alpini in der Schlacht von Nikolajewka während des Zweiten Weltkriegs zu bewahren und um sowohl die Bedeutung der Verteidigung der nationalen Souveränität und der nationalen Interessen als auch das Ethos der Bürgerbeteiligung, der Solidarität und der Freiwilligentätigkeit zu fördern, den die Alpini verkörpern.«

»Verteidigung der nationalen Souveränität und der nationalen Interessen«.

Ich vermute mal, dass keiner der ehrwürdigen Abgeordneten im Repräsentantenhaus des »Bel Paese« vor der Abstimmung länger darüber nachgedacht hat, was diese Worte implizieren. Wahrscheinlich konzentrierten sie sich ganz auf die anderen Worte, die so wunderschön und so wertvoll für die Demokratie klangen und das *»Ethos der Bürgerbeteiligung, der Solidarität und der Freiwilligentätigkeit«* betonten. Aber ist wirklich niemandem aufgefallen, dass es vielleicht keine gute Idee ist, *»die Bedeutung der Verteidigung der nationalen Souveränität und des nationalen Interesses«* zu fördern, indem man an einen Krieg erinnert, in dem wir – in dem Fall die mit dem Gedenktag geehrten Alpini – die Besatzer waren?

Wirklich, mit dem Gedenken an einen Krieg, in dem wir die faschistischen Eroberer und die Verbündeten der Schlächter von Babyn Jar, ja der Erfinder von Auschwitz waren?

Und dann noch zu einem Zeitpunkt, da in diese Gebiete gerade erneut ein Besatzer vordringt?

Natürlich nicht.

Kein einziger Parlamentarier der italienischen Republik, die aus dem Widerstand von Comandante Max und den Partisanen gegen den Nazifaschismus hervorgegangen ist, hatte den geringsten Zweifel: Die Einrichtung eines Tages des Nationalen Gedenkens an den Opfermut der italienischen Gebirgsjäger wurde einstimmig beschlossen.

Am 26. April 2023 feierte man also in ganz Italien den ersten Gedenktag zu deinen Ehren, auf den Tag genau achtzig Jahre nach der Schlacht von Nikolajewka, an der auch du mit eiskalten Füßen und tausend schrecklichen Schreien im Kopf und um dich herum teilgenommen hast. Und da das Gesetz zudem vorsieht, dass Schüler jeder Altersgruppe und jeder Schulform bei flankierenden Aktionen zur Feier des Gedenkens unterstützt werden sollen, hatte die Bildungsreferentin einer norditalienischen Region folgendes Rundschreiben verfasst:

»*Sehr geehrte Damen und Herren,*

der 26. Januar 1943 ist ein wichtiges Datum in der Geschichte unseres Landes. Es ist davon auszugehen, dass viele unserer Jugendlichen keine tiefergehenden Kenntnisse über den ›Rückzug aus Russland‹ besitzen, der in der Schlacht von Nikolajewka gipfelte.

Um nur halbwegs zu begreifen, was sich damals in und um das Städtchen Nikolajewka abspielte, müssen wir im Herbst 1942 ansetzen, als die Alpini ihre Stellungen am Don bezogen hatten. Doch leider gingen die Russen bereits im Dezember zum Gegenangriff über ...«

»*Leider*«.

»*Leider* gingen die Russen ...« – in Wahrheit ja großenteils Ukrainer, jedenfalls nicht nur Russen, sondern Bürger der Sowjetunion – »... bereits im Dezember zum Gegenangriff über« und verjagten dich und die übrigen Invasoren aus ihrem Land.

»*Leider*« wurde daher die Wolga nicht zum Mississippi Hitlers, aus der Traum vom tausendjährigen Reich.

»*Leider*« wurde nichts aus dem Öl aus Baku und dem Weizen aus der Ukraine, weder für Hitler noch für Mussolini.

»*Leider*« kam die Versklavung der slawischen Völker als bis zum Erschöpfungstod ausbeutbare Zwangsarbeiter zum Erliegen.

»*Leider*« konnte der Plan zur Vernichtung von Juden, Sinti und Roma nicht vollendet werden, weil auch die Endlösung ihr Ziel verfehlte.

Ich dachte ja immer, Papa, es sei ein Glück gewesen, dass die nazifaschistischen Truppen, inklusive deiner, besiegt wurden.

Und dass es dein größtes Glück gewesen sei – mal abgesehen davon, im Krieg nicht krepiert zu sein –, ihn verloren zu haben.

Und dass deine Niederlage die Rettung für unser Land und die ganze Welt gewesen sei, weil uns diese rettende Niederlage das Tor zur Demokratie geöffnet habe.

Ich weiß nicht, ob die Bildungsreferentin das Wörtchen »leider« nur zufällig verwendet hat. Sorglos, gedankenlos, verantwortungslos. Ein Wort des Nicht-Wissens, nicht mehr und nicht weniger. Ich weiß aber, dass wir in Zeiten leben, in denen der gleichgültige und ungenaue Sprachgebrauch es Worten überhaupt erst ermöglicht, ihre Bosheit zu entfalten.

Nimm zum Beispiel das Wort *Entnazifizierung*. Besser gesagt *denazifikazija*, wie Wladimir Wladimirowitsch sagt. Im Februar 2022 hat er dem Wort folgende Definition verliehen: bewaffneter Einmarsch in ein souveränes und demokratisches Land, einhergehend mit der Absicht, seinen Präsidenten zu töten. Der übrigens, wie schon erwähnt, ein jüdischer Präsident ist – der weltweit einzige außerhalb Israels. Die englische Übersetzung von *Entnazifizierung* lautet *denazification*. 1945 definierte der Begriff das Programm, das die Alliierten dem besiegten Deutschland auferlegten. Zu den zahlreichen behördlichen und gesellschaftlichen Initiativen gehörte auch, dass die deutschen Bürger sich in den wenigen verbliebenen Kinos bestimmte Filme ansehen mussten. Nicht etwa sentimentale Heimkehrerfilme oder Liebesschmonzetten, in denen arische, blondbezopfte

Schauspielerinnen romantisch an einer Blume riechen, sondern Filme, die während der Befreiung der Konzentrationslager gedreht worden waren.

Die Deutschen sollten offiziell erfahren, welche Gräueltaten in ihrem Namen begangen worden waren. Während der Vorführungen war es verboten, die Augen zu schließen oder sich die Hände vors Gesicht zu halten. Und so drehten sich beim Anblick der Bilder aus Auschwitz, Bergen-Belsen und Mauthausen viele brave Bürger in ihren Sesseln um und kehrten der Leinwand den Rücken zu.

Erst die nachfolgende Generation war imstande, diese Bilder anzuschauen und sich die Frage zu stellen, wie das möglich gewesen war. Nicht die Leute, die man zum Kinobesuch gezwungen hatte, sondern ihre Kinder. Und auch sie konnten das nur, weil ihre Eltern nicht »leider«, sondern zum Glück den Krieg verloren hatten.

Wir Italiener wurden von den Alliierten anders behandelt, wir mussten uns keine solchen Filme ansehen. Unser Krieg endete auch nicht mit einer »Kapitulation«, sondern mit der »Befreiung«. Uns wurde gestattet, nicht allzu sehr spüren zu müssen, dass wir ihn verloren hatten.

Und obwohl wir die Nation waren, die der Welt das Wort mit F geschenkt, in den Gefangenenlagern in der Cyrenaika als Erste Versuche mit Vernichtungslagern unternommen und die Kriegskonventionen gebrochen hatte, indem wir Giftgas über Abessinien versprühten, die Nation, die noch vor den Deutschen und vor den Spaniern einem Mann auf seinem Balkon zugejubelt hatte, die, kurz gesagt, als Erste manche der schlimmsten Ausgeburten des 20. Jahrhunderts hervorgebracht hatte, sind wir Italiener wie durch ein Wunder fast alle Kinder und Enkel von Partisanen. Zumindest wenn man unseren Erzählungen Glauben schenkt.

Während der Nationalsozialismus offiziell für immer auf die Müllhalde der Geschichte geworfen wurde, kann man das umgekehrt vom Kommunismus nicht behaupten. Noch so ein Wort, das das eine zu sagen und das andere zu meinen scheint, oder auch nicht, jedenfalls ist gar nicht mehr so klar, was jemand ausdrücken möchte, der es verwendet. Wer heute das Wort Kommunismus benutzt, meint eine politische und wirtschaftliche Theorie, oder nein, eine Regierungsform, nein, eine Partei, eine historische Erfahrung, einen Wunsch, ein Gedankenexperiment, nein, eine Formel, um seine abgrundtiefe Unzufriedenheit über die Ungerechtigkeiten der Welt mitzuteilen – oder vielleicht hauptsächlich einen Traum aus der eigenen Jugend.

Mit einer solchen begrifflichen Unschärfe vermag niemand besser umzugehen als wir Italiener, Bürger einer Demokratie, in der jahrzehntelang ein Drittel aller Wahlberechtigten die Kommunisten gewählt hat – natürlich stets ohne das Risiko, in der Kolyma zu landen. Und auch wenn es heute nicht mehr salonfähig ist, sich lobend über Stalin zu äußern, hat noch im Winter 2022, also wenige Tage vor Beginn des russischen Angriffskrieges gegen die Ukraine, der Ex-Ministerpräsident und Ex-Kommunist Massimo D'Alema aus tiefstem Herzen ausgerufen:

»Aber dass mir bloß keiner den Lenin anrührt!«

So stecken viele Italiener immer noch in einer Art Niemandsland der Geschichte fest, und folglich auch in einem politischen Niemandsland; von hier aus urteilen sie über die beiden großen absolutistischen Ideen des 20. Jahrhunderts, über die eine, die wir selbst erfunden haben und die sogar einen italienischen Namen trägt, und über die andere, zu der so viele Italiener aufgesehen haben wie zu einem Leitstern. Es ist ein Sumpf aus ungenauen, nur vage umrissenen Worten, der es uns bis heute ermöglicht, einerseits vom Winter 1943 zu reden, als die Russen »leider« zum Gegenangriff übergingen und uns faschistische Besatzer »leider« vertrieben; und andererseits davon, dass wir 1945 »leider« unter die gnadenlose Vorherrschaft der USA fielen, im Gegensatz zu den ungleich glücklicheren Menschen jenseits des Eisernen Vorhangs.

So viel Verwirrung, Papa. So viel Unklarheit über Dinge, die weit auseinander liegen. Auslassungen, Unkenntnis und die Unfähigkeit, nicht vergleichbare Phänomene zueinander in Proportion zu setzen, weshalb nicht mehr unterschieden wird zwischen Demokratien, in denen trotz ihrer tausend Unzulänglichkeiten und Ungerechtigkeiten immerhin Rechtsstaatlichkeit herrscht, und Regimen, die Protestierende für immer verschwinden lassen. Eine recht nonchalante Lesart von Totalitarismen, die sich nur erlauben kann, wer selbst nicht unter ihnen gelitten hat, wer sich nicht zwischen Kollaboration und Erschießung entscheiden musste. Wer wie wir Europäer des Westens woanders gelebt hat, im »richtigen« Teil des Kontinents. Oder wer die »Gnade der späten Geburt« erfahren hat, wie man in Deutschland bezogen auf die nach dem Nationalsozialismus geborenen Generationen sagt, häufig als Teil eines Narrativs der Entlastung – von Schuld und auch von Verantwortung. Ein unverdientes Glück, eine zufällige Gunst des Schicksals, für die kein schrecklich hoher Preis gezahlt werden musste wie anderswo und die es leicht macht, über das unermessliche Leiden der anderen hinwegzugehen.

Wir sind heute also mit einem sonderbaren Phänomen konfrontiert: Nostalgiker des real existierenden Sozialismus verbünden sich mit Nostalgikern des Nazifaschismus, die ihre alte Loyalität nun auf Putin und sein Regime übertragen oder zumindest Verständnis für ihn haben. Damit wir uns nicht missverstehen, Papa: Es wundert mich nicht und hätte auch dich nicht gewundert, dass gewisse Nostalgiker des Kommunismus nichts zu den immer brutaleren Repressionen Russlands zu sagen haben. Immerhin strahlten die Älteren unter uns in ihrer Jugend zufrieden, wenn sie manchen Intellektuellen sagen hörten, die kommunistische Gewalt sei eine Form des »proletarischen Humanismus«. Und dass mich bei Neonazis die hohe Toleranzschwelle gegenüber brutalster Gewaltanwendung nicht wundert, darüber müssen wir gar nicht erst reden.

Der Punkt ist doch der: Die Roten und die Braunen unterscheiden sich offensichtlich in ihrer Gesellschaftsvision, sind sich aber einig darin, wie man das Ziel erreicht, das sie wirklich interessiert: die westlichen Demokratien zu schwächen. Deshalb ist Putin ihr Mann. Oder zumindest das kleinere Übel.

Die Demokratie stirbt in der Dunkelheit, heißt es. Heutzutage ist ihr zuverlässigster Mörder das Nebulöse, die Verwirrung, die sich auflösenden Grenzen zwischen Realität und Mystifizierung. Als im April 2022 die Leichen in den Straßen von Butscha gefunden wurden und die russische Armee ihren ersten, großen – wenn wir es so nennen wollen – Imageschaden erlitt, versuchte das russische Staatsfernsehen nicht einmal, die Bilder und Videos geheim zu halten, die sich in den Sozialen Netzwerken auf der ganzen Welt verbreiteten. Man ließ sie ununterbrochen über die Bildschirme flackern. Russische Fernsehzuschauer waren gezwungen, sie Dutzende Male zu sehen, zu jeder Tages- und Nachtzeit – man legte jedoch den roten Schriftzug »FAKE NEWS« darüber. Zusätzlich wurden die Videos begleitet von einer schnellen Abfolge einander widersprechender Erklärungen: Es handele sich um eine Inszenierung von ukrainischer Seite, das seien alles Schauspieler, dann waren es angeblich echte Leichen, aber die von russlandfreundlichen Bewohnern, die vom neonazistischen Regime in Kyjiw getötet worden seien … und andere absurde Erklärungen mehr.

Ziel war es nicht, die Russen von der einen oder der anderen Wahrheit zu überzeugen, sondern sie dazu zu bringen, überhaupt keiner Erklärung mehr zu glauben. Den Nachrichten stets zu misstrauen und zu der tristen nihilistischen Überzeugung zu gelangen, dass man unmöglich feststellen könne, was wirklich geschehen sei. Dass die faktische Realität – sei es in Butscha oder irgendwo sonst – nicht mehr erkennbar sei. Oder gar nicht erst existiere.

Der postmoderne Autoritarismus diktiert keine Parteilinie mehr wie zu deiner Zeit, Papa. Man verkündet keine in Stein gemeißelten Gewissheiten, organisiert keine Großversammlungen. Der Slogan deiner Jugend »Glauben, gehorchen, kämpfen« klingt heute nur noch lachhaft. An etwas zu glauben ist ein Synonym für Naivität, zu gehorchen widerspricht dem Express-Yourself-Imperativ der Sozialen Medien, und kämpfen – ja wofür denn? Zu viele Informationen, zu viele Meinungen, zu viel Ablenkung: Einheitsdenken ist heute nicht mehr möglich. Und so rühren Autokraten und solche, die es werden wollen, einen zähen Brei aus Meinungen und Faktenumbau an, bis alles zu einem formlosen, beliebigen Einerlei geworden ist. Ziel ist es nicht mehr, wie noch in den Diktaturen deiner Epoche, die Massen zum Befolgen einer offiziellen Wahrheit zu zwingen. Nun gewöhnt man sie lieber daran, Fakten nicht mehr als Fakten zu sehen, sondern als eine Meinung unter vielen, eben als »deine Meinung«.

Im Frühjahr 2014 veröffentlichte der Russe Wladimir Luzgin in seinem Blog einen Artikel über den deutsch-sowjetischen Nichtangriffspakt, mit dem Hitler und Stalin 1939 die Länder Osteuropas unter sich aufteilten. Luzgin erklärte seinen Lesern, dass die UdSSR nicht erst 1941 in den Krieg eingetreten sei, jenem Jahr, das auf Tausenden Denkmälern von Sankt Petersburg über Wladiwostok bis nach Berlin als der Beginn des Großen Vaterländischen Krieges eingemeißelt ist, sondern vielmehr schon im September 1939. Dass die Rote Armee in Absprache mit der Wehrmacht von Osten in Polen einmarschierte, während Letztere von Westen kommend das Gleiche tat.

Wladimir Luzgin wurde sofort verhaftet.

Er war der erste russische Bürger, auf den ein neues Gesetz »gegen die Rehabilitierung des Nazismus« Anwendung fand, das Wladimir Wladimirowitsch Putin kurz zuvor unterzeichnet hatte; demnach macht sich strafbar, wer »wissentlich falsche Informationen über das Vorgehen der UdSSR während des Zweiten Weltkriegs« verbreite sowie »despektierliche Äußerungen über Ereignisse militärischen Ruhms« Russlands in Umlauf bringe. Zwei Monate zuvor hatte die Duma über das Gesetz debattiert, im Februar 2014, in dem Jahr, als russische Truppen völkerrechtswidrig die Krim annektierten.

Im Dezember 2021 ordnete Wladimir Wladimirowitsch Putin die Auflösung des Dokumentations- und Menschrechtszentrums Memorial an, eines 1989 dank Gorbatschows *Glasnost* (Transparenz) mit dem Ziel gegründeten Vereins, die Traumata von Generationen von Russen zu dokumentieren und aufzuarbeiten, die zu Millionen vom Moloch des Gulag verschlungen worden waren. Die russische Regierung erklärte Memorial 2021 zu einer ausländischen Spionageorganisation, die die Heilige Mutter Russland mit Schmutz bewerfe. Zwei Monate später – und acht Jahre nach der völkerrechtswidrigen Annexion der Krim – begannen die russischen Panzer die Invasion der Ukraine.

Wer in der Gegenwart Gewalt anwenden will, der muss die Erinnerung an die Vergangenheit trüben. Diese Strategie war schon den Tyrannen deines 20. Jahrhunderts lieb und teuer, und sie passt perfekt zu den postmodernen Autokraten von heute. Vergifte die historische Wahrheit mit sogenannten Erinnerungsgesetzen wie mit Nowitschok; und lasse währenddessen deine Truppen und Killer von der Leine, damit sie Menschen töten.

Deshalb, Papa, werde ich auch als Tochter eines mit der Silbermedaille dekorierten Helden der Schlacht von Nikolajewka am 26. Januar nicht gedenken.

Ich werde an diesem Feiertag der nationalen Selbstabsolution und Vergesslichkeit nicht teilnehmen. Ich will nicht dabei sein, wenn wieder das toxische *»leider«* erklingt und die schönen, all ihrer Bedeutung beraubten Worte vom *»Ethos der Bürgerbeteiligung, der Solidarität und der Freiwilligentätigkeit«* gesprochen werden, wenn die historische Erinnerung vernebelt wird. Erinnerung kann man nicht pflegen, indem man wie zufällig Worthülsen auf den Boden der Geschichte fallen lässt.

Denn dein Krieg wurde nicht zur *»Verteidigung der nationalen Souveränität«* geführt.

So wie es in Putins Krieg nicht um »Entnazifizierung« geht.

Eine Invasion ist eine Invasion ist eine Invasion.

Eitelkeit

Dürfen wir uns weigern, der Zukunft den Weg zu ebnen?
Nein, das dürfen wir nicht.
Die sibirischen Frauen folgen der Sonne

Es gibt noch einen weiteren Haken an deinem Gedenktag, der offenbar keinen der abstimmenden Parlamentarier gestört hat: das Datum, das man dafür ausgesucht hat. Der 26. Januar ist ausgerechnet der Tag vor dem Internationalen Tag des Gedenkens an die Opfer des Holocaust. Als ob es völlig egal wäre, dass die Vernichtungsmaschinerie in demselben Krieg ausgeklügelt wurde, in dem die italienischen Soldaten – also auch die Alpini, also auch du – die Verbündeten der Nationalsozialisten waren.

Am 27. Januar 1945, als die Rote Armee Auschwitz befreite, warst du in Turin, in der Redaktion einer Zeitung, die jeden Tag die offiziellen Mitteilungen von Joseph Goebbels veröffentlichte. Und nun, Papa, kommt die unaussprechlichste Frage, die ich dir nie stellen konnte: Als du zum ersten Mal die Bilder der Todesfabriken gesehen hast, die deine ehemaligen Verbündeten errichtet hatten, was hast du da getan, was hast du gedacht? Hast du ihnen den Rücken zugekehrt wie die Deutschen im Kino? Oder konntest du weiter hinschauen?

Ich weiß nicht einmal, ob ich heute, wenn du noch am Leben wärst, dir diese Frage zu stellen imstande wäre.

Ich bin mir der Gnade meiner späten Geburt nur allzu bewusst – viele Jahre nach den schrecklichsten Gräueltaten meines Kontinents –, ich war nie gezwungen, mich zu fragen, wie ich mich selbst in einer Diktatur verhalten würde, zumindest noch nicht. Und ich weiß auch sehr gut, dass die Zufälligkeit meines Geburtsjahrs mir jede Art moralischer Überlegenheit verbietet. Trotzdem bin ich mir nicht sicher, ob in der Frage nicht automatisch ein Urteil mitschwingen würde.

»Alle Italiener sollten sich wegen des Faschismus schuldig fühlen«, habe ich neulich einen italienischen Schriftsteller sagen hören.

Schuldig? Alle? Auch achtzig Jahre nach seinem Ende? Warum dann nur wegen des Faschismus? Was ist mit dem Kolonialismus, dessen Anfänge im liberalen Italien und damit lange vor Mussolini liegen? Und die Blutbäder, die im Zuge der nationalen Einigung in Süditalien angerichtet wurden? Und warum sich auf die Geschichte Italiens beschränken? Was ist mit Christoph Kolumbus, der aus Genua stammte und mit dem fünfhundert Jahre Genozid und Sklaverei auf dem amerikanischen Kontinent ihren Anfang nahmen? Ganz zu schweigen von dem Imperium, das aus meiner Geburtsstadt erwuchs: Damals haben die Römer gewiss keine Länder erobert, indem sie die dortige Bevölkerung in freundlichen Schreiben dazu aufforderten, sich zu unterwerfen.

Damit wir uns nicht falsch verstehen, Papa, du hast das Schwarzhemd der italienischen Faschisten getragen. Du bist als Hitlers Verbündeter in den Krieg gezogen. Dein Name stand auf der Titelseite einer Zeitung neben dem von Joseph Goebbels, dem Chefpropagandisten der Vernichtungsmaschinerie. Und auch wenn ich dich nie danach gefragt habe, so kann ich mir doch vorstellen, dass dich mit Kriegsende, als das ganze Ausmaß des Schreckens offenbar wurde, zu dem du als bekennender Faschist beigetragen hattest, ein Schuldgefühl überkam, angesichts dessen ich schweigen muss. Es gibt nichts, was ich zu der »Last der Qual« sagen könnte, die mir nur dank der Gnade der späten Geburt erspart geblieben ist.

Aber heute?

Wem nützt heute noch ein solches allumfassendes, verspätetes Schuldgefühl, das der italienische Schriftsteller einfordert?

Und wer sollte sich überhaupt für den Faschismus schuldig fühlen? Etwa alle Italiener, unter ihnen die Nachfahren von Menschen wie Max, die zu den Waffen gegriffen haben, um ihn zu bekämpfen? Oder nur solche wie ich und meine Schwestern, also die große Mehrheit der Italiener, die Söhne und Töchter von Leuten, die zwar Faschisten waren, aber von der *anständigen* Sorte? Und was ist mit jemandem, dessen Vater Faschist war – und zwar keiner von der anständigen Sorte, sondern einer, der geknüppelt und gefoltert hat –, der aber selbst ein guter Mensch ist und sich sein Leben lang um andere gekümmert hat, warum sollte der Gewissensbisse haben? Hat diese Schuld etwas mit der DNA zu tun? Mit einer Veranlagung, die von Generation zu Generation weitergegeben wird?

Ich glaube nicht, dass sich viele Menschen in unserem Land mit den hässlichen Seiten unserer Vergangenheit beschäftigen wollten, wenn sie dafür ein Büßerhemd tragen müssten.

Es ist nun einmal so, Papa: Ich glaube an den Rechtsstaat, und im Rechtsstaat gilt der Grundsatz der Individualschuld. Nur der Einzelne wird verurteilt oder freigesprochen. Die Kollektivschuld einer gesamten Gruppe ist genau das Konzept, gegen das die Befreier wie Max seit Jahrhunderten ankämpfen.

Nein, Papa, ich bin nicht schuld an deinen Fehlern und auch nicht an denen deiner Generation – meine eigenen reichen völlig aus. Doch ich bin ein Teil deiner Geschichte, und für die trage auch ich die Verantwortung.

Denn was es sehr wohl gibt, ist kollektive Verantwortung. Besser gesagt, Verantwortung*en* im Plural. Denn die kollektive Verantwortung zielt in zwei Richtungen, die zusammen gedacht werden müssen, Verantwortung gegenüber der Vergangenheit und gegenüber der Gegenwart.

Wir Italiener von heute sind nicht schuld an dem, was während des Faschismus geschehen ist, aus dem einfachen Grund, dass es uns noch nicht gab; doch wir alle tragen die Verantwortung für unseren Umgang mit der Erinnerung an den Faschismus, mit seiner Erforschung, mit seiner Geschichte – wir müssen uns darüber bewusst sein, was war. Dasselbe gilt beispielsweise für die Ukrainer: Welche Verantwortung übernehmen sie *heute* bezüglich des Gedenkens an die Pogrome, die ihre Väter, Großväter und Urgroßväter begangen haben?

Andererseits waren auch nicht alle Italiener schuld an dem Faschismus, der zu ihren Lebzeiten herrschte – schuld waren die Mörder, Folterknechte und Kriegsverbrecher. Doch alle Italiener waren dafür verantwortlich, denn jeder Einzelne trug während der zwei faschistischen Jahrzehnte die Verantwortung für das eigene Handeln; das gilt insbesondere für diejenigen, meine ich, die keine Verantwortung übernommen haben.

Und das gilt beispielsweise auch für die Russen: Welche Verantwortung übernehmen sie *heute* für den Absturz ihres Landes in den Totalitarismus?

Mir persönlich wäre es lieber, Papa, wenn die Menschen, anstatt sich für den Faschismus von gestern schuldig zu fühlen, die Verantwortung für die Demokratie von morgen übernehmen würden.

Vor allem aber sehe ich eine immense Ähnlichkeit zwischen der Forderung, dass alle Italiener oder alle Europäer oder alle westlichen Gesellschaften, alle Russen, alle Afrikaner oder alle Mitglieder irgendeiner Gruppe, eines Volkes oder einer »Rasse« sich kollektiv für etwas schuldig fühlen oder für etwas verunglimpft werden sollten, und der Behauptung, dass irgendein Volk oder eine »Rasse« sich aus angeborenen oder kollektiven Gründen überlegen fühlen solle – und ich halte diese Ähnlichkeit für hochgefährlich. Ich halte sie für zwei sich ineinander spiegelnde und nur oberflächlich konträre Ausprägungen desselben Denkens, das Menschen unterschiedlichen Kategorien zuordnet.

Und ich habe den Eindruck, dass aus beiden dieselbe düstere Eitelkeit spricht.

Neulich musste ich an eine Unterhaltung denken, die du und ich kurz nach meinem Abitur in einem Restaurant geführt haben, in dem wir manchmal zusammen aßen, nachdem ich von zu Hause ausgezogen war.

Ich war damals schon viel zu lange mit einem Mann zusammen, der älter war als ich und mich mit einer ungesunden Mischung aus Schmeicheleien und Erniedrigungen an sich fesselte; wie in einer Diktatur setzen solche Partner zur Machtausübung nicht nur auf

Gewalt, sondern auch darauf, denjenigen, die sie beherrschen, das Gefühl der Einzigartigkeit zu geben. Über ein Jahr schon hatte ich vergeblich versucht, ihn zu verlassen, was aber niemand wusste: Von außen betrachtet waren wir ein glücklich verliebtes Pärchen. In Wirklichkeit hatte dieser Mann mich von meinem Freundeskreis isoliert und mir selbst entfremdet, ich war gefangen in meiner Scham, manipuliert zu werden.

Einige Tage vor unserem Mittagessen hatte ich ihn dann endlich verlassen. Im Restaurant erzählte ich dir davon.

Du hast einen erleichterten Seufzer ausgestoßen, dein Gesicht entspannte sich. Dann hast du mit einer fast förmlichen Geste, die das vorhersehbare, natürliche Ende der Angelegenheit zu unterstreichen schien, die Handflächen auf den Tisch gelegt und gesagt: »Gut, das hatte ich gehofft.«

In diesem Moment wurden mir drei hochinteressante Dinge klar: Erstens hattest du mitbekommen, dass dieser attraktive Mann, der alle für sich einnehmen konnte – auch dich –, mich schlecht behandelte; zweitens hattest du mir das aber nie gesagt; und drittens hattest du darauf vertraut, dass ich mich früher oder später von ihm befreien würde.

Diese Erkenntnis war so einschneidend, dass ich mich noch genau daran erinnere, was ich damals aß: Risotto mit Radicchio aus Treviso.

Wenn ich in der Rückschau diese Szene betrachte, weiß ich nicht, ob ich dein Verhalten als Vater, der abwartet, bis ich rede, gut oder schlecht finden soll. In meinem Käfig aus Einsamkeit und Scham hätte es mir geholfen, zu wissen, dass ich mir das alles nicht nur einbildete und dieser Mann wirklich eine Gefahr für mich darstellte, dass mein Fluchtinstinkt richtig, gesund und nachvollziehbar war. Doch wahrscheinlich hätte ich gar nicht auf dich gehört. Schlimmer noch, wahrscheinlich hätte ich das Gefühl gehabt, ihn gegen deine Kritik verteidigen zu müssen, und mich noch tiefer in die Sache verstrickt. Vielleicht war dein Schweigen also wirkungsvoller, gepaart mit der tiefen Überzeugung, die du mir mit dem Namen Felicissima in die Geburtsurkunde geschrieben hattest: Diese Art von Unglücklichsein lag nicht in meiner Natur, und ich würde mich von selbst daraus befreien. Genau wie du angesichts der realen Gefahr, wenn ich auf die höchsten Bäume kletterte, nicht mit lautem »Komm sofort da runter«-Geschrei reagiert hast wie bei all deinen eingebildeten Gefahren, sondern schweigend darauf vertraut hast, dass ich schon die richtigen Äste für den Abstieg finden würde.

Was nun hat die junge Frau, die gerade ihrem Gaslighter entkommen ist, mit dem Unterschied zwischen Schuld und Verantwortung zu tun? Warum fällt mir unser Gespräch dazu ein? Das liegt an den zwei sehr treffenden, unwiderlegbaren Sätzen, die du dann gesagt hast:

»Mit deinen Schuldgefühlen hatte er dich in der Hand.« Und der zweite Satz half mir, zu begreifen, dass ich niemals wieder eine Beziehung dieser Art eingehen wollte, indem er mir meinen Teil der Verantwortung aufzeigte: »Schuldgefühle können auch eine Art Eitelkeit werden.«

Ich weiß nicht mehr, ob ich damals bei einem Teller Risotto mit Radicchio eine Art Erleuchtung, plötzliche Weisheit und Einsicht erlebte. Wahrscheinlich nicht. Wahrscheinlich begriff ich gar nicht ganz, was du meintest – schließlich war ich erst neunzehn. Dennoch war das Gespräch wohl intensiv genug, dass ich mich noch Jahrzehnte später daran erinnere und mir dieses Essen als ein herausragender Moment unserer Vater-Tochter-Beziehung im Gedächtnis geblieben ist. Erst im Laufe der Zeit erkannte ich anhand vieler leid- und freudvoller Erfahrungen, wovor du mich damals warnen wolltest, vor einem Mechanismus, der dir selbst wohlvertraut war und von dem du dich nie ganz hast freimachen können: Wenn sich Schuldgefühl und Selbsthass umkehren in ein Gefühl omnipotenter Größe. Also in das komplette Gegenteil des Versuchs, für sich und andere Verantwortung zu übernehmen.

Weißt du, ich kann jetzt manchmal aus Worten, die in ehemals faschistischen Ländern ausgesprochen werden, wie die des italienischen Schriftstellers, oder auch aus manchen Reden von uns Westeuropäern und generell von Menschen der westlichen Welt über die Verbrechen, die unsere Vorfahren in der Kolonialzeit begangen haben, eine Zurschaustellung unserer Schuld heraushören, die mich an das erinnert, was du mit Eitelkeit meintest: die Überhöhung der Tugend des schlechten Gewissens in Sinn, Mission und Identität. Was den Fokus der Aufmerksamkeit einmal mehr auf uns legt. Damit stellen wir einmal mehr uns selbst in den Mittelpunkt der historischen Ereignisse, wir sprechen weiterhin nur von uns, uns, uns, jetzt zwar als den Schuldigen, aber eben auch als den einzig wahren, wenngleich bösen Protagonisten der Geschichte. Und ignorieren damit die Perspektiven, Taten und Beweggründe aller anderen.

Denn das umfassende Schuldgefühl ist vor allem eine Opferhaltung: Wir klammern uns weiterhin an uns selbst, an unsere Eitelkeiten und Wunden und vor allem an die Vergangenheit. Nur Verantwortungsbewusstsein entfaltet eine Wirkung in der Gegenwart, führt zu ehrlichem Bemühen um den anderen und uns selbst und weist den Weg in die Zukunft. Natürlich, wer Verantwortung übernimmt, muss manchmal auch bereit sein, einen weitaus höheren Preis zu bezahlen als das bloße Eingeständnis hässlicher Schuldgefühle. Während du mit deiner Qual in der Redaktion geblieben bist, übernahmen Max und andere die Verantwortung, die Nazifaschisten zu bekämpfen – und viele von ihnen kehrten nicht zurück.

Wir Europäer des Westens sind nicht schuld am russischen Angriffskrieg gegen die Ukraine. Schuld daran ist ein Mann, dessen Vor- und Vatersnamen wir kennen und der diesen Krieg aus verkommener imperialer Besessenheit vom Zaun gebrochen hat, mit dem gleichen jämmerlichen Ziel aller greisen Diktatoren: dem Machterhalt. Und schuld daran sind auch diejenigen, die seinen Befehlen folgen. Doch wir tragen die Verantwortung, jahrzehntelang mit Putin umgegangen zu sein wie manche naive Bildungsbürgerkinder mit dem Schulhoftyrannen: wir hier, in der Hand unser veganes Pausenbrot von Mama, die uns jeden Abend ein Buch vorliest, und dort der Schlägertyp, aufgewachsen auf der Straße und in einer Familie, in der über Generationen hinweg Missbrauch und uns unvorstellbare Gewalt an der Tagesordnung waren, der uns heimlich verachtet, uns aber Drogen verkauft (mit denen wollen wir zwar Schluss machen, aber ohne sie funktionieren wir nun mal nicht), und am Ende verprügelt er natürlich nicht uns, sondern nur die ärmeren Mitschüler – die Tschetschenen, die Georgier, die Syrer und die Ukrainer. Manchen von ihnen versuchen wir dann zwischen zwei Schlägen, gegen die wir leider nichts ausrichten können, unser Wertesystem, unsere Gesellschaft und unsere Demokratie zu erklären, während sie eifrig die blaue Fahne mit den gelben Sternen schwenken, um uns zu zeigen, wie gern sie mit uns befreundet wären und dass sie nicht länger die Prügel des Tyrannen einstecken wollen. Erst als der Tyrann anfängt, sie vor unserer Haustür zu töten, während sie schon den Schlüsselanhänger mit unserer schönen EU-Flagge in der Hand halten, da beginnen wir weniger Drogen bei ihm zu kaufen und geben unseren armen Mitschülern einen alten Schlagring, um sich zu verteidigen – nicht ohne beleidigt festzustellen, dass sie uns nicht genug dafür danken.

Inzwischen sind über zwanzig Jahre vergangen, und noch immer ist kein Ende der Prügel in Sicht.

Wer heute die Ukraine besucht, weil er begreifen möchte, was es hieße, sie der Umarmung des Russischen Friedens zu überlassen – »Jetzt bist du dran, meine Schöne, ob du willst oder nicht« –, wird zum Beispiel nach Jahidne eingeladen. Dort führt einen einer der Dorfbewohner herum, die von den Russen einen Monat lang im Keller festgehalten wurden. Er zeigt auf die Wandbilder von Kindern, die auch in dem Kerker saßen: Schmetterlinge, Blumen, Sonnen, Flugzeuge. Hier gilt dasselbe, Papa, ich bin nicht schuld an diesen Zeichnungen. Die Schuld liegt bei den Soldaten, die diese Kinder dort festgehalten haben, und bei ihren Vorgesetzten, die dafür später bei einer feierlichen Zeremonie im Kreml ausgezeichnet wurden. Aber ich bin dafür verantwortlich. Denn mein Land, mein Teil der Welt, dieses Europa des Westens, unser werteorientiertes Abendland der Aufklärung und der Demokratie hat nichts getan, um diese Zeichnungen zu verhindern.

Weißt du, wie man auf Englisch und auf Deutsch sagt, wenn sich jemand aus Angst seiner Aufgabe nicht stellen möchte?

To get cold feet: Kalte Füße bekommen.

Ich bin mir sicher, dass dir dieses Bild gefallen würde: Der für dich schlimmstmögliche Zustand als Symbol für Feigheit und Ehrlosigkeit.

Also: Wenn wir im Westen uns weiterhin auf unsere verantwortungslosen kalten Füße berufen und die Ukraine einem eingefrorenen Konflikt überlassen – noch so eine heuchlerische Kälte-Metapher: Soll sie sich doch einfach hin und wieder verprügeln lassen und mal mehr, mal weniger im Haus des gewalttätigen, sie misshandelnden Mannes leben –, und damit die Grundlagen für einen weiteren Krieg in ein, zwei Jahren schaffen; wenn wir all das zulassen und erst dann, wenn es zu spät ist – nach weiteren zehn, hundert, tausend Kellern wie dem in Jahidne, nach weiteren zehn, hundert, tausend Verwüstungen wie denen in Mariupol –, erklären, wie schuldig wir uns fühlen: Dann wäre das ein wirklich erbärmliches, verabscheuungswürdiges Schauspiel.

Wie du dich damit gefühlt hast, weiß ich nicht. Nur einmal, als du bereits dabei warst, *weiterzugehen*, und geistig schon weit weg, habe ich dich einmal mit dem üblichen feuchten Handtuch aus deinem Nickerchen geweckt. Du hast mich mit dem bestürzten Blick eines zum Tode Verurteilten angesehen, der erkennt, dass sein schreckliches, langerwartetes Schicksal sich nun erfüllen wird. Und hast mich in angstvoller Resignation gefragt:

»Seid ihr hier, um mich zu erschießen?«

Lieber behalte ich dich in Erinnerung, wie du dich in deine Einzimmerwohnung am Tiber zurückgezogen hast, fernab von allem, auch von deinen Frauen. Dort hast du dich mit den wenigen Männern getroffen, deren Gesellschaft du mochtest: Antonín D., Ludwig van B., Franz S. Dort hast du dir ihre Symphonien in dröhnender Lautstärke angehört und dich vom Klang der Pauken, der Holz- und Blechbläser umschließen lassen wie von den Armen deiner Mutter Bianca.

Denn Musik lindert die Last aller Qual, aller Schuld und aller Eitelkeit. Und sie ist das genaue Gegenteil eines Tribunals.

VII VISIONEN

Ozean

Er träumte von einer grünen Wiese und von buntgescheckten Pferden, die in Herden über das Gras galoppierten.
Rückkehr mit dem Verrückten

»Ich bin einer von acht Söhnen eines Nomadenschäfers. Ich bin einer von euch, ich liebe die Freiheit und den Frieden, und ich bin ein stolzer Bürger der freien und unabhängigen Mongolei. Ich habe eine einfache Botschaft an Präsident Putin: Beenden Sie den Krieg.«

Im September 2022 ging ein Video von Tsachiagiin Elbegdordsch viral, dem Präsidenten der World Mongol Federation: Vor einer Weltkarte stehend und mit einer blau-gelben Kokarde an der Brust erklärte er ruhig, aber entschlossen seine Ablehnung des russischen Angriffskriegs gegen die Ukraine.

»Die mongolischen Burjaten, Tschuwaschen und Kalmücken leiden extrem unter dem Krieg, sie werden als Kanonenfutter und sonst nichts benutzt. Hunderte wurden verletzt, Tausende getötet. Wir Bürger der Mongolei werden euch mit offenen Armen und offenen Herzen empfangen, wenn ihr fliehen wollt. Ich habe auch eine Botschaft für diejenigen mitgebracht, die gezwungen werden, in Putins Krieg gegen die Ukraine zu kämpfen: Schießt nicht auf Ukrainer. Schießt nicht auf eure Brüder und Schwestern, auf Greise und Kinder. Tötet nicht ihr Land. Tötet nicht ihre Freiheit. Die Ukraine hat ein unumstößliches Existenzrecht.«

Als ich ihn auf YouTube reden hörte, war es, als spräche dort ein Liebhaber aus meiner Jugend oder eine gute, lang aus den Augen verlorene Freundin, und als würde mir plötzlich wieder klar, warum ich diesen Menschen so sehr mochte. Der Ex-Liebhaber oder die Freundin war nicht direkt Herr Elbegdordsch persönlich, den kennenzulernen ich nie das Vergnügen hatte, sondern seine Heimat. Schon am Vortag hatte ich ein ähnliches Gefühl verspürt, als ich die Autokolonnen gesehen hatte, die sich über die russische Grenze zur Mongolei schoben: Zehntausende Bürger der Republiken Tschuwaschien und Burjatien, die vor Putins Mobilmachung über die Grenze flohen. Doch ich achtete weniger auf die Autos. Was meinem Herz einen Stich versetzte, als hätte mich jemand zurück in eine alte Liebesgeschichte katapultiert, war der Anblick der Steppe.

Es ist über dreißig Jahre her, als Anfang der Neunzigerjahre die Welt aus dem Winterschlaf des Kalten Krieges zu erwachen schien und der Optimismus des *Wind of Change* die Hoffnung auf einen neuen Frühling weckte. In diesen Jahren überließ unser Teil der Welt Russland dem Ultrakapitalismus ohne Rechtsstaatlichkeit beziehungsweise der Kleptokratie – doch wir nannten das den »freien Markt«. Und wir Zwanzigjährigen, die eben noch auf den Resten der Berliner Mauer getanzt hatten, träumten nun von bislang unerreichbaren Ländern. Zum Beispiel von der Mongolei.

Nie warst du so begeistert von einer meiner Reisen wie damals, als mein Reisegefährte und ich dir von unseren Plänen erzählten. Über den Herbst und den Winter wollten wir sechs Monate lang den Pfaden der Nomaden folgen, die seit Jahrtausenden diesen Ozean aus Gras bewohnten, und wir wollten es mit ihren Transportmitteln tun: Pferde für uns, Kamele für die Kamera-Ausrüstung, mit der wir einen Dokumentarfilm drehen würden. In deinem üblichen Tonfall zwischen Aufregung und Angeberei, den du automatisch anschlugst, wenn die große Weite dich sentimental stimmte, hattest du unsere Abreise mit einem Zitat aus Gogols *Taras Bulba* gesegnet:

»Hol dich der Teufel, Steppe, schön bist du!«

Mama hatte gesagt: »Wenn ich noch jung wäre, würde ich das auch machen.« Du hast das nicht gesagt. Denn du hattest sie schon einmal erlebt, die Steppe im Winter, das genügte dir. Jedenfalls waren Mama und du wie immer diejenigen, die sich wegen meiner Reisen von allen Verwandten und Freunden am wenigsten Sorge machten. Ich will eure Haltung, für die ich euch ewig dankbar sein werde, mal so zusammenfassen: »Monatelang im Winter durch die Steppe reiten? Klar, warum nicht? Tolle Idee.«

Allerdings hast du es dir nicht nehmen lassen, uns vor zwei Gefahren zu warnen, nur zwei, die uns in der Wintersteppe begegnen könnten. Als Erstes vor dem sibirischen Wolf. Das war deine Wortwahl, der Wolf im Singular, das Konzept, die Idee, das Universelle, das »Wölfische« an sich. Du hast vorgeschlagen, dass wir uns ein Gewehr kaufen sollten, um im Fall der Fälle in die Luft schießen und unsere Tiere beschützen zu können. Größer allerdings war die zweite Gefahr, vor der du uns noch eindringlicher gewarnt hast: davor, kalte Füße zu bekommen. Dein Russlandfeldzug, der in Wahrheit größtenteils ein Ukrainefeldzug gewesen war, lag fünfzig Jahre zurück. Doch immer noch stellte die Eiseskälte, die sich in den Füßen verbeißt und sie in eine vom Wundbrand befallene eitrige Masse verwandelt, für dich das größte Übel dar, das seit Anbeginn der Welt die Liebe, die Hoffnung und das Leben bedroht. Schlimmer als kalte Füße waren nur zu enge Schuhe, die das Blut abschnürten. Warme Füße waren daher der Quell aller Heilung und allen, auch geistigen, Fortschritts.

Ich könnte deine Philosophie auf diesen Kernsatz reduzieren:

Es gibt kein größeres Übel auf der Welt als kalte Füße.

Und die damit einhergehende Erkenntnis:

Keine Schwierigkeit, kein Problem und keine Herausforderung sind zu groß, als dass man sie nicht durch die richtige Temperatur der Füße bewältigen könnte.

Aus diesen Grundsätzen lassen sich einige praktische Anwendungen ableiten. Hast du eine wichtige Prüfung vor dir? Zieh dir bequeme, warme Schuhe an. Geht es dir schlecht, etwa wegen einer Magen-Darm-Grippe, eines Ekzems, Wochenbettbeschwerden oder einer Muskelzerrung? Zieh dir Wollsocken an. Leidest du unter Liebeskummer? Nimm ein schönes heißes Fußbad mit Salzzusätzen.

Und nachdem du mir für meine erste lange Reise den besten Rucksack geschenkt hattest, den der Markt hergab, und für die zweite ein Schweizer Taschenmesser mit so vielen Funktionen, dass ein geschickter Handwerker ein Haus damit hätte bauen können, war dein Geschenk für diese dritte Reise ein Paar dicke Wollsocken.

Und nun, Papa, muss ich dir ein Geständnis machen.

Als erfahrener Himalaya-Besteiger hatte mein Reisegefährte uns bereits die bestmögliche Ausrüstung besorgt, um den extremen Temperaturen der Steppe im Winter zu trotzen: Zelt, Schlafsäcke und vor allem Kleidung, einschließlich der Unterwäsche. Kleidung aus Funktionsstoffen, die bei einem Minimum an Material ein Maximum an Wärme speicherten. Deine Wollsocken waren nicht nur wesentlich ineffizienter, sondern auch schwer und wahnsinnig sperrig, dabei kam es bei unserem Gepäck auf jedes Gramm und jeden Kubikzentimeter an. Papa, erst jetzt finde ich den Mut, es dir zu sagen, jetzt, wo ich dich nicht mehr damit verletzen kann: Als ich mich bei dir bedankte und versprach, sie mitzunehmen, habe ich gelogen, und ich wusste, dass ich log. Diese Socken mit Tiroler Strickmotiven haben die Steppe nie gesehen, sondern nur das Innere der Wäscheschublade. Ich bitte dich um Vergebung.

Die Reise dauerte fast sechs Monate. Ich habe Mongolisch gelernt, obwohl ich mich jetzt, viele Jahre später, nur noch an das Wort für »danke« erinnere, *bayerlaa*, für Reisende das wichtigste Wort überhaupt, und an *huitten baina*, »es ist kalt«. Ich habe gelernt, dass man in der Steppe bei der Begrüßung nicht nach dem Wohlergehen seines Gegenübers fragt, sondern nach dem seines Pferdes. Als ich durch diese unermessliche, für Menschenbeine so wenig geeignete Landschaft ritt, verstand ich warum: Unsere tapferen mongolischen Kleinpferde mit ihren anmutigen Köpfen dienten uns nicht nur als Transportmittel und vielleicht als liebe Reisegefährten, sie waren schlicht unsere Überlebensgrundlage.

Ich habe oft an dich gedacht, während wir durch die eisigen Weiten ritten.

Ich habe an dich gedacht, wenn wir den alten Militärofen anfachten, den wir aus einer Kaserne der Gebirgsjäger mitgenommen hatten – die Armee rüstete auf aktuellere Modelle um und hatte uns diesen Ofen geschenkt, der genauso aussah wie der, mit dem du und deine armen Alpini euch in den Stützpunkten aufgewärmt hattet.

Ich habe in der Nacht an dich gedacht, als auf einer Anhöhe ein Wolf heulte, aber wir kein Gewehr dabeihatten, weil wir deinem Rat nicht gefolgt waren. Immerhin waren wir Kinder des achtzig Jahre währenden westeuropäischen Friedens, und allein der Gedanke, mit Waffen zu hantieren, gefiel uns nicht; es war auch nicht nötig, denn ein Mann aus dem Zeltlager, wo wir kampierten, hatte ein Gewehr, er schoss in die Luft, und der Wolf flüchtete. Ich konnte währenddessen nicht aufhören zu lachen, denn das Heulen, das wir hörten, war identisch mit dem, das du mir als Kind immer vorgemacht hattest:

»Auuuuuu!«

Und ich habe an dich gedacht, als ich lernte, dass der Wind nur pfeift, wenn er auf Laub oder Grashalme oder aufgehängte Bettlaken trifft; in der eisigen, baumlosen Stille der Wintersteppe macht er kein Geräusch, auch nicht, als er mir in die wenigen Zentimeter unbedeckte Haut schnitt, und auch nicht, wenn unsere großen baktrischen Kamele mit ihren langen Wimpern wie zerstreute Diven blinzelten und die Windstöße ihnen das Fell zerzausten. Doch selbst im gnadenlosesten Wind hielt unsere Funktionskleidung uns warm, und in diesen Momenten dachte ich am intensivsten an dich und deine armen Alpini auf eurem Marsch durch die gleiche mörderische Kälte, die Schultern unter Decken und in Schuhwerk, das ein Verbrechen war, während die Rote Armee eure unglückselige Kolonne unter Beschuss nahm.

Und nachdem ich wochenlang nur die herrlichen runden Wollzelte gesehen hatte, die im Winter warm und im Sommer kühl waren – du nanntest sie Jurten, die Mongolen nennen sie *Ger* –, und endlich im ersten Dorf mit Backsteinhäusern und einem Telegrafenamt angekommen war, nutzte ich die Gelegenheit, um dir und Mama ein Lebenszeichen zu schicken. Das Telegramm sei für Rom bestimmt, erklärte ich den beiden Telegrafisten. Sofort stimmten sie »Io sono un itariano, un itariano vero« an, denn sie verfolgten im russischen Fernsehen regelmäßig das Songfestival von Sanremo und waren große Toto-Cotugno-Fans. Dann diktierte ich ihnen meine Nachricht, und sie übermittelten die Laute in kyrillischer Schrift: IN STEPPE ALLES GUT – WOLF WEIT WEG – FÜSSE WARM – KÜSSE.

Als ich nach meiner Rückkehr von der Reise erzählte, warst du am begeistertsten davon, dass ich die Karawane angeführt hatte. Nach dem Brauch der Mongolen, in deren Land wir zu Gast waren, bildete mein Begleiter das Schlusslicht, während ich an der Spitze der Kolonne ritt, in der linken Hand die Zügel und in der rechten das Seil, an dem ich das Hauptkamel leitete, das groß und stark war und dem die beiden an ihm angebundenen Tiere gehorsam folgten. Es sind die Frauen, die die Karawanen von einem Ort zum nächsten führen, erklärte ich dir, sie bestimmen über Tempo und Richtung. Und du hast erwidert, nun würdest du verstehen, warum das Mongolenreich das größte Imperium der gesamten Menschheitsgeschichte gewesen sei.

Wenn ich jetzt an diese Tage, Wochen und Monate zurückdenke, in denen wir der fahlen Sonne nach Westen folgten, viele Stunden lang, ohne abzusteigen, während unsere Gedanken sich den langsamen und ausgreifenden Schritten unserer Kamele anpassten und eins wurden mit dem Raum, der Stille und der Weite, dann erinnere ich mich daran, dass es plötzlich denkbar schien, nie wieder anzuhalten, immer weiter Richtung Westen zu reiten, dem riesigen Ozean der Steppe folgend, der Eurasien von einem Ende zum anderen verbindet – so wie Atlantik und Pazifik die Kontinente verbinden –, ohne auf Hindernisse zu stoßen außer auf die Gebirgszüge des Altai und dann des Urals; und immer weiter mit den treuen Kamelen, beladen mit Gepäck am Tag und davon befreit in der Nacht, die wir abends striegelten, wie wir es gelernt hatten, damit sie grasen konnten; und am nächsten Morgen wieder aufzubrechen, immer zu Pferd, wie die Skythen Tausende von Jahren vor uns, auch sie mit den Amazonen an der Spitze, und weiter durch die mongolische Steppe, durch die kasachische Steppe, dann durch die kaspische Steppe, und immer weiter, immer westwärts, immer der Sonne folgend, bis zur pontischen Steppe, wo auch du warst, bis hin zum Don, den wir zu Fuß überquerten, wie jeden zugefrorenen Fluss, dem wir begegneten, bis hin zu deinem Sonnenblumenfeld in Isjum, wo dein Russlandkrieg begonnen hatte, der in Wahrheit größtenteils ein Ukrainekrieg gewesen war.

Und ich stelle mir vor, Papa, wie du heute, einige Jahre nach dem Beginn dieses sinnlosen Angriffskrieges, die Beziehungen zwischen Russland und China beobachtest, ihre vielbeschworene »grenzenlose Freundschaft«, die immer mehr zu einer Unterwerfungsbeziehung wird, weil die Chinesen die russischen Ressourcen aufsaugen – genau wie in den jahrhundertealten Wäldern von Dersu Usala in Chabarowsk; ganz zu schweigen von den anderen zentralasiatischen Nationen, die einst nach Moskau und jetzt zunehmend nach Peking blicken. Und ich höre deine pathetische Stimme, mit der du eine deiner prophetischen, aber oft treffsicheren Erklärungen abgibst: »Der Großkhan verleibt sich mit riesigen Bissen sein altes Reich wieder ein.«

Das kann ich mir in großer Klarheit vorstellen, denn während ich auf unserem gedankenverlorenen, gleichmäßigen Ritt nach Westen meinen Träumen nachhing, schien ich es am eigenen Leib zu erfahren, vielmehr an mehreren Leibern – an meinem eigenen, dem meines Gefährten, an denen unserer tapferen Pferde und an denen der herrlichen, jähzornigen, samtweichen baktrischen Kamele –, ja, auch ich begriff, dass an der These etwas dran war, deren Wahrheitsgehalt zuerst von Napoleon, dann von Hitler und dann auch von dir und deinen Alpini mit euren armen, halberfrorenen Leibern überprüft worden war, jener These, die du mir so oft auf dem Schulweg vorgetragen hattest:

»Wer versucht, Russland von Westen aus zu erobern, ist zum Scheitern verurteilt. Das kann nur dem gelingen, der von Osten kommt, wie die Mongolen.«

Aus der Steppe habe ich dir zwei Geschenke mitgebracht.

Das erste sollte noch einige Monate lang in meinem Bauch bleiben, bevor ich es dir überreichen konnte: ein Enkelkind. Auf die Mitteilung, dass es ein Junge werden würde, hast du mit wohlwollender Nachsicht reagiert und dich trotzdem gefreut. Das zunehmende Alter hatte dich toleranter gemacht gegenüber dieser Art von

Produktionsfehler, der unglücklicherweise die Hälfte der Menschheit betrifft.

Das zweite Geschenk hatte ich dir auf einem Markt in Ulan Bator gekauft.

Es gibt ein Foto davon, wie ich es dir überreiche. Du sitzt in deinem Sessel und hältst ein Paar dunkle Filzstiefel in die Kamera, mit dem ungläubigen Staunen eines Kindes, das endlich das langersehnte Fahrrad bekommen hat. Zwanzig Jahre waren vergangen, seit du mir zum ersten Mal von diesen fabelhaften Lebensrettern erzählt hattest. Und mehr als ein halbes Jahrhundert nachdem ähnlich schlichte Filzgebilde dir und deinen armen Alpini das Leben gerettet hatten, indem sie eure Füße wärmten und euch bewiesen, dass es selbst in dieser endlosen weißen Hölle noch Hoffnung gab. Und jetzt hieltst du sie wieder in Händen: ein Paar Walenki.

»Wunderschön, wunderschön«, war alles, was du sagen konntest.

Schreiben

> Einige meiner Töchter, die alle schon tausend oder
> zweitausend oder dreitausend Jahre alt sind,
> haben mir diese Notizen überreicht, die ich gerne
> an den Verleger weitergebe.
> *Die sibirischen Frauen folgen der Sonne*

Erst viele Jahre nach deinem Tod erzählte mir meine jüngere Schwester von einer Szene, die sich auf der Terrasse des Hauses zutrug, das du für sie und ihre Mutter auf einer Insel gebaut hattest. Mit Blick auf die vom Dorf kommende, steil ansteigende Straße hast du damals gesagt:

»Nie im Leben schafft es ein Panzer hier herauf.«

Da fiel mir auf, dass dasselbe für das Haus in Südtirol am Langkofel galt, das deine armen Alpini dir aus Dankbarkeit errichtet hatten, als du noch mit Mama verheiratet warst und ich gerade geboren worden war. Deshalb hast du diesen herrlich gelegenen Ort ausgesucht, den wir mehr als zwanzig Jahre lang jedoch nur über eine schmale, steile und gemeingefährliche Straße erreichen konnten, vor allem im Winter, wenn sie vereist war: Nie im Leben hätte ein Panzer es dort hinaufgeschafft.

Da erst begriff ich, dass du für die Häuser, in denen du mit deinen Töchtern und jeder deiner beiden Frauen glücklich leben wolltest, eins in den Bergen und eins am Meer, Orte gewählt hattest, wo die stählerne Hand des Krieges dich nie wieder erwischen würde.

Und ich musste an die vielen schrecklichen Stimmen denken, die siebzig Jahre lang in deinem Kopf gewütet haben müssen.

Und daran, dass du nie mit jemandem darüber gesprochen hast.

Aber auch daran, dass du über sie in einem Buch geschrieben hast.

Papa, warum bist du kein Schriftsteller geworden?

Als ich mit zwölf Jahren zum ersten Mal deinen Roman las, beeindruckten mich vor allem die Schwarz-Weiß-Illustrationen: der sowjetische Panzerführer, der aus dem brennenden Panzer springt und sich dann als Frau entpuppt; das tote Kind in den Armen des Gebirgsjägers, der mitten im Raum steht, während Chiarin seinen irren Blick gen Himmel verdreht. Sie trugen alle die Signatur von Marco, deinem Alter Ego. Obwohl ich dich noch nie mit einem Stift in der Hand gesehen hatte, war ich überzeugt, dass sie von dir stammen mussten. Beim Lesen deines Buches lernte ich eine Seite an dir kennen, die nichts mit meinem Vater zu tun hatte, und ebenso ein Universum – den Krieg in der eisigen Steppe –, das mir ferner lag als die Andromedagalaxie. Wenn du der junge Alpini-Offizier aus dem Buch warst, und das wusste ich ja, dann konntest du alles sein. Sogar ein exzellenter Zeichner, von dessen Talent ich bislang nichts gewusst hatte.

Natürlich war dem nicht so. Dass dein Alter Ego und der Illustrator denselben Namen hatten, war purer Zufall. Aber ich wäre nie auf die Idee gekommen, dich zu fragen, ob die Zeichnungen von dir waren.

Eigentlich merkwürdig, dass ich *Rückkehr mit dem Verrückten* viele Mal gelesen habe, ohne je mit dir darüber zu sprechen. Ich habe das Buch nie kommentiert, nie um Erklärungen gebeten und nie erzählt, welche Szenen mich am meisten beschäftigten.

Warum nicht?

Ich habe keine Ahnung.

Als ich es zum ersten Mal las, fand ich vielleicht die Vorstellung zu befremdlich, dass du das alles am eigenen Leib erfahren hattest.

Mit fünfundzwanzig habe ich es dann zum zweiten Mal gelesen; damals rührte mich besonders die Erzählstimme, die voller Zärtlichkeit für die armen Alpini war, aber auch für die armen, vom Sturm des Krieges mitgerissenen Menschen insgesamt. Doch damals erzählte ich dir ebenso wenig von meiner Rührung, und ich erinnere mich nicht an den Grund für meine Zurückhaltung; wahrscheinlich hatte es etwas mit der Furcht vor den verhassten Phrasen zu tun.

Als ich es zum dritten Mal las, schrieb ich selbst gerade ein Buch, mein erstes, und las dein Buch nun nicht mehr nur, um dich besser kennenzulernen, sondern auch aus einem Interesse als Schriftstellerkollegin heraus. Ich war beeindruckt von den markanten Formulierungen, deinen knappen, lebendigen Figurenzeichnungen, den nüchternen Synthesen, in denen sich die Gefühle bündelten wie in einem Brennglas. Und ich dachte: Mensch, Papa, schreiben kannst du. Damals habe ich es dir auch gesagt, doch da warst du schon wieder zum Kind geworden. Du hast selig gelächelt wie ein Schuljunge, der von seiner Lehrerin gelobt wird, und hast dir dann ein Bonbon in den Mund gesteckt.

Zum vierten Mal habe ich es gelesen, nachdem ich mich für immer von dir verabschiedet hatte, auf der Bahre der Hut mit der Hühnerfeder als Grabschmuck, davor der Chor deiner armen Alpini – beziehungsweise ihrer Kinder und Enkelkinder –, die dir beim *Weitergehen* das letzte Geleit gaben. Und dieses Mal fiel mir besonders auf, wie oft das Wort *Hoffnung* in deinem Buch vorkommt, du verwendest es fast als Synonym für *Leben*, und insbesondere als das Gegenteil von *Krieg*.

Später habe ich deinen Roman ein fünftes und ein sechstes Mal gelesen und jetzt noch einige Male mehr, um dieses Buch hier über dich zu schreiben. Jetzt, nachdem mir Max von der Pistole und dem Halstuch erzählt hat, jetzt, wo ich den Artikel gelesen habe, den du einen Monat vor der Befreiung Italiens geschrieben hast, jetzt, wo es mir jedes Mal die Kehle zuschnürt, wenn ich den Satz lese: *Und dann dachte er voller Angst, dass er selbst sich zwar immer gut auszudrücken wusste, aber im Grunde niemals genau wusste, was richtig war*. Weißt du was, Papa, abgesehen von allem anderen glaube ich, dass sich viele Schriftsteller in diesem Satz wiederfinden – ich zumindest tue das häufig. Vielleicht, weil man nicht aus der Überzeugung Schriftsteller wird, die Welt erklären zu können, sondern eher aus dem Gefühl, nicht viel von ihr zu verstehen, und deshalb hofft, durch das Schreiben – womöglich, wer weiß – ein bisschen schlauer zu werden.

Warum bist du kein Schriftsteller geworden, Papa? Die drei Grundvoraussetzungen brachtest du jedenfalls mit: Du konntest gut mit Worten umgehen, dir war das Gefühl der eigenen Unvollkommenheit mehr als vertraut, und du warst ein ziemlicher Märchenerzähler. Ja, sicher, du hast jahrelang mit Worten gearbeitet: Du warst Journalist, Redakteur, du hast drei Bücher veröffentlicht. Aber wenn man diese Bücher hintereinander wegliest, kommt es einem vor, als betrachte man ein Foto, das im Laufe der Zeit unter Lichteinwirkung immer weiter verblasst.

Rückkehr mit dem Verrückten ist lebendig und voller Gefühl. In ihm stecken die ganze Intensität und Wahrheit des Lebens, nicht nur die des Krieges.

Das zweite Buch, *An Annas Hand*, ist eine Sammlung von Erinnerungen, die du ein halbes Jahrhundert später verfasst hast. Das hört man nicht nur aus dem Untertitel »Fünfzig Jahre Freiheit und Betrug« heraus: Es scheint so, als hätte die Zeit den Ereignissen und den Menschen Profil und Schärfe geraubt und sie manchmal auf bloße Abstraktionen reduziert. Nur hier und da gibt es noch präzise Einblicke in die Natur des Menschen. Die Passagen, die du in dem Kapitel »Kinder« mir gewidmet hast, sind sachlich völlig falsch – die Wundertaten, die ich deiner Meinung nach vollbracht haben soll, sind stark übertrieben, wenn nicht gleich gänzlich Produkte deiner Fantasie. Dann wiederum gelingt es dir, in wenigen Worten meine besten Eigenschaften zu skizzieren, und das in einer Art, die nicht nur auf deinen liebevollen Blick hinweist – von dem ich bereits wusste –, sondern auch darauf, dass du sehr genau hinschaust. So habe ich dich kennengelernt: Dein lockerer Umgang mit der Wirklichkeit ging einher mit einem untrüglichen Gespür für die Wahrheit, die ihr manchmal zugrunde liegt. Dich selbst beschreibst du in diesem zweiten Buch so: *Etwas wackelig auf den Beinen, den Blick in den Sternen und ein Ohr bei der Vielzahl der Nachrichten.* Darin erkenne ich dich wieder, und daran erkenne ich mich als deine Tochter.

Dann gibt es ein Kapitel, bei dem ich mich beim erneuten Lesen gefragt habe, ob du darin in Wirklichkeit dein Verhältnis zu Max beschreibst, ähnlich wie in der Szene mit Pinon. Es heißt »Die Last«.

Es handelt von zwei Freunden, die sich zusammen an der Front am Don aufhalten. Einer wird verletzt, und der andere – in der Erzählung du – bringt ihn in Sicherheit. Dies ist das Ende ihrer Freundschaft. Wieder zu Hause, redet der gerettete Freund kein Wort mehr mit dir. Die Dankbarkeit ist ihm zur Last geworden. *Es ist schwierig,* schreibst du, *ein Leben lang das Wissen mit sich herumzutragen, dass du einem anderen dein Leben verdankst.*

Und ich frage mich einmal mehr, ob du hier vielleicht Retter und Geretteten vertauscht hast, und ob nicht der unterschwellige Groll, den du dem Freund zuschreibst, in Wahrheit der Grund war, warum du und Massimo euch nicht mehr gesehen habt oder du nach Paolo nie wieder echte Freunde hattest, sondern zurückgezogen im Kreis deiner Frauen gelebt hast. Jedenfalls endet die Geschichte mit deinem Wunsch, es möge sich irgendwann die Gelegenheit ergeben, dass der Fluss der Dankbarkeit sich umkehren und der Freund eines Tages dir das Leben retten könne ... Doch damit die Umstände erneut eine heldenhafte Rettung zuließen, bräuchte es einen neuen Krieg. Und so lautet dein Schlusssatz: *Im Dritten Weltkrieg werden wir wieder Freunde sein.*

Das dritte und letzte Buch hast du geschrieben, als du schon langsam senil wurdest. Es handelt nur noch von den Großen Abstraktionen, Eindrücken und Ideen, es ist fast unmöglich, es zu lesen, vor allem gegen Ende. Aus Kalitwa ist Galitwa geworden, und die Erzählerin ist eine Frau, deren verworrenen Geschichten man oft kaum folgen kann. Doch auch hier geht es um eine Rettung, und sei es nur im Titel. Du hast es jenen Frauen gewidmet, dank deren Hilfe du überlebt hast und denen du im Gegensatz zu deinen männlichen Lebensrettern wie dem Freund aus der Erzählung nicht gegrollt hast, sondern nur dankbar warst; den Frauen, die dir in der eisigen Steppe Brot und Milch gaben. In deinem letzten Buch sind es weder Russinnen, wie sie im anmaßenden Hegemonialnarrativ heißen würden, noch Ukrainerinnen, die sie höchstwahrscheinlich waren, und nicht einmal skythische Amazonen, obwohl auch sie einst gen Westen zogen. Du gibst ihnen einen märchenhafteren Namen, der nach Dersu Usala klingt, nach der roten Sonne über zugefrorenen Seen, nach der

Tigerin Amba und nach dem Wolf, nach einer Steppe, so weit wie der Ozean, aber auch nach herrlichen Sonnenblumen mit großen, flammenden Blüten. Das Buch heißt *Die sibirischen Frauen folgen der Sonne.*

Auch eine deiner Töchter ist dem Lauf der Sonne gefolgt und durch die Steppe geritten, jede deiner Töchter folgt auf ihre eigene Art und Weise der Sonne. Ich möchte glauben, dass du dieses letzte, dieses unlesbare Buch mit dem gleichwohl wunderschönen Titel uns, deinen vier *Felicissime*, gewidmet hast. Den kleinen Mädchen, die zu Frauen wurden und denen – so hast du uns erklärt – die Zukunft gehört. Und während wir uns noch immer mit Krieg und Hunger herumschlagen und weiter bei diversen Schulhoftyrannen die Kohlenwasserstoff-Droge kaufen (oder sie unseren ärmeren Klassenkameraden klauen), folgen über unseren Köpfen die sibirischen Frauen des 21. Jahrhunderts, wie beispielsweise die ISS-Kommandantin Samantha Cristoforetti, der Sonne. Eine Kostprobe jener Neuen Welt, in der endlich die Frauen das Sagen haben werden wie in den mongolischen Karawanen – dir hätte das sicher nicht missfallen.

In jedem Fall hast du die Steppe, die du Sibirien genannt hast, dein Leben lang mit dir herumgetragen, Papa. Sie war der märchenhafte Ort, wo die Mythen entstanden, das Herkunftsland jener Soldaten, die du mit deinem Geheul so erfolgreich in Schach gehalten hast – und mit ihnen den Tod. Die Steppe war für dich der Ort größter Bestürzung und zugleich der Ort, an dem du das meiste Glück hattest. Dein inneres Sibirien war immer da, unverrückbar, grenzenlos, eiskalt. Und ich hoffe, dass dir der Anblick der winterlichen Steppe, die du trotz allem überlebt hattest, der Anblick dieser vereisten weißen Weite im fahlen Schein der Wintersonne, ein Trost war, als du dem Tod entgegen gingst.

Sturm

Doch dieser Sturm ist einzigartig, weil er alle erfasst. Die, die lauthals schreien, und die, die ganz still bleiben. Und wahrscheinlich wird er sehr viele Häuser abdecken.
An Annas Hand

»Krieg ist eine bloße Fortsetzung der Politik mit anderen Mitteln«, hat ein preußischer General mal gesagt. Doch Politik ist umgekehrt nicht die Fortsetzung des Krieges. Politik ist das, was man tut, *anstatt* Krieg zu führen, das, was man mit Worten tut statt mit Waffen. Und eben deswegen nennen wir die Orte, an denen Politik gemacht wird, nach dem französischen *parler:* Parlamente.

Eins habe ich verstanden, Papa: Das Gegenteil von Krieg ist nicht Frieden um jeden Preis, sondern Rechtsstaatlichkeit. Es sind die Gesetze, die den Schulhoftyrannen daran hindern, den Schwächeren zu verprügeln, und die den Schwächeren vor Schikanen schützen.

Aber Rechtsstaatlichkeit ist nicht nur ein juristisches oder politisches Konstrukt, es ist allem voran ein Ziel, das wir anstreben. Sie kann nur dann in einer Gesellschaft verwurzelt werden, wenn das unmenschliche Recht des Stärkeren bei ausreichend vielen Menschen einen unbändigen Abscheu hervorruft. Und kein Herrscher, der sich Überlegenheit anmaßt – sei es für sich als Einzelner oder für sein Volk –, empfindet diesen Abscheu, solange er die Mittel hat, seine Überlegenheit den anderen aufzuzwingen, solange er siegen darf. Er muss zuerst einmal verlieren. Erst dann kann er – vielleicht! – den Weg antreten, der ihn eines Tages dahin führen wird, Abscheu zu empfinden.

Sieh mal einer an, Papa, da wollte ich ein Buch über den Krieg schreiben, und stattdessen ist es ein Buch über Demokratie geworden. Über Gerechtigkeit und Freiheit. Über die Befreiung, für die Max und seine Genossen gekämpft haben und für die heute die Ukrainer kämpfen.

»Il partigiano, l'arma alla mano/ guarda lontano, guarda lontano/ con la certezza che porterà/ giustizia, giustizia e libertà/ là su quei monti stanno sparando/ là c'è il comando, là c'è il comando/ là su quei monti stanno sparando/ là c'è il comando del partigiàn.«

»Der Partisan, die Waffe in der Hand,/ blickt in die Ferne, blickt in die Ferne./ Er weiß genau, er bringt Gerechtigkeit,/ Gerechtigkeit und Freiheit./ Dort in den Bergen schießen sie,/ dort gilt der Befehl, dort gilt der Befehl,/ dort in den Bergen schießen sie,/ dort gilt der Befehl des Partisanen.«

Là su quei monti ist ein Lied aus der Zeit der italienischen Resistenza, und es würde sich genauso gut für den Widerstand eignen, der heute in den Ländern der Schwarzen Erde geleistet wird – vorausgesetzt, es gäbe Berge in der pontischen Steppe.

Doch während Max in den Kampf zog, bist du in der Redaktion geblieben. Gut, die Menschen sind kompliziert – wie kompliziert du warst, weiß der Himmel, und ganz bestimmt auch deine beiden Ehefrauen. Und so hast du die Freiheit, für die du nicht in den Kampf gezogen bist, später eben deine Töchter gelehrt.

Nein, warte, das stimmt nicht.

Der Satz, du hättest uns die Freiheit gelehrt, ist eine Phrase, und Phrasen sind uns bekanntlich verhasst.

In Wahrheit hast du etwas Besseres getan, vielleicht ohne es selbst zu wissen: Du hast uns beigebracht, unsere Freiheit als naturgegeben und selbstverständlich anzusehen. Du hast Menschen aus uns gemacht, die sich wehren, wenn man ihnen ihre Freiheit nehmen will. Was sich nicht unbedingt für das Leben in einer Diktatur eignet.

Um den Krieg zu verstehen, den die Ukrainer jetzt führen, muss man sich vielleicht gar nicht so sehr mit Waffen oder Strategien auskennen. Vielleicht hilft es schon, wenn wir uns überlegen, welchen Preis wir zu zahlen bereit wären, um unsere Freiheit zu verteidigen. Heute sind wir noch in der glücklichen Lage, die Antwort auf diese Frage den Ukrainern überlassen zu können. Doch vielleicht wird das nicht immer so bleiben. Und dann könnten auch wir gezwungen sein, die blutige Lektion zu lernen, dass das Gegenteil von Krieg nicht Frieden ist, sondern Gerechtigkeit.

No justice, no peace.

Du hast dein Buch nach dem Russlandkrieg geschrieben, der ja größtenteils ein Ukrainekrieg war. Ich schreibe mein Buch in einer Zeit, da der russische Krieg gegen die Ukraine vielleicht nur der Anfang einer größeren Explosion ist. Den Sturm, so hast du es genannt. Du als großer Visionär, faselnder Prophet und Märchenerzähler hast ihn schon vor dreißig Jahren kommen sehen. Und ich habe dich mir nie so nahe gefühlt, so wenig zu fassen, so sehr mein Vater.

Im Juni 2024, im vierten Monat des dritten Kriegsjahres, geriet die Druckerei Faktor Druk, die größte der Ukraine, in der die Bücher der wichtigsten Verlage des Landes gedruckt wurden, in Charkiw unter russischen Raketenbeschuss: sechs Tote, das Gebäude und das Lager komplett zerstört. Hier lagerten die Ausgaben von Wolodymyr Wakulenkos Tagebuch, das Wiktorija Amelina aus dem Garten seines Vaters geborgen hatte. Währenddessen beruft sich unser Teil der Welt immer noch auf seine *kalten Füße* und zögert, der Ukraine die Waffen zu liefern, die sie braucht, um ein für alle Mal diesen Hagel aus Tod und Zerstörung zu stoppen.

Daher habe ich zu einem Freund gesagt:

»Ich komme mir vor wie im Winter 1941, als Hitler nicht aufzuhalten schien und Amerika von den Isolationisten dominiert wurde.«

Und er antwortete: »Du bist wie immer eine hoffnungslose Optimistin, ich komme mir vor wie 1939.«

Doch wir lagen beide falsch.

Die Gegenwart ist niemals die Kopie einer anderen Zeit. In erster Linie ist sie die einzige Zeit, die wir haben. Und Pessimismus ist das Privileg derjenigen, die nicht ums Überleben kämpfen.

»Pessimist zu sein bedeutet, dass man der Vorstellung zugestimmt hat, menschliches Leben sei als rein akademische Angelegenheit zu betrachten«, hat James Baldwin gesagt. Ich weiß nicht, ob du je etwas von ihm gelesen hast. Mama, die vielleicht keine Visionärin war wie du, dafür aber einen sehr wachen, neugierigen Geist hatte, kaufte in eurer New Yorker Zeit jedes neue Buch von ihm. Vielleicht habt ihr euch manchmal darüber ausgetauscht: Trotz des Kummers, den du ihr bereitet hast, bis sie dich eines Tages aus gutem Grund vor die Tür setzte, erwuchs die Familienbibliothek aus euren gemeinsamen Lektüren. Heute genießen jene das Privileg des Pessimismus, die als Zuschauer über die Kriege der anderen diskutieren. Wenn es schlecht ausgeht, sind nicht sie diejenigen, die den Preis dafür zahlen. James Baldwin, der den Preis für sein Leben von Anfang an bezahlen musste, da er mit einer Hautfarbe geboren wurde, die ihn von allen Privilegien ausschloss, hingegen sagte: *I can't be a pessimist because I am alive.*

Ich weiß nicht, ob die junge Frau aus Charkiw, der ich in den Sozialen Netzwerken folge, die Worte dieses edlen Meisters eures Jahrhunderts kennt, aber ich glaube, sie würde ihm zustimmen. Auch sie heißt Iryna. Seit zweieinhalb Jahren rauben ihr die Russen den Schlaf, die Lebenszeit und die Menschen, die ihr lieb sind. Vor ein paar Monaten schrieb sie: »Es gibt einen Raum zwischen der Hoffnung und der Härte der Situation, und in diesem Raum liegt die schlichte Wertschätzung der Tatsache, am Leben und gesund zu sein. An diesem Ort befinde ich mich gerade: erfüllt von stiller, bewusster Dankbarkeit.« Heute jedoch hat sie ein Foto geteilt von einem in Flammen stehenden Gebäude, darunter steht: »Das hier war ein Krankenhaus.«

Aus Kriegen lernt man alles, aus Kriegen lernt man nichts. Eines Tages wird auch dieser Krieg enden, Papa, so wie deiner eines Tages endete. Was werden wir daraus gelernt haben?

Vielleicht liegt es gar nicht am Krieg, dass viele Menschen im Europa des Westens sich abwenden wie die Mapuche beim Anblick der Schiffe von Magellan. Vielleicht liegt es an der Frage, die der Krieg uns stellt: Wie würde ich mich verhalten?

Du konntest dieser Frage nicht ausweichen, wie alle, die im Krieg waren. Wie würde meine Antwort lauten, wenn ich sie mir stellen müsste? Ich habe keine Ahnung. Ich weiß nur eins: Wer behauptet, die Antwort zu kennen, bevor er ernsthaft auf die Probe gestellt wurde, hat die Frage nicht begriffen.

Wie werden wir uns verhalten, wenn der Krieg eines Tages keine Fernsehserie mehr ist, sondern der Fluch des echten Lebens? Wie entscheiden wir uns, wenn die Geschichte vor unserer Haustür steht und uns die Schlüssel wegnehmen will? Sind wir derjenige, der sich bei den neuen Machthabern einschmeichelt? Oder die Frau, die mit letzter Kraft widerstrebend zum Gewehr greift und voller Angst den Garten ihrer Mutter verteidigt? Werden wir zu Denunzianten oder unterstützen wir unseren Nächsten, sind wir blind und taub für alles, was nicht mit unserem eigenen Überleben zu tun hat? Werden wir die sein, die auf Menschen schießen, während sie eine Grube ausheben, oder sind wir die Mütter in den Kellern von Jahidne, die ihre Kinder aufmunternd anlächeln, damit sie Schmetterlinge auf die Wände malen? Werden wir die Nagelpflegerin Iryna sein, die ihren Platz im Auto einer schwangeren Frau überlässt, oder der Soldat, der sie erschießt, während sie auf dem Fahrrad nach Hause radelt? Werden wir großherzig sein, brutal oder diejenigen, die den Gewalttätern durch ihr Schweigen das Feld überlassen? Werden wir diejenigen sein, die die Kerze ausgehen lassen, oder die, die sie brennend weiterreichen?

Der letzte Satz in *Rückkehr mit dem Verrückten* lautet:

Mein alter Freund, wenn wir hier nicht schnell ein Feuer entzünden, kommen wir alle um vor Kälte.

Und wir? Werden wir noch rechtzeitig ein Feuer entzünden können?

Ich weiß es nicht, Papa. Aber wenn der Sturm kommt, werden wir es erfahren.

In Liebe, Bestürzung und Hoffnung,
Deine
Francesca Romana Alberta Elisabetta Amelia Felicissima

ANMERKUNGEN UND DANKSAGUNG

Ich hätte dieses Buch nicht schreiben können, wenn es nicht eine neue Generation von Historikern gäbe, die es sich zur Aufgabe gemacht hat, den sogenannten »Russlandfeldzug« – der in Wahrheit größtenteils ein Ukrainefeldzug war – vom Nimbus des unberührbaren Nationalmythos zu befreien und ihn mithilfe von Dokumenten und unwiderlegbaren Fakten auf den Boden der Realität zurückzuholen, so hart und anstrengend die sein mag. Insbesondere die detail- und aufschlussreichen Recherchen des Historikers Raffaello Pannacci über die Präsenz italienischer Truppen in der UdSSR waren dabei grundlegend für mich. Das Ergebnis seiner Arbeit hat er in dem Band *L'occupazione italiana in URSS* (Carocci, Rom 2023) festgehalten, den ich jedem empfehlen kann, der sich eingehender mit dem Thema beschäftigen möchte.

Was die Geschichte der Ukraine betrifft, so hat der Historiker Simone Attilio Bellezza in seinem Buch *Identità ucraina. Storia del movimento nazionale dal 1800 a oggi* (Laterza, Bari 2024) viele Mythen entlarvt, die durch das imperialistische Herrschaftsnarrativ Russlands verbreitet werden und unsere westliche Sicht auf Osteuropa noch immer stark prägen. Eine interessante Erkenntnis waren für mich unter anderem die vielen Verbindungen zwischen dem italienischen *Risorgimento* und dem ukrainischen Nationalismus des 19. Jahrhunderts.

Sowohl Pannacci als auch Bellezza haben die Fahnen des vorliegenden Buches gelesen und auf Grundlage ihres Fachwissens geprüft – beiden gilt mein innigster Dank. Etwaige Fehler oder Ungenauigkeiten im Text sind allein mir zuzuschreiben.

Die Verwendung der Begriffe »Länder der Schwarzen Erde« und »Blutige Erde« ist eine Hommage an den amerikanischen Historiker

Timothy Snyder und seine beiden Bücher *Black Earth. Der Holocaust und warum er sich wiederholen kann* (C.H. Beck, München 2015, aus dem Englischen von Ulla Höber, Karl Heinz Siber und Andreas Wirthensohn) und *Bloodlands. Europa zwischen Hitler und Stalin* (C.H. Beck, München [6]2022, aus dem Englischen von Martin Richter). In ihnen hat er vielen Menschen im Westen die tragische Komplexität des Holocausts nähergebracht und dessen, was während des Zweiten Weltkriegs in der Ukraine und in Belarus geschah. Um die verkannte zentrale Rolle der Ukraine für zahlreiche grundlegende europäische Entwicklungen zu verstehen und tiefe Einblicke in die Begriffe Kolonialismus, Imperialismus, Nationalstaat, Antisemitismus und vieles mehr zu gewinnen, empfehle ich auch seine Vortragsreihe zur Geschichte der Ukraine, die er 2022 an der Yale University hielt. Sie ist kostenlos auf YouTube zu sehen.

Snyders Lehrer und Mentor war der große britische Historiker Tony Judt. Das Zitat im Kapitel »Rot« stammt aus seinem Buch *Geschichte Europas von 1945 bis zur Gegenwart* (Hanser, München 2006, aus dem Englischen von Matthias Fienbork und Hainer Kober, S. 236).

Der bedeutendste zeitgenössische Historiker der Ukraine ist zweifelsohne Serhii Plokhy, von dem einige Texte auch ins Deutsche übertragen wurden, zum Beispiel *Das Tor Europas: Die Geschichte der Ukraine* (Hoffmann und Campe, Hamburg 2022, übers. von Anselm Bühling, Bernhard Jendricke, Stephan Kleiner, Stephan Pauli und Thomas Wollermann) und *Der Angriff: Russlands Krieg gegen die Ukraine und seine Folgen für die Welt* (Hoffmann und Campe, Hamburg 2023, übers. von Bernhard Jendricke und Peter Robert). Wer die Ursprünge dieses blutigen Konflikts von Grund auf verstehen will, für den sind Plokhys Bücher, wie man so schön sagt, Pflichtlektüre.

Die Autorin der im Kapitel »Sturm« zitierten Worte ist Iryna Voichuk. Wer einen Einblick in den Alltag einer intelligenten jungen Frau unter den Bomben eines brutalen Angriffskriegs bekommen möchte, kann ihr auf Twitter/X folgen. Ihr Username dort ist: *@IrynaVoichuk.*

Ihrer Generation gehören auch die Autorinnen der beiden Gedichte im vorangestellten Motto an: *Ihr dachtet und wir dachten, der Krieg*

(Voi pensavate e noi pensavamo la guerra) von Iryna Schuwalowa aus *Poeti d'Ucraina* (Mondadori, Mailand 2022, herausgegeben und übersetzt von Alessandro Achilli und Yaryna Grusha Possamai); und *Es ist nicht dein Krieg (Non è la tua guerra)* von Lida Zynko, übersetzt von Marina Sorina für eine Anthologie, die noch nach einem italienischen Verlag sucht.

Last but not least die Zitate jeweils zum Kapitelanfang, die aus den drei Büchern meines Vaters Franco Melandri stammen: *Rückkehr mit dem Verrückten* (im Original: *Ritorno col matto,* Le Monnier, Florenz 1970); *An Annas Hand* (im Original: *Per mano ad Anna,* Mursia, Mailand 1996), aus dem auch das dritte Gedicht im Motto stammt; sowie *Die sibirischen Frauen folgen der Sonne* (im Original: *Le Siberiane seguono il sole,* Sellerio, Palermo 2000). (Alle Motti und Passagen aus den Büchern Franco Melandris übersetzt von Esther Hansen.)

Der schon zu viele Jahre dauernde Angriffskrieg gegen die Ukraine wäre mir noch viel düsterer vorgekommen, hätte ich nicht alle Ängste, Informationen, Einsichten, Meinungen, Perspektiven, Frustrationen, Links und die albernen Memes für ein bisschen *comic relief* mit zwei Menschen teilen können. Die Bedeutung unserer täglichen Gespräche kann ich gar nicht hoch genug schätzen, unseren Versuch, trotz all des Grauens weder unsere Empathie noch unseren Verstand zu verlieren. Quokka und Cassandra, dies ist auch euer Buch.

Ebenfalls danke ich Sergio Baratto, nicht nur für seinen Rat als Slawist, sondern vor allem, weil er als einer der Ersten in Italien öffentlich geschrieben hat, dass es möglich ist, eine linke Haltung zu haben und trotzdem solidarisch mit einem Land zu sein, das von einer anderen imperialistischen Macht als den USA angegriffen wurde.

Gar nicht genug bedanken kann ich mich bei der brillanten Flavia De Rossi Robinson: Sie war es, die mich vor mittlerweile über zehn Jahren an Massimo Rendina verwiesen hat, als ich sie nach den letzten Kriegsjahren meines Vaters fragte. Du fehlst mir sehr, Flavia.

Ein herzliches Dankeschön geht auch an die Community, die sich um den italienischen YouTube-Kanal *Fronte del Don* gebildet hat, der die Familienerinnerungen vieler Kinder und Enkelkinder italienischer Frontsoldaten in der UdSSR mit streng wissenschaftlicher historischer Forschung verbindet. Die Vorträge der dort eingeladenen Fachleute sind hochspannend, ebenso wie die manchmal sehr persönlichen Diskussionen, die aus ihnen erwachsen. Ich könnte kein besseres Beispiel finden für das, was ich mit diesem Buch ausdrücken wollte: Das persönliche und emotionale Erleben einer Sache und die Erinnerung daran lassen sich sehr gut mit der faktentreuen Rekonstruktion der Wahrheit versöhnen.

Danke an Samantha Cristoforetti, die mir zuerst erklärt hat, dass die ISS auf ihrer Umlaufbahn nicht nach Westen, sondern nach Osten fliegt, um mir dann zu versichern, dass auch Astronauten dichterische Freiheit zu schätzen wissen.

Danke an Claire Sabatié-Garat und Marco Vigevani, die immer für mich da sind. Danke an Giulia Ichino, die diesen Text von Anfang an verstanden hat – wirklich verstanden –, und an Serena Piazza, die Königin der Kursivierungen und Anführungszeichen. Marta Costantini, Carlotta Giucastro, Cinzia Marini, Matteo Pascoletti, Cristian Pilo, Ruggero Taradel, Emilio Vercillo, Virginia Vicario und Shanti Walde waren die allerersten Leser dieses Buches; ihr kluges, umfassendes und ehrliches Feedback war mir mehr als eine große Hilfe. Ein besonderer Dank geht an Marina Sorina, die das Manuskript gelesen hat, während die App auf ihrem Handy sie über die Bombardierungen der Stadt informiert, in der ihre Eltern leben: Charkiw, das du Carcovo nanntest.

Djakuju – danke.

Rom, Bruneck, Berlin – 2022/2024

LESEN SIE WEITER ...

Francesca Melandri Eva schläft Roman

»Nur einmal in ihrem Leben konnte sich meine Mutter Gerda der Liebe eines Mannes gewiss sein, und ich der eines Vaters. All die anderen kamen und gingen wie ein Wolkenbruch im Sommer.«

Aus dem Italienischen von Bruno Genzler
WAT 805. Broschiert. 440 Seiten

Francesca Melandri Über Meereshöhe Roman

Italien in den »bleiernen Jahren«, eine nach Salz, Feigen und Strohblumen duftende Gefängnisinsel, eine stürmische Nacht und eine unerwartete Begegnung: Francesca Melandri erzählt mit großer Sensibilität und poetischer Kraft vom bewegenden Schicksal zweier Familien.

Aus dem Italienischen von Bruno Genzler
WAT 812. Broschiert. 208 Seiten

Francesca Melandri Alle, außer mir Roman

Der große, gefeierte Roman von Francesca Melandri: eine Familiengeschichte, ein Porträt Italiens im 20. Jahrhundert, eine Geschichte des Kolonialismus und seiner langen Schatten, die bis in die Gegenwart reichen. Melandri stellt die Schlüsselfragen unserer Zeit: Was bedeutet es, zufällig im »richtigen« Land geboren zu sein, und wie entstehen Nähe und das Gefühl von Zugehörigkeit?

Aus dem Italienischen von Esther Hansen
WAT 883. 608 Seiten. Broschiert

Natalia Ginzburg Familienlexikon

Das mit dem Premio Strega ausgezeichnete Hauptwerk Natalia Ginzburgs ist nicht nur das komische Porträt einer denkwürdigen Familie, sondern zugleich ein großartiges Porträt Italiens.

Aus dem Italienischen und mit einem Nachwort von Alice Vollenweider
WAT 563. Broschiert. 192 Seiten

Giorgio Bassani Die Gärten der Finzi-Contini Roman

Mit seinem berühmtesten Roman, der zarten Geschichte einer großen, unerfüllten Liebe und zugleich Chronik des tragischen Schicksals des jüdischen Bürgertums in Italien, hat sich Giorgio Bassani einen Platz in der Weltliteratur erschrieben.

Aus dem Italienischen von Herbert Schlüter
WAT 404. Broschiert. 320 Seiten

Victoria de Grazia Der perfekte Faschist
Eine Geschichte von Liebe, Macht und Gewalt

Das Private ist politisch, erst recht in der Diktatur. Der italienische Faschismus, auf vollkommen neue Weise erzählt als umfassende Kulturrevolution – abenteuerlich, verblüffend grotesk und erschreckend gegenwartsnah.

Aus dem Englischen von Michael Bischoff
Gebunden mit Schutzumschlag. 512 Seiten mit vielen Fotografien

Die italienische Originalausgabe erschien 2024 unter dem Titel *Piedi freddi* bei Bompiani in Mailand.

Questo libro è stato tradotto grazie a un contributo per la traduzione assegnato dal Ministero degli Affari Esteri e della Cooperazione Internazionale italiano.
Dieses Buch konnte dank einer Förderung des italienischen Außenministeriums übersetzt werden.

MIX
Papier | Fördert gute Waldnutzung
FSC® C014889
FSC www.fsc.org

3. Auflage 2025

Emser Straße 40/41, 10719 Berlin
www.wagenbach.de mail@wagenbach.de

Covergestaltung Julie August unter Verwendung eines Fotos © Standret | Dreamstime.com. Gesetzt aus der Scala Pro und Cabrito Sans. Einband- und Vorsatzmaterial von peyer Graphic, Leonberg. Gedruckt und gebunden bei Pustet, Regensburg
Printed in Germany.

ISBN 978 3 8031 3367 0